"十三五"职业教育国家规划教材

"十三五"江苏省高等学校重点教材(编号2018-2-079)

江苏省高等职业教育高水平骨干建设专业汽车检测与维修技术专业优质核心课程系列教材

汽车底盘机械系统检修

主　编　李　彦　任萍丽

副主编　傅华娟　郑利锋

　　　　王秀梅　宋永乾

南京大学出版社

图书在版编目(CIP)数据

汽车底盘机械系统检修/李彦,任萍丽主编. 一南京:南京大学出版社,2019.8(2023.1重印)

ISBN 978 - 7 - 305 - 22236 - 8

Ⅰ. ①汽… Ⅱ. ①李… ②任… Ⅲ. ①汽车—底盘—机械系统—车辆检修—教材 Ⅳ. ①U472.41

中国版本图书馆 CIP 数据核字(2019)第 104195 号

小贴士:扫描封面二维码,免费入群,即可观看相应视频,关键词可见附录资源清单目录。

出版发行	南京大学出版社	
社　　址	南京市汉口路 22 号　　　邮　　编　210093	
出 版 人	金鑫荣	

书　　名 汽车底盘机械系统检修

主　　编 李 彦　任萍丽

责任编辑 吴 华　　　　　　　编辑热线　025 - 83596997

照　　排 南京开卷文化传媒有限公司

印　　刷 南京鸿图印务有限公司

开　　本 787×1092　1/16　印张 13.75　字数 335 千

版　　次 2019 年 8 月第 1 版　2023 年 1 月第 3 次印刷

ISBN 978 - 7 - 305 - 22236 - 8

定　　价 79.80 元

网　　址:http://www.njupco.com

官方微博:http://weibo.com/njupco

微信服务号:njuyuexue

销售咨询热线:(025)83594756

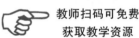

教师扫码可免费获取教学资源

前　言

　　我国汽车产业快速发展，急需大量的高素质汽车技术技能应用型人才。汽车底盘机械系统检修是汽车类各专业的必修专业核心课程之一，对学生专业技能的发展非常重要，本书以《国家职业教育改革实施方案》为引领，推进职业教育的课程改革，从就业岗位的实际要求出发，参照国内外相关的职业资格标准，项目引领，以岗位工作任务为中心，充分考虑到职业技能的专项性和专业知识的系统性，突出实践能力培养，将汽车底盘的结构、理论与检修有机融合，以市场主流轿车为主，系统地介绍了现代汽车底盘的总体结构、工作原理与各总成部件的结构、工作原理以及相应的检修方法，突出了现代汽车底盘新技术、新标准和检修操作技能。

　　本书语言简洁，图文并茂，配套有微课视频（扫描封面二维码，免费入群，群内输入关键词，即可观看相应视频），注重职业工作岗位需求，突出工学结合特色，特别强化了学生职业能力提升和综合素质培养，并融入思政教育内容，助推学生社会主义核心价值观的形成。为满足国际化人才培养要求，教材部分内容采用双语形式编写，较好地适应了汽车维修专业双语教学的需求，对提升教材的国际化水平进行了有益探索。

　　本书可作为高职高专和普通高校汽车类专业教材，或作为双语教学试用教材，也可作为职工大学、成人教育等汽车工程、汽车运用类专业教材或维修培训及中专技校参考教材。

　　本书在编写过程中，得到南京大学出版社、江苏理工学院、江苏宝尊集团、常州市广联丰田汽车销售服务有限公司的大力支持与帮助，谨此致谢。

　　由于水平所限，加上汽车技术的快速发展和职业教育理念的不断更新，书中误漏之处在所难免，诚恳期望得到同行专家和广大读者的批评指正。

编　者

2019 年 4 月

目　　录

离合器检修

项目导入

　　离合器是汽车机械传动系统中重要的部件,安装在发动机之后、变速器之前,其主要功能是传递动力、切断动力。目前手动挡汽车广泛采用的是摩擦式离合器,按照压紧弹簧的种类,主要分为周布弹簧和膜片弹簧离合器。离合器工作性能决定了发动机动力是否能够正常断开和传递给变速箱,离合器常见的故障有离合器打滑、分离不彻底、异响和起步时抖动等。

任务 1　离合器部件检修

1. 能够对离合器部件进行检查、装配与调整;
2. 能够对离合器部件进行修复;
3. 掌握摩擦离合器工作原理和结构;
4. 了解离合器分类和应用场合;
5. 培养社会主义核心价值观。

一、离合器功用及分类

1. 离合器的功用

(1) 传递转矩　在汽车机械式传动系中,发动机转矩是利用离合器的摩擦力矩传递给驱动轮;

(2) 保证汽车平稳起步;

(3) 便于换挡　换挡时切断动力传递,进行换挡操作,以保证换挡操作过程的顺利进

行,并减轻或消除换挡的冲击;

（4）防止传动系过载　当传动系承受载荷超过离合器所能传递的最大转矩时,离合器自动打滑,从而起到过载保护作用;

（5）减振作用　大多数离合器上还装有扭转减振器,能衰减发动机和传动系的扭转振动。

2. 对离合器的要求

（1）具有合适的转矩储备能力,能可靠地传递发动机的最大转矩;

（2）分离迅速彻底,接合平顺柔和,避免汽车发生抖动和冲击;

（3）具有良好的散热能力,保证离合器可靠工作;

（4）离合器从动部分的转动惯量要尽可能小,以减轻换挡时齿轮的冲击;

（5）应具有吸收振动、冲击和减小噪声的能力;

（6）操纵轻便,工作性能稳定。

3. 离合器的分类

配用机械变速器的汽车多采用摩擦式离合器。摩擦式离合器结构类型较多,且可有多种组合,分类见表1-1所示。

表1-1　摩擦式离合器分类
Tab. 1-1　Classification of friction clutch

分类方法	分类	结构特点
按从动盘片数分	单片式	从动盘为单片
	多片式	从动盘为多片
按压紧弹簧的分布分	周布弹簧	压紧弹簧沿从动盘圆周分布
	中央弹簧	压紧弹簧安装在从动盘中央
按压紧弹簧的结构形式分	螺旋弹簧	压紧弹簧为螺旋弹簧
	膜片弹簧	压紧弹簧为膜片弹簧
按离合器是否浸在油中分	干式	离合器不与油接触
	湿式	离合器浸入油中

二、离合器基本结构和工作原理

1. 离合器的基本结构

如图1-1所示,摩擦式离合器由主动部分、从动部分、压紧装置、分离装置和操纵机构五大部分组成。离合器的主动部分包括飞轮8、离合器盖7和压盘2。离合器盖通过螺钉固定在飞轮后端面上,压盖通过弹性钢片或凸台与离合器盖相连,相对于离合器盖可轴向移动。曲轴旋转,发动机发出的动力就可经飞轮、离合器盖传给压盘,共同旋转。

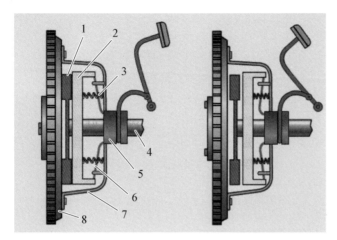

1—从动盘 Clutch disk;
2—压盘 Pressure plate;
3—压紧弹簧 Pressure spring;
4—变速箱输入轴 Transmission shaft;
5—分离套筒 Release sleeve;
6—分离杠杆 Release lever;
7—离合器盖 Clutch cover;
8—飞轮 Fly wheel。

图 1 - 1 离合器组成和工作原理
Fig. 1 - 1 Component and operating principle of the clutch

离合器从动部分是从动盘 1，两面带有摩擦片，通过花键与变速箱输入轴 4 相连。离合器压紧装置是装在压盘与离合器之间的压紧弹簧 3，将从动盘夹紧在飞轮与压盘之间。常见的压紧弹簧有膜片弹簧、中央螺旋弹簧及沿圆周均布的螺旋弹簧等。离合器的操纵机构由踏板、分离拨叉、分离套筒等组成。

2. 离合器的工作原理

（1）接合状态 在自由状态下，离合器处于接合状态，压盘 2 在压紧弹簧 3 的作用下压紧从动盘 1，发动机的转矩经飞轮及压盘传给从动盘，再由从动盘传给变速箱输入轴。离合器所传递的最大转矩取决于从动盘摩

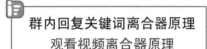

擦表面的最大静摩擦力。它与摩擦表面间的压紧力大小、摩擦面积的大小以及摩擦材料的性质有关。对一定结构的离合器而言，其最大静摩擦力是一个定值，若传动系传递的转矩超过这一定值，离合器就会打滑，从而起到了过载保护的作用。

（2）分离过程 离合器分离时，需踩下离合器踏板，通过操纵机构，使分离杠杆 6 外端拉动压盘，克服压紧弹簧的压力向后移动，压盘与从动盘之间产生间隙，摩擦力矩消失，离合器主、从动部分分离，中断动力传递。

（3）接合过程 当需要动力传递时，缓慢抬起离合器踏板，在压紧弹簧的作用下，压盘向前移动并逐渐压紧从动盘，摩擦力矩也渐渐增大。压盘与从动盘刚接触时，其摩擦力矩比较小，离合器主、从动部分可以不同步旋转，即离合器处于打滑状态。随着压紧力的逐步加大，离合器主、从动部分的转速也渐趋相等，直至完全接合而停止打滑。

三、周布弹簧离合器

采用螺旋弹簧，并沿压盘圆周布置的，称为周布弹簧离合器。其典型构造如图 1 - 2 所示。

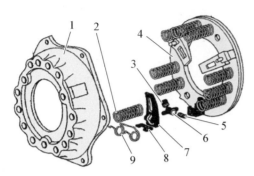

1—离合器盖 Clutch cover；
2—压紧弹簧 Pressure spring；
3—滚子 Roller；
4—压盘 Pressure plate；
5—浮动销 Floating pin；
6—环头螺栓 Bolt；
7—分离杠杆 Release lever；
8—支撑片 Supporting sheet；
9—分离杠杆弹簧 Release lever spring。

图 1-2　周布弹簧离合器

Fig. 1-2　Multi-coil spring clutch

1. 主动部分

发动机飞轮、离合器盖 1 和压盘 4 是离合器的主动部分。离合器盖和压盘之间是通过若干组传动片来传递转矩的。传动片用弹簧钢片制成(如图 1-3)，其一端用传动片铆钉铆在离合器盖上，另一端则用传动片固定螺钉与压盘连接。离合器盖用螺钉固定在发动机飞轮上。在离合器分离时，弹性的传动片产生弯曲变形(其两端沿离合器轴向做相对位移)。为使离合器分离时不至于破坏压盘的对中和离合器的平衡，传动片沿圆周切向呈均匀分布。传动片除具有将离合器盖的动力传给压盘的作用外，还对压盘起导向和定心作用。

图 1-3　离合器传动片

Fig. 1-3　Leaf spring

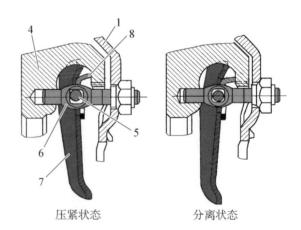

压紧状态　　　　　　　分离状态

图 1-4　分离杠杆(图注同图 1-2)

Fig. 1-4　Release lever

2. 压紧装置

压紧装置由若干个沿圆周分布于压盘和离合器盖之间的压紧弹簧 2 组成，在其作用下，离合器处于接合状态。发动机工作时，发动机的转矩一部分由飞轮经与之接触的摩擦衬片直接传给从动盘本体；另一部分则由飞轮通过固定螺钉传给离合器盖，并由此经传动片传给压盘，最后也通过摩擦片传给从动盘本体。从动盘本体再将转矩通过从动盘毂的花键传给变速器输入轴。为了减少压盘向压紧弹簧传热，防止压紧弹簧受热后弹力下降，在压盘与压紧弹簧接触处铸有肋板，以减小接触面积，并在接触面间加装隔热垫。

离合器需与曲轴飞轮组组装在一起进行动平衡校正。为了保持离合器重新组装后的动平衡,离合器盖与飞轮的相对角位置由定位销来确定。

3. 分离杠杆

如图1-4所示,分离杠杆沿周向均布并沿径向安装,其中部以环头螺栓6孔中的浮动销为支点,外端通过支撑片8抵靠在压盘的沟状凸起部。当在分离杠杆内端施加一个向前的水平推力时,分离杠杆绕支点摆动,其外端通过支撑片推动压盘克服压紧弹簧的力而后移,从而解除对从动盘的压紧力,离合器进入了分离状态。分离杠杆支点采用了浮动销,而与压盘之间则采用了刀口支承形式,这一措施即为采用支点移动、重点摆动的综合式防干涉结构。

在离合器分离或接合过程中,压盘应沿轴线做平行移动,否则会使离合器分离不彻底,接合不平顺,汽车起步时产生颤抖现象。为此,所有分离杠杆内端的后端面沿离合器轴线方向的高度应相等(即分离杠杆内端的后端面应处于垂直轴线的同一平面内)。这一高度称为分离杠杆工作高度,转动调整螺母可对工作高度进行调整。

为了及时散出摩擦面间产生的热量,离合器盖一般用钢板冲压成特殊形状,在其侧面与飞轮接触处有多个缺口,当离合器旋转时,空气将不断地循环流动,以使离合器通风散热。

四、膜片弹簧离合器

膜片弹簧离合器是采用膜片弹簧作为压紧元件的离合器。

1. 膜片弹簧离合器工作过程与结构

图1-5所示为轿车膜片弹簧离合器。当离合器盖用螺栓固定到飞轮上时,膜片弹簧的外圆周对压盘产生压紧力而使离合器处于接合状态。当踩下离合器踏板时,分离套筒5被推向前移,使膜片弹簧产生反向锥形变形,其外圆周向后翘起,通过分离钩拉动压盘后移使离合器分离。

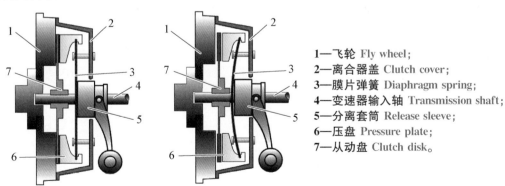

1—飞轮 Fly wheel;
2—离合器盖 Clutch cover;
3—膜片弹簧 Diaphragm spring;
4—变速器输入轴 Transmission shaft;
5—分离套筒 Release sleeve;
6—压盘 Pressure plate;
7—从动盘 Clutch disk。

图1-5 膜片弹簧离合器
Fig. 1-5 Diaphragm clutch

如图1-6所示,膜片弹簧4靠中心部分开有多个径向切槽,形成多个弹性杠杆,而其余未切槽的部分起弹簧作用。膜片弹簧的两侧有钢丝支承环,膜片弹簧的末端圆孔穿过固定铆钉7而处在两个支承环之间,借助于固定铆钉将它们安装在离合器盖6上,两个支承环成为膜片弹簧工作的支点。离合器盖和压盘通过传动片3连成一体进行传力。

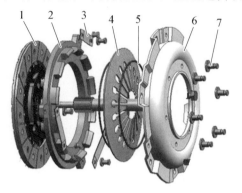

1—从动盘 Clutch disk;
2—压盘 Pressure plate;
3—传动片 Leaf spring;
4—膜片弹簧 Diaphragm spring;
5—支撑环 Pivot ring;
6—离合器盖 Clutch cover;
7—铆钉 Diaphragm rivet。

图 1-6　膜片弹簧离合器分解图

Fig. 1-6　Diaphragm clutch assembly

2. 膜片弹簧离合器的特点

（1）膜片弹簧离合器的优点。

膜片弹簧离合器不需专门分离杠杆,使结构得到简化,零件数目减少,质量减轻,维修保养方便;由于膜片弹簧与压盘以整个圆周接触,使压力分布均匀,与摩擦片的接触良好,磨损均匀;由于膜片弹簧轴向尺寸小,所以可以适当增加压盘的厚度,提高热容量;膜片弹簧的安装位置对离合器轴的中心线来说是对称的,因此,它的压力不受离心力的影响,这一点对高速行驶的车辆十分重要。

（2）膜片弹簧的弹性特性。

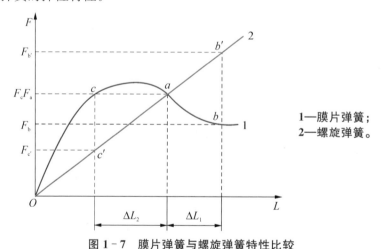

1—膜片弹簧;
2—螺旋弹簧。

图 1-7　膜片弹簧与螺旋弹簧特性比较

Fig. 1-7　Comparison between diaphragm spring and coil spring

图 1-7 所示为膜片弹簧和螺旋弹簧的弹性特性曲线。当离合器接合压紧力 F_a 相同时（两曲线交点 a）,即两种离合器都在 a 点工作。但当离合器分离时,膜片弹簧和螺旋弹簧虽然都附加同一变形量（ΔL_1）,然而膜片弹簧所需作用的力 F_b 却较螺旋弹簧所需作用的力 F_b' 小,且 $F_b < F_a$,即较接合时的力为小,故膜片弹簧的特性是本身操纵轻便。

假设膜片弹簧与螺旋弹簧离合器的摩擦片的磨损储备量（ΔL_2）都相等，则二者在达到正常磨损极限的过程中，弹簧有变形量（ΔL_2）。但是，由于膜片弹簧特性方面的优越，使离合器的压紧力实际上几乎保持不变（由 F_a 变至 F_c），而在螺旋弹簧离合器中，压紧力则直线地下降（由 F_a 降为 F_c'）。因此，膜片弹簧离合器具有自动调节压紧力的特点，在正常磨损的情况下，其工作更可靠。

鉴于上述优点，膜片弹簧离合器在现代汽车上得到了广泛应用，不仅在轿车上采用，而且在轻型、中型货车，甚至在重型货车上也得到应用。

五、从动盘

图 1-8 为带有扭转减振器的从动盘部件。

图 1-9 为从动盘分解图，从动盘本体 3 直接铆接在减振器盘 4 上，为了获得足够的摩擦力矩，在从动盘本体两面铆接摩擦片 1，摩擦片常用石棉合成物制成，具有较大的摩擦因数、良好的耐磨性、耐热性和适当的弹性。

由于发动机转矩的周期性变化，使得传动系中会产生扭转振动。此外，在离合器接合的情况下进行紧急制动或猛烈接合离合器时，瞬间会给传动系造成很大的冲击载荷。为了减少共振和冲击载荷，在离合器从动盘中安装有扭转减振器。

图 1-8　从动盘
Fig. 1-8　Clutch disk

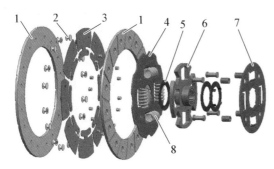

1—摩擦片 Friction lining;
2—铆 Rivet;
3—从动盘本体 Clutch plate;
4—减振器盘 Damping plate;
5—阻尼片 Damping Shim;
6—从动盘毂 Clutch plate hub;
7—盖板 Position plate;
8—减振弹簧 Torsional damper spring。

图 1-9　带扭转减振器的从动盘
Fig. 1-9　Clutch disk assembly

从动盘本体 3 通过销钉与减振器盘 4、盖板铆接成一个整体，并将从动盘毂 6 及其两侧的阻尼片 5 夹在中间。从动盘本体和减振器盘铆接的整体相对于从动盘毂可以转动一定的角度，减振弹簧沿径向安装于它们开设的窗孔中。当从动盘工作时，由摩擦片传递的转矩首先传到从动盘本体和减振器盘上，再经四个减振弹簧传给从动盘毂，这时弹簧被压缩，借此缓和冲击。传动系中的扭转振动将导致减振器盘同从动盘毂之间的相对往复扭转，装于其间的阻尼片可以吸收扭转振动能量，使振动迅速衰减。

一、从动盘检修

（1）检查摩擦片表面，有轻微的油污可用汽油清洗后，用喷灯火焰烘干；轻微硬化、烧损可用砂布打磨；磨损严重、铆钉头埋入深度小于规定值，或有油污、裂纹、脱落、严重烧损时，应予换新。

（2）测量钢片翘曲变形，其外缘端面圆跳动一般应不超过0.50～0.80 mm，在距从动盘外边缘2.5 mm处测量，如图1-10所示。超过规定值时可用专用扳钳进行校正或换新，如图1-11所示。

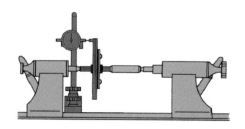

图1-10　从动盘端面跳动的检查

Fig. 1-10　Measure the end-face runout of clutch disk

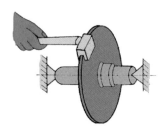

图1-11　从动盘的校正

Fig. 1-11　Correction of clutch disk

（3）检查从动盘摩擦片磨损程度，用深度尺（或游标卡）进行测量（如图1-12）。铆钉头埋入深度应不小于0.30～0.50 mm。花键与变速器第一轴花键的配合间隙应符合原厂规定，过大时应换新。

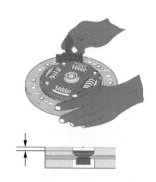

图1-12　检查摩擦片磨损程度

Fig. 1-12　Check the wear of friction lining

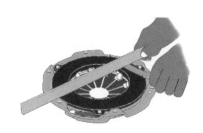

图1-13　离合器压盘平面的检查

Fig. 1-13　Check the flatness of clutch pressure plate

二、压盘检修

（1）检查压盘平面度，用直尺搁平后用厚薄规测量，如图1-13所示。离合器压盘平面度不应超过0.20 mm，压盘工作平面烧蚀、龟裂、划伤不严重时，可用油石打磨光滑。沟槽深度超过 0.50 mm 或平面度误差超过 0.12～0.20 mm 时应磨削修复,但磨削总量应不超过限度,一般限定为 1～1.5 mm。磨削后的压盘应重新进行动平衡。

(2) 检查离合器压盘弹簧,弹簧因工作时间长久会出现疲劳、弯曲、折断或弹力减弱,而使离合器打滑。发现离合器打滑时应拆下离合器压盘,检查弹簧是否折断,弹力是否减弱,弹簧主要技术参数可查阅相应车型的维修手册。按照图 1-14 所示测量膜片弹簧分离指磨损深度和宽度,超出图示数据则应更换。按照图 1-15 所示,测量分离指平面度,用专用工具盖住分离指内端,然后用塞尺测量分离指与工具之间的间隙,最大不超过 0.50 mm,否则用维修工具将变形过大的分离指撬起进行调整。

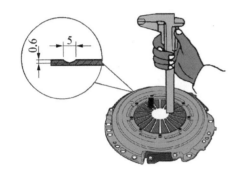

图 1-14 检查分离指磨损情况
Fig. 1-14 Check the wear of tips diaphragm spring

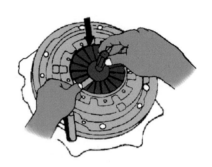

图 1-15 检查分离指平面度
Fig. 1-15 Check the flatness of tips diaphragm spring

三、分离杠杆检修

离合器各个分离杠杆的内端与分离轴承必须同时接触,汽车才能平稳起步。若分离杠杆内端高低不一,离合器接合时将发生抖动现象,磨损是分离杠杆的主要损坏原因。检查分离杠杆高度,即分离杠杆内端至飞轮表面或压盘表面或其他规定平面的距离,应符合原厂规定。装配维护时需查看各分离杠杆内端与分离轴承的接触情况,要求各分离杠杆内端位于同一平面,一般不大于 0.25 mm。如果不符合要求,就应进行调整。分离杠杆高度差的调整方法根据离合器结构有所不同,可以通过分离杠杆环头螺栓的调整螺母(参见图 1-4)进行调整;或者通过分离杠杆外端连接压盘的螺栓螺母进行调整;或者通过分离杠杆内端调整螺钉进行调整。对膜片弹簧离合器,若膜片弹簧分离,即因磨损、锈蚀、破裂等致使膜片弹簧所受载荷不均匀或降低时,必须更换。

四、离合器拆卸与安装

(1) 拆下变速器,用专用工具将飞轮固定,在离合器与飞轮间画好装配标记,然后逐个将离合器压盘的固定螺栓对角拧松,取下离合器盖及压盘总成,并取下从动盘,分解离合器各个部件,进行检查;

(2) 装配前清洁从动盘,各活动关节及摩擦面应涂少许润滑脂;

图 1-16 离合器安装定位
Fig. 1-16 Use a pilot tool to align the clutch disc with the pilot bearing

（3）装配压紧弹簧时应使用专用工具，防止离合器盖变形，周布弹簧离合器的弹簧应按自由长度分组在周向均匀搭配，以使压紧力均匀；

（4）在飞轮上安装离合器，注意装配记号，离合器盖与压盘间、平衡片与离合器盖间、离合器盖与飞轮间均按原记号或位置装配，以防破坏平衡；

> 群内回复关键词离合器拆装
> 观看视频离合器拆装

（5）用该车型的专用导向心轴插入从动盘，并用曲轴后端导向轴承孔定位，保证从动盘与变速箱轴的同轴度，便于接下来安装变速器，如图1-16所示，最后对角分多次拧紧螺栓至规定力矩。

注　意

大修的离合器应在装车前与曲轴飞轮一起进行动平衡校验。

任务 2　离合器操纵机构检修

学习目标

1. 能够对离合器操纵进行检查、装配与调整；
2. 能够对离合器操纵机构故障进行修复；
3. 掌握离合器操纵机构的组成和工作过程；
4. 了解离合器操纵机构分类和应用场合；
5. 培养自主学习意识。

相关知识

一、离合器操纵机构分类

离合器的操纵机构是驾驶员借以使离合器分离，又使之柔和接合的一套机构。它起始于离合器踏板，终止于离合器壳内的分离轴承。

由于离合器使用频繁，因此，离合器操纵机构首先要求操纵轻便，以减轻驾驶员的劳动强度。操纵轻便性包括两个方面：一是加在离合器踏板上的力不应过大，一般为196～245 N；二是踏板总行程应在一个合适的范围内（一般为100～150 mm，最大不超过180 mm）。如果上述两方面要求无法兼顾时，则可采用加力机构。离合器操纵机构的另一个要求是应有踏板行程的校正机构，以便当摩擦片磨损时可以进行校正（使分离套筒上的止推轴承与分离杠杆间能保持正常间隙）。

按照分离离合器时所需的操纵能源的不同，离合器操纵机构分为人力式（机械式、液压式）和助力式。前者是以驾驶员作用在踏板上的力作为唯一的操纵能源。后者则是以发动机驱动的空气压缩机或其他形式能量作为主要操纵能源,而驾驶员的力只作为辅助或后备操纵能源。

二、机械式操纵机构

机械式操纵机构有杆系传动和绳索传动两种形式。杆系传动机构结构简单,工作可靠,但传动中杆件间铰接多,摩擦损失大,车架或车身变形以及发动机位移时会影响其正常工作。绳索传动机构可消除杆系传动机构的一些缺点,便于传动路线布置,并能采用利于驾驶员操纵的吊挂式踏板,但绳索寿命较短,拉伸刚度较小,故广泛适用于轻型汽车和轿车。图1-17所示为轿车离合器所采用的机械式绳索传动机构,主要由分离轴承、分离拨叉、拉索和踏板等零部件组成。踩下离合器踏板时,踏板上端拉动离合器拉索,带动分离拨叉摆动,推动分离轴承,压迫膜片弹簧,离合器分离。

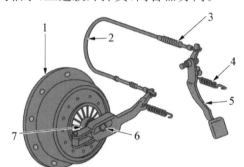

1—离合器盖 Clutch cover;
2—拉索 Release cable;
3—调整装置 Cable adjusting location;
4—回位弹簧 Spring;
5—离合器踏板 Clutch pedal;
6—离合器分离拨叉 Clutch fork;
7—分离轴承 Release bearing。

图 1-17　绳系传动机构
Fig. 1-17　Typical cable-operated clutch

分离拨叉的作用是通过固定支点,推动分离套筒。图1-18为不同类型的分离拨叉。

分离套筒的作用是直接推动分离杠杆,实现离合器分离,由于其与分离杠杆接触,故两者之间必须安装分离轴承。图1-19为一种分离套筒总成。

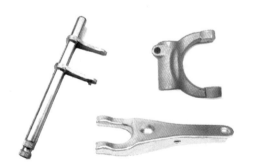

图 1-18　离合器拨叉
Fig. 1-18　Clutch fork

图 1-19　分离套筒和分离轴承
Fig. 1-19　Release sleeve and bearing

三、液压式操纵机构

液压式操纵机构示意图如图1-20所示,主要由主缸2、工作缸7以及管路系统组成。液压式操纵机构具有摩擦阻力小、传动效率高、质量轻、接合柔和及布置方便等优点,并且不受车身车架变形的影响,因此,其应用日益广泛。

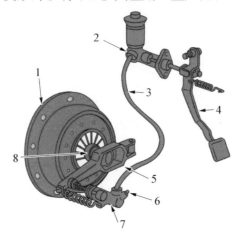

1—离合器盖 Clutch cover;
2—主缸 Master cylinder;
3—油管 Flexible hose;
4—离合器踏板 Clutch pedal;
5—离合器分离叉 Clutch fork;
6—放气螺栓 Bleeder valve;
7—工作缸 Slave cylinder;
8—分离轴承 Release bearing。

图 1 - 20　离合器液压操纵系统
Fig. 1 - 20　Hydraulic clutch linkage

主缸构造如图 1 - 21 所示。主缸体通过补偿孔 A、进油孔 B 与储液罐相通。主缸体内装有活塞,活塞中部较细,且为"十"字形断面,使活塞右方的主缸内腔形成油室。活塞两端装有皮碗。活塞左端中部装有止回阀,经小孔与活塞右方主缸内腔的油室相通。当离合器踏板处于初始位置时,活塞左端皮碗位于补偿孔 A 与进油孔 B 之间,两孔均开放。

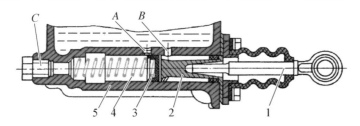

1—推杆 Pushrod;
2—活塞 Piston;
3—皮碗 Sealing cup;
4—回位弹簧 Spring;
5—主缸体 Cylinder body;
A—补偿孔 Open vent port;
B—进油孔 Replenishing port;
C—出油孔 Outlet port。

图 1 - 21　主缸
Fig. 1 - 21　Master cylinder

工作缸构造如图 1 - 22 所示,缸体上设有放气螺栓,当管路内有空气存在而影响离合器操纵时,可拧松放气螺栓放气。

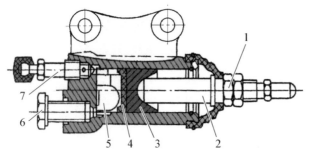

1—调整螺母 Adjusting nut;
2—推杆 Pushrod;
3—活塞 Piston;
4—皮碗 Sealing cup;
5—限位块 Limit block;
6—管接头 Pipe joint;
7—放气螺栓 Bleed screw。

图 1 - 22　工作缸
Fig. 1 - 22　Slave cylinder

踏下离合器踏板时,通过主缸推杆使活塞向左移动,止回阀关闭。当皮碗将补偿孔 A 关闭后,管路中油液受压,压力升高。在油压作用下,工作缸活塞被推向右移,工作缸推杆顶头直接推动分离拨叉,从而带动分离轴承,使离合器分离。

当迅速放松离合器踏板时,踏板复位弹簧通过主缸推杆使主缸活塞较快右移,而由于油液在管路中流动有一定阻力,流动较慢,使活塞左面可能形成一定的真空度。在左右压力差的作用下,少量油液通过进油

群内回复关键词离合器分离机构
观看视频离合器分离机构

孔经过主缸活塞的止回阀流到左面弥补真空。在原先已由主缸压到工作缸去的油液重又流回到主缸时,由于已有少量补偿油液经止回阀流入,故总油量过多。多余的油液即从补偿孔 A 流回储液罐。当液压系统中因漏油或因温度变化引起油液的容积变化时,则借补偿孔 A 适时地使整个油路中油量得到适当的增减,以保证正常油压和液压系统工作的可靠性。

四、离合器踏板自由行程

从离合器的工作原理可知,从动盘摩擦片经使用磨损变薄后,在压紧弹簧作用下,压盘要向前(图 1-23 中向飞轮方向)移动,分离杠杆内端则相应地向后移动,才能保证离合器完全接合。如果分离杠杆内端和分离轴承之间没有预留一定间隙,则在摩擦片磨损后,分离杠杆内端因抵住分离轴承而不能后移,使分离杠杆外端牵制压盘不能前移,从而不能将从动盘压紧,则离合器难以完全接合,传动时会出现打滑现象。这不仅会降低离合器所能传递的最大转矩,而且会加速摩擦片和分离轴承的磨损。因此,当离合器处于正常接合状态时,在分离杠杆内端与分离轴承之间必须预留一定量的间隙,称为离合器自由间隙。

由于自由间隙的存在,踏下离合器踏板时,首先要消除这一间隙,然后才能开始分离离合器。为消除操纵机构中的机械、液压间隙和离合器自由间隙所需的离合器踏板行程,称为离合器踏板自由行程(如图 1-24)。为使离合器分离彻底,需使压盘向后移动足够的距离,这一距离通过一系列杠杆的放大,反映到踏板上就是踏板的有效行程。离合器踏板的自由行程和有效行程之和为踏板总行程。

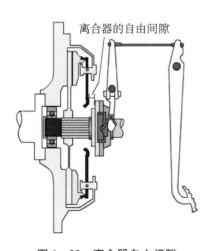

图 1-23 离合器自由间隙
Fig. 1-23 Free clearance of clutch

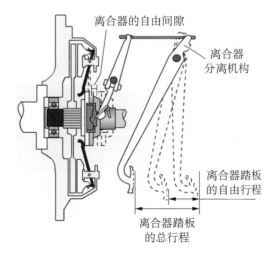

图 1-24 离合器踏板行程
Fig. 1-24 Pedal of stroke clutch

从动盘摩擦片经使用磨损后,离合器的自由间隙及自由行程会变小,应及时调整。

一、调整离合器踏板自由行程

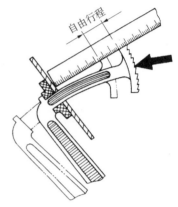

检查踏板自由行程的办法如图1-25所示,用一个钢直尺抵在驾驶室底板上,先测量踏板完全放松时的高度,再用手轻按踏板,当感到压力增大时,表示分离轴承端面已与分离杠杆内端接触,即停止推踏板,再测量踏板高度。两次测量的高度差,即为踏板的自由行程。测量踏板的自由行程后,应与该车型的技术标准相比较,如果不符合要求,应进行调整。

图1-25 用钢直尺检查踏板的自由行程
Fig. 1-25 Check the pedal free stroke using steel ruler

踏板自由行程的调整,根据结构不一样,调整步骤如下:

(1)机械操纵式离合器踏板自由行程的调整,一般是通过分离叉拉杆调整螺母,调整拉杆或钢索长度。如大众轿车离合器踏板的自由行程为15～25 mm,总行程为150 mm±5 mm。它是靠离合器拉索的调整来进行的,如图1-26所示,通过调整螺母2进行调整,调整完毕后用锁紧螺母1锁紧。

1—锁紧螺母 Lock nut;
2—调整螺母 Adjusting nut;
3—离合器拉索 Release cable;
4—分离拨叉传动杆 Transmission rod。

图1-26 大众轿车离合器踏板自由行程的调整
Fig. 1-26 Adjust the pedal free stroke of clutch

(2)液压操纵式离合器踏板自由行程一般是主缸活塞与其推杆之间和分离杠杆内端与分离轴承之间两部分间隙之和在踏板上的反映。因此,踏板自由行程的调整实际上就是这两处间隙的调整。

首先调整主缸活塞与推杆间隙,如图1-27所示,通过限位螺母1调整好踏板高度,再旋转推杆3改变其长度,使其与活塞间的间隙为0.5～1.0 mm,反映到踏板上的自由行程应为3～6 mm,调整到位后通过锁紧螺母2锁紧。

再调整分离杠杆端部与分离轴承平面的间隙。该间隙的规定值一般为2.0～3.5 mm,反映在踏板上为30～40 mm,这一间隙通过调整螺母1(如图1-22)改变工作缸推杆2的长度来实现。

1—限位螺栓 Limit nut;
2—锁紧螺母 Lock nut;
3—主缸推杆 Push rod;
4—离合器踏板 Clutch pedal。

图1-27 主缸活塞与推杆间隙调整
Fig. 1-27 Adjust the clearance between the push rod and piston

二、液压系统排气

离合器液压操纵系统在经过检修之后,管路内可能进入空气,在添加油液时也可能使液压系统中进入空气。空气进入后,由于缩短了主缸推杆行程即踏板工作行程,从而使离合器分离不彻底。因此,液压系统检修后或判断液压系统进入空气时,就要排除液压系统中的空气。排除方法如下:

(1) 用千斤顶顶起汽车,然后用支架将汽车支住,将主缸储液罐中的制动液加至规定高度;

(2) 在工作缸的放气阀上安装一条软管,接到一个盛有制动液的容器内;

(3) 排空气需要两个人配合工作,一人慢慢地踏离合器踏板数次,感到有阻力时踏住不动,另一人拧松放气阀直至制动液开始流出,然后再拧紧放气阀;

(4) 连续按上述方法操作几次,直到流出的制动液中不见气泡为止;

(5) 空气排除干净之后,需要再次检查及调整踏板自由行程。

三、离合器打滑故障检查与排除

对一台装有膜片弹簧离合器的轿车进行检查,用低挡起步,放松离合器踏板后,汽车不能灵敏起步或起步困难。汽车加速时,车速不能随发动机转速提高而加快及行驶无力。当载重上坡时,打滑较明显,严重时会从离合器内散发出焦臭味。对该车进行如下检查:

(1) 拉紧手制动器,挂上低速挡,慢慢放松离合器踏板,逐渐加大油门,若汽车不动,发动机仍继续运转而不熄火,说明离合器打滑。

(2) 检查离合器踏板自由行程,如不符合规定应予以调整。

(3) 若自由行程正常,应拆下变速器罩壳,检查离合器与飞轮连接螺栓是否松动,如松动应予以拧紧。

（4）经上述检查排除后仍然打滑时,应拆下离合器检查摩擦片的状况。若有油污,一般应用汽油清洗并烘干,然后找出油污来源,并设法排除。若摩擦片磨损过薄或多数铆钉头外露,应更换摩擦片。

（5）如摩擦片完好,则应分解离合器,检查压盘膜片弹簧,若弹力过软应予更换。

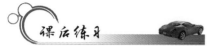

一、选择题

1. 离合器的摩擦衬片磨损后（   ）。

　　A. 压盘的总压力减小　　　　　　　　B. 压盘的总压力保持不变

　　C. 压盘的总压力将增加　　　　　　　D. 压盘总压力忽大忽小

2. 汽车周布弹簧离合器中的分离杠杆支点采用浮动销的主要目的是（   ）。

　　A. 避免运动干涉　　B. 利于拆装　　　　C. 提高强度　　　　D. 节省材料

3. 离合器分离轴承与分离杠杆之间的间隙是为了（   ）。

　　A. 实现离合器踏板的自由行程　　　　B. 减轻从动盘磨损

　　C. 防止热膨胀失效　　　　　　　　　D. 保证摩擦片正常磨损后离合器不失效

4. 下列哪一个或许不是离合器振动的原因（   ）。

　　A. 曲轴轴向间隙过大　　　　　　　　B. 压盘不平稳

　　C. 飞轮跳动过大　　　　　　　　　　D. 飞轮螺栓松动

5. 当汽车加速时,车速没有随发动机的转速提高而加快,行驶中感到无力,则可能是（   ）所致。

　　A. 离合器打滑　　　　　　　　　　　B. 离合器分离不彻底

　　C. 离合器发抖　　　　　　　　　　　D. 离合器发响

二、判断题

1. 分离杠杆内端高低不一致将导致离合器分离不彻底,并且汽车在起步时车身发生颤抖现象。　　　　　　　　　　　　　　　　　　　　　　　　　　　　　　（　　）

2. 离合器须与曲轴飞轮组组装在一起进行动平衡校正。　　　　　　　　　　（　　）

3. 离合器部分压紧弹簧折断或弹力不均,将会造成离合器分离不彻底。　　　（　　）

4. 空气进入液压系统后,会造成离合器打滑。　　　　　　　　　　　　　　（　　）

5. 膜片弹簧在离合器中既作为压紧弹簧,又起分离杠杆的作用。　　　　　　（　　）

三、问答题

1. 简述摩擦式离合器的基本组成和工作原理。

2. 离合器从动盘常见损伤有哪些?

3. 分析膜片弹簧离合器的优点。

4. 分析离合器踏板自由行程对离合器工作的影响。

5. 分析离合器打滑故障的原因,以典型轿车为例,说明诊断和排除程序。

项目二视频

项目二

手动变速器检修

项目导入

变速器与发动机配合工作,保证汽车具有良好的经济性和动力性。现代汽车上广泛采用的是汽油或柴油发动机作为动力源,其转矩和转速变化范围较小,但汽车在起步和上坡时,需要较大的转矩;而在平坦路面上高速行驶时,则只需要较小的转矩,如果不把发动机输出的转矩和转速进行调整,使汽车的牵引力和车速能在相当大的范围内变化,汽车可能无法起步、上坡或高速行驶。此外,所有发动机的曲轴始终是向同一方向转动,而汽车实际行驶过程中常常需要倒车。为解决这一矛盾,在传动系中设置了变速器,变速器主要由变速传动机构和变速操纵机构组成。

任务1 手动变速器传动机构检修

学习目标

1. 能够对手动变速器传动机构进行检查、装配与调整;
2. 能够对手动变速器传动机构部件进行检测与检修;
3. 掌握常见手动变速器传动机构的工作原理和结构;
4. 熟悉变速箱润滑油的分类及使用;
5. 培养创新意识。

相关知识

一、手动变速器分类及工作过程

1. 手动变速器功用

(1) 改变传动比 扩大驱动轮转矩和转速的变化范围,以适应经常变化的行驶条件,如起步、加速、上坡等,同时使发动机在动力性和经济性比较有利的工况下工作;

(2) 实现倒车 利用倒挡,在发动机旋转方向不变的前提下,使汽车能倒退行驶;

（3）中断动力　利用空挡，中断动力传递，以使发动机能够起动、怠速并便于变速器换挡或进行动力传输。

2. 手动变速器分类

（1）按照手动变速器传动齿轮轴的数目，可分为两轴式变速器和三轴式变速器。

（2）按手动变速器前进挡位个数的不同，可分为四挡手动变速器、五挡手动变速器、六挡手动变速器等。

3. 手动变速器工作原理

手动变速器通常采用平行轴式，由齿轮传动的原理可知，一对齿数不同的齿轮啮合传动时可以变速变矩，如图 2-1 所示。主动齿轮转速与从动齿轮转速之比值称为传动比，用 i_{12} 表示，对于啮合传动，传动比可用齿轮 1 和齿轮 2 的齿数 Z_1 和 Z_2 表示，公式如下：

$$i_{12} = n_1/n_2 = z_2/z_1$$

式中：n_1、z_1 为主动齿轮的转速、齿数；

n_2、z_2 为从动齿轮的转速、齿数。

如图 2-1(a)所示，小齿轮为主动齿轮，齿数为 8，大齿轮为从动齿轮，齿数为 24，当小齿轮带动大齿轮转动时，则传动比为 $i_{12} = Z_2/Z_1 = 3$，$i > 1$ 称为减速传动，即 $n_2 < n_1$。

如图 2-1(b)所示，大齿轮为主动齿轮，齿数为 24，小齿轮为从动齿轮，齿数为 8，当大齿轮带动小齿轮转动时，则传动比为 $i_{12} = Z_2/Z_1 = 0.33$，$i < 1$ 称为加速传动，即 $n_2 > n_1$。这就是齿轮变速的基本原理。

(a) 减速传动 Deceleration drive　　(b) 加速传动 Acceleration drive

1—主动齿轮 Driving gear；

2—从动齿轮 Driven gear。

图 2-1　齿轮传动原理

Fig. 2-1　The principle of gear transmission

由于功率 $P = nM/9550$（单位：P 为千瓦、n 为转/分），如传动无效率损失，则传动比还可以为

$$i_{12} = \frac{n_1}{n_2} = \frac{M_2}{M_1}$$

式中：M_1 为主动齿轮转矩，M_2 为从动齿轮转矩。

由上式可知，降速则增矩，增速则降矩，齿轮式变速器在改变转速的同时也改变了输出转矩，传动比既是变速比，也是变矩比，汽车手动变速器就是利用这一原理，通过改变各挡传动比来改变输出转速，从而改变其输出转矩，以适应汽车行驶阻力的变化。

汽车手动变速器是通过多组一对或一对以上不同齿数的齿轮啮合来实现传动比的变化。变速器传动比小的挡位称为高挡，传动比大的挡位称为低挡，一般变速器有 4～6 个挡位。齿轮安装在不同的平行轴上，齿轮的安装方式有 2 种，一种是齿轮通过键或花键与轴固定，可以直接传递转矩；一种是齿轮通过滚针轴承空套在轴上，通过结合装置将空套的齿轮固定来实现不同挡位的动力传递。

二、两轴式变速器

两轴式变速器多应用在发动机前置前轮驱动的轿车上,或发动机后置后轮驱动(客车)的汽车上。

两轴式手动变速器的动力传递主要依靠两根相互平行的轴(输入轴与输出轴)完成,如图2-2所示。此外,还有一根比较短的倒挡轴来帮助汽车实现倒退行驶。动力从输入轴(第一轴)输入,经一对齿轮传动后,直接由输出轴(第二轴)输出。其特点是结构比较紧凑,机械效率高,噪声小。

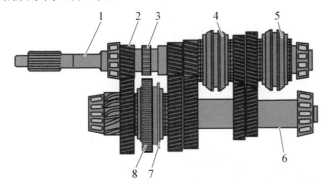

1—输入轴 Input shaft;
2—挡位齿轮 Driving gears;
3、8—倒挡齿轮 Reverse gears;
4、5、7—同步器 Gear synchronizer;
6—输出轴 Output draft。

图 2-2 两轴五挡变速器齿轮机构

Fig. 2-2 Gear mechanism of two-axle five-gear transmission

1. 基本结构

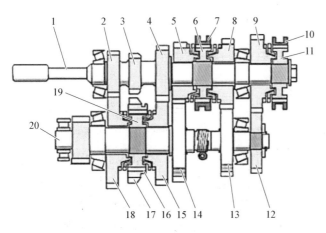

1—输入轴 Input shaft;
2—输入轴一挡齿轮 Input shaft 1st gear;
3—输入轴倒挡齿轮 Input shaft reverse gear;
4—输入轴二挡齿轮 Input shaft 2nd gear;
5—输入轴三挡齿轮 Input shaft 3rd gear;
6—三、四挡同步器花键毂 3rd,4th gear synchronizer splined hub;
7—三、四挡同步器接合套 3rd,4th gear synchronizer joint sleeve;
8—输入轴四挡齿轮 Input shaft 4th gear;
9—输入轴五挡齿轮 Input shaft 5th gear;
10—五挡同步器接合套 5th gear synchronizer joint sleeve;
11—五挡同步器花键毂 5th gear synchronizer splined hub;
12—输出轴五挡齿轮 Output shaft 5th gear;
13—输出轴四挡齿轮 Output shaft 4th gear;
14—输出轴三挡齿轮 Output shaft 3rd gear;
15—输出轴二挡齿轮 Output shaft 2nd gear;
16—一、二挡同步器接合套 1st,2nd gear synchronizer joint sleeve;
17—输出轴倒挡齿轮 Output shaft reverse gear;
18—输出轴一挡齿轮 Output shaft 1st gear;
19—一、二挡同步器花键毂 1st,2nd gear synchronizer splined hub;
20—输出轴 Output shaft。

图 2-3 二轴五挡变速器的齿轮机构

Fig. 2-3 Gear mechanism structure of two-axle five-gear transmission

图 2-3 为二轴五挡变速器的齿轮机构结构图。

第一轴也叫输入轴或主动轴,前端与离合器从动盘通过花键连接。第一轴上共有六个齿轮两个同步器。其中三、四、五挡齿轮(见图中序号 5、8、9)分别用滚针轴承空套在第一轴上,三、四挡中间有一个同步器,五挡有一个同步器,一、二挡齿轮,倒挡齿轮(见图中序号 2、4、3)与第一轴固定。第二轴 20 也叫输出轴或从动轴,上有七个齿轮,一个同步器。其中,六个圆柱齿轮与第一轴齿轮对应,最左端的齿轮作为主减速器的主动齿轮。三、四、五挡从动齿轮(见图中序号 14、13、12)与第二轴固定,一、二挡从动齿轮(见图中序号 18、15)用滚针轴承空套在第二轴上,同步器位于一、二挡从动齿轮中间,倒挡齿轮 17 与同步器接合套 16 连成一体。

在第二轴中部一侧,还装有一根较短的倒挡轴。它是固定式轴,倒挡齿轮空套在倒挡轴上,它可在倒挡拨叉的作用下左右移动。

2. 动力传递路线及传动比

(1) 各挡位动力传递路线分析。

当挂一挡时,一、二挡同步器接合套左移,如图 2-4 所示。

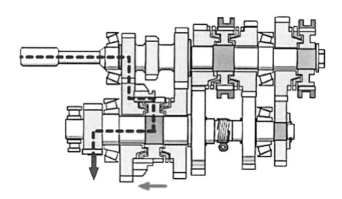

图 2-4 两轴式变速器一挡动力传递路线图
Fig. 2-4 1st gear power flow for two-axle transmission

动力传递路线为:

第一轴→第一轴一挡齿轮→第二轴一挡齿轮→一、二挡同步器接合套→一、二挡同步器花键毂→第二轴输出。

一挡传动比 $i=3.5$ 左右,为降速传动。

当挂二挡时,一、二挡同步器接合套右移,如图 2-5 所示。

动力传递路线为:

第一轴→第一轴二挡齿轮→第二轴二挡齿轮→一、二挡同步器接合套→一、二挡同步器花键毂→

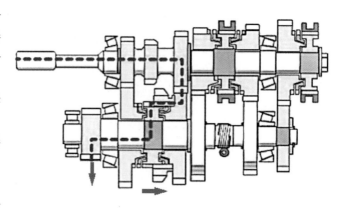

图 2-5 两轴式变速器二挡动力传递路线图
Fig. 2-5 2nd gear power flow for two-axle transmission

第二轴输出。

二挡传动比 $i=2$ 左右，为降速传动。

当挂三挡时，三、四挡同步器接合套左移，如图 2-6 所示。

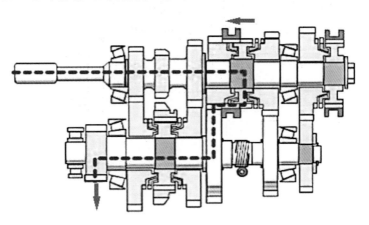

图 2-6　两轴式变速器三挡动力传递路线
Fig. 2-6　3rd gear power flow for two-axle transmission

动力传递路线为：

第一轴→三、四挡同步器的花键毂→三、四挡同步器的接合套→第一轴三挡齿轮→第二轴三挡齿轮→第二轴输出。

三挡传动比 $i=1.3$ 左右，为降速传动。

当挂四挡时，三、四挡同步器接合套右移，如图 2-7 所示。

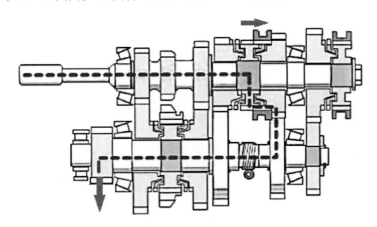

图 2-7　两轴式变速器四挡动力传递路线
Fig. 2-7　4th gear power flow for two-axle transmission

动力传递路线为：

第一轴→三、四挡同步器花键毂→三、四挡同步器接合套→第一轴四挡齿轮→第二轴四挡齿轮→第二轴输出。

四挡传动比 $i=0.95$ 左右，为增速传动。

当挂五挡时，五挡同步器接合套左移，如图 2-8 所示。

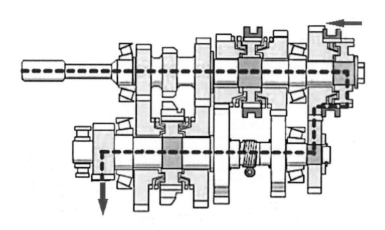

图 2 - 8　两轴式变速器五挡动力传递路线

Fig. 2 - 8　5th gear power flow for two-axle transmission

动力传递路线为：

第一轴→五挡同步器花键毂→五挡同步器接合套→第一轴五挡齿轮→第二轴五挡齿轮→第二轴输出。

五挡传动比 $i=0.8$ 左右，为增速传动。

当挂倒挡时，通过拨叉拨动倒挡轴上的惰轮，使其同时与第一轴和第二轴上的倒挡齿轮啮合，如图 2 - 9 所示。

其动力传递路线为：

第一轴→第一轴倒挡齿轮→倒挡轴倒挡齿轮→第二轴倒挡齿轮→一、二挡同步器接合套→一、二挡同步器花键毂→第二轴输出。

倒挡传动比 $i=3.2$ 左右，为降速传动。

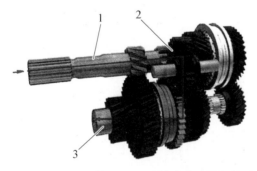

1—第一轴 1st shaft;
2—倒挡齿轮 Reverse gear;
3—第二轴 2nd shaft。

图 2 - 9　两轴式变速器倒挡动力传递路线

Fig. 2 - 9　Reverse gear power flow for two-axle transmission

倒挡原理：由于倒挡位的齿轮传递中多一个中间惰轮，因此，第二轴的旋转方向与前进位时相反，如图 2 - 10 所示。

（2）挡位传动比分析。

当传动比 $i>1$ 时，为减速挡，且 i 越大，挡位越低；

当传动比 $i=1$ 时，为直接挡；

当传动比 $i<1$ 时，为超速挡。

可以看出该手动变速器1、2、3挡为减速传动,4、5两挡为增速传动,即超速挡。

1—倒挡轴 Reverse shaft;
2—第一轴 1st shaft;
3—第二轴 2nd shaft。

图 2 - 10　倒挡原理图
Fig. 2 - 10　The principle diagram of reverse gear

三、三轴式变速器

三轴式变速器主要有三根轴:第一轴(输入轴)、中间轴和第二轴(输出轴)。第一轴和第二轴在同一轴线上,并且与中间轴平行。此外,还有一根倒挡轴。其特点是空间布置比较灵活,传动比的范围大,可设有直接挡传动,适用于发动机前置、后轮驱动的布置形式。

1. 基本结构

图 2-11 所示为三轴式手动变速器总成图。该变速器有 5 个前进挡位和 1 个倒挡位。变速器第一轴(输入轴)7 前后端用轴承分别支承在曲轴后端的中心孔及变速器壳体的前轴承盖1 上,其前部花键部分装离合器的从动盘。第一轴轴承盖的外圆面与离合器壳相应的孔配合,保证第一轴和曲轴的轴线重合。中间轴两端用轴承支承在壳体 6 上,第二轴 4(输出轴)前后端分别用轴承支承于第一轴后端中心孔内和壳体上,驾驶员通过变速杆 3 操纵换挡机构换挡。

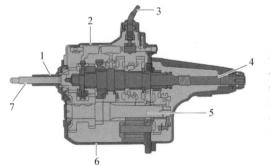

1—前轴承盖 Front bearing retainer;
2—变速器总成 Shift cover assembly;
3—变速杆 Shift lever;
4—输出轴 Output shaft;
5—中间轴 Countershaft;
6—变速器壳 Transmission case;
7—输入轴 Input shaft。

图 2 - 11　三轴式变速器的结构简图
Fig. 2 - 11　The structure of three-axle transmission

图 2-12 为该变速器的齿轮传动机构,第一轴后部有常啮合齿轮 2,常啮合齿轮 2 后端有一圈接合齿,用作挂直接挡。与第一轴齿轮常啮合的中间轴常啮合齿轮 11 和中间轴二、三挡齿轮(见图中 14、13)用半圆键安装在中间轴上,中间轴五挡齿轮 19 通过滚针轴承空套在中间轴上,一挡齿轮 18 和倒挡齿轮 16 与中间轴固定连接。第二轴上倒挡齿轮 7 与一、二挡同步器 6 的接合套连成一体,第二轴三、二、一挡齿轮(见图 4、5、8)分别以滚针轴承形式与轴配合,并分别与中间轴上的齿轮 13、14、18 常啮合,其侧面均有接合齿圈,五挡齿轮 9 与输出轴固定连接,与中间轴五挡齿轮 19 常啮合。

第二轴前端花键上套装三、四挡同步器 3 的花键毂,用卡环轴向定位,接合套在花键毂上轴向滑动实现挡位转换。同步器 6 实现一、二挡动力传递。后轴承盖内装有里程表驱动螺旋齿轮,轴后端花键上装有凸缘,将动力传递给万向传动装置。倒挡轴 17 固定在壳体上,倒挡齿轮 15 在拨叉的作用下沿倒挡轴轴向移动,与倒挡齿轮 16、7 同时啮合,实现倒挡传递。

空挡时,第一轴旋转,通过齿轮 2 带动中间轴及其上的齿轮旋转,其从动齿轮 4、5、8 随第一轴的旋转而在第二轴上空转,因此,第二轴不能被驱动。

在该变速器中,除倒挡外,各挡均采用同步器换挡,保证变速器在汽车行进中换挡时不发生接合齿的冲击。

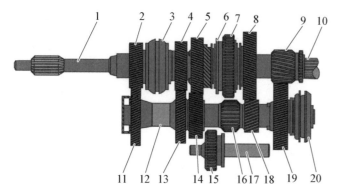

1—第一轴 1st shaft;
2—第一轴常啮合传动齿轮 1st shaft constant meshing gear;
3—三、四挡同步器 3rd,4th gear synchronizer;
4—第二轴三挡齿轮 2nd shaft 3rd gear;
5—第二轴二挡齿轮 2nd shaft 2nd gear;
6—一、二挡同步器 1st,2nd gear synchronizer;
7—第二轴倒挡齿轮 2nd shaft reverse gear;
8—第二轴一挡齿轮 2nd shaft 1st gear;
9—第二轴五挡齿轮 2nd shaft 5th gear;
10—第二轴 2nd shaft;
11—中间轴常啮合齿轮 Countershaft constant meshing transmission gear;
12—中间轴 Countershaft;
13—中间轴三挡齿轮 Countershaft 3rd gear;
14—中间轴二挡齿轮 Countershaft 2nd gear;
15—倒挡齿轮 Reverse gear;
16—中间轴倒挡齿轮 Countershaft reverse gear;
17—倒挡齿轮轴 reverse gearshaft;
18—中间轴一挡齿轮 Countershaft 1st gear;
19—中间轴五挡齿轮 Countershaft 5th gear;
20—五挡同步器 5th gear synchronizer。

图 2-12 三轴式变速器的齿轮传动机构
Fig. 2-12 Gear mechanism of three-axle transmission

2. 动力传递路线

当挂 1 挡时,可操纵变速杆,通过拨叉使第二轴上的一、二挡同步器接合套右移,与第二轴一挡齿轮的接合齿圈接合,如图 2-13 所示。

群内回复关键词变速器工作过程
观看视频变速器工作过程

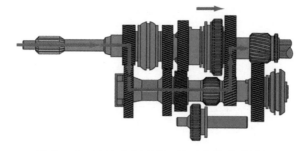

图 2-13 三轴式变速器一挡动力传递路线图
Fig. 2-13 1st gear power flow for three-axle transmission

动力传递路线：

第一轴→第一轴常啮合齿轮→中间轴常啮合传动齿轮→中间轴→中间轴一挡齿轮→第二轴一挡齿轮→一、二挡同步器接合套→一、二挡同步器花键毂→第二轴输出。

当挂二挡时，可操纵变速杆，通过拨义使第二轴上的一、二挡同步器接合套左移，与第二轴二挡齿轮的接合齿圈接合，如图 2-14 所示。

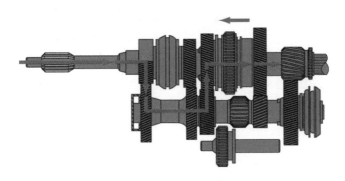

图 2-14 三轴式变速器二挡动力传递路线图
Fig. 2-14 2nd gear power flow for three-axle transmission

动力传递路线：

第一轴→第一轴常啮合齿轮→中间轴常啮合传动齿轮→中间轴→中间轴二挡齿轮→第二轴二挡齿轮→一、二挡同步器接合套→一、二挡同步器花键毂→第二轴输出。

当挂三挡时，可操纵变速杆，通过拨叉使第二轴上的三、四挡同步器接合套右移，与第二轴三挡齿轮的接合齿圈接合，如图 2-15 所示。

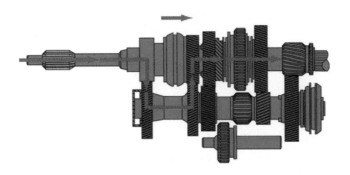

图 2-15 三轴式变速器三挡动力传递路线图
Fig. 2-15 3rd gear power flow for three-axle transmission

动力传递路线：

第一轴→第一轴常啮合齿轮→中间轴常啮合传动齿轮→中间轴→中间轴三挡齿轮→第二轴三挡齿轮→三、四挡同步器接合套→三、四挡同步器花键毂→第二轴输出。

当挂四挡时，可操纵变速杆，通过拨叉使第二轴上的三、四挡同步器接合套左移，与第一轴上的常啮合齿轮的接合齿圈接合，把动力直接传给第二轴，而不再经过中间齿轮传动，故这种挡位称为直接挡，其传动比 $i=1$，如图 2-16 所示。

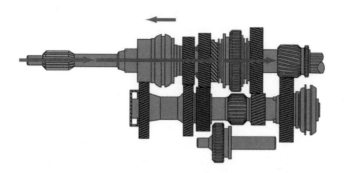

图 2-16 三轴式变速器四(直接)挡动力传递路线图
Fig. 2-16 4th(direct) gear power flow for three-axle transmission

当挂五挡时,可操纵变速杆,通过拨叉使中间轴上五挡同步器接合套左移与中间轴五挡齿轮的接合齿圈接合,则可得到五挡,如图 2-17 所示。五挡传动比 $i<1$,为超速挡。

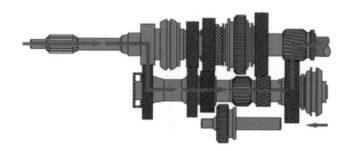

图 2-17 三轴式变速器五挡动力传递路线图
Fig. 2-17 5th gear power flow for three-axle transmission

动力传递路线:

第一轴→第一轴常啮合传动齿轮→中间轴常啮合传动齿轮→中间轴→五挡同步器花键毂→五挡同步器接合套→中间轴 5 挡齿轮→第二轴 5 挡齿轮→第二轴输出。

当挂倒挡时,可操纵变速杆,通过拨叉使倒挡轴上的倒挡齿轮与中间轴和第二轴上的倒挡齿轮同时啮合,实现倒挡,如图 2-18 所示。

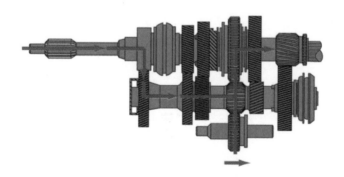

图 2-18 三轴式变速器倒挡动力传递路线图
Fig. 2-18 Reverse gear power flow for three-axle transmission

动力传递路线：

第一轴→第一轴常啮合齿轮→中间轴常啮合齿轮→中间轴→中间轴倒挡齿轮→倒挡轴倒挡齿轮→第二轴倒挡齿轮→一、二挡同步器花键毂→第二轴输出。

由于倒挡位的齿轮传递中多了一次外啮合，因此，第二轴的旋转方向与前进位时相反。倒挡的传动比数值较大，一般与一挡的传动比相近。这是考虑到安全，希望倒车时速度尽可能慢些。

四、变速器齿轮油

齿轮油是指用于汽车机械变速器、驱动桥和传动机构的润滑油。它以精制润滑油为基础油，加入抗氧化、防腐蚀、防锈、消泡、耐用抗磨等多种添加剂调和而成，因此，具有良好的润滑性能。它与其他的润滑油一样，具有减磨、冷却、清洗、密封、防锈和降低噪声等作用，其工作条件与发动机机油不一样，因此，对性能的要求也不一样。

1. 齿轮油的基本性能

（1）对齿轮油的使用要求

齿轮油具有很好的润滑性能、较高的耐挤压性，具有适当的黏度（比发动机机油高）和较好的黏温特性、较好的低温流动性、较好的防腐性和抗氧化安定性、良好的消泡性。

（2）对齿轮油的性能要求

对齿轮油的性能要求主要有黏度、黏温性和抗磨性等几项指标。齿轮油的黏度应使得传动机构工作时消耗于油内摩擦的能量很少，同时又能保证齿轮及轴承摩擦面不发生擦伤及噪声，油封及接合面不漏油。

抗磨性是指油品能在运动部件上保持油膜，防止金属与金属直接接触的能力。齿轮油极压抗磨性可以用油的负荷承载能力来评定。

2. 齿轮油的分类

目前，国际上采用美国汽车工程师协会（SAE：黏度标号）与美国石油学会（API：质量标号）的分类标准来标定齿轮油。

例如："API GL-4 SAE 80W"

API——美国石油学会简称；

GL-4——齿轮油质量标号，适用于双曲线齿轮传动的润滑；

SAE——美国汽车工程师协会简称；

80W——齿轮油黏度，适用于最低-26℃的温度。

（1）SAE黏度标号。

SAE齿轮油黏度标号分为70W、75W、80W、85W、90、140、250等七个指标。带W字母的为冬季用油，详见表2-1所示。

表2-1 SAE齿轮油黏度分类
Tab. 2-1 SAE classification of gear oil viscosity

黏度标号	适用的最低温度	动力黏度100℃/s	
		最大	最小
70W	-55℃	4.1	—

续表

黏度标号	适用的最低温度	动力黏度100℃/s	
		最大	最小
75W	−40℃	4.1	—
80W	−26℃	7.0	—
85W	−12℃	11.0	—
90	—	13.5	—
140	—	24.0	<24.0
250	—	41.0	<41.0

（2）API质量标号。

按齿轮负荷承载能力和使用场合不同，API（美国石油学会）将齿轮油分为 GL - 1、GL - 2、GL - 3、GL - 4、GL - 5、GL - 6 等六个等级，详见表2 - 2所示。

表2 - 2　API齿轮油质量使用标号及性能
Tab. 2 - 2　API gear oil quality grade

标号	适用范围
GL - 1	低齿面压力、低滑动速度下运行的汽车螺旋锥齿轮、蜗轮后轴和各种机械变速器
GL - 2	汽车蜗轮后轴，其负荷、温度及滑动速度的状况用 GL - 1 不能满足使用要求
GL - 3	中等速度及负荷运转的汽车机械变速器和后桥螺旋圆锥齿轮
GL - 4	在高速低转矩及低速高转矩下运转的小客车和其他车辆的各种齿轮，特别是准双曲线齿轮
GL - 5	在高速冲击负荷、高速低转矩及低速高转矩下运转的小客车和其他车辆的各种齿轮，特别是准双曲线齿轮
GL - 6	在高速冲击负荷运转中汽车的各种齿轮，特别是高偏置准双曲线齿轮，偏置大于从动齿轮直径的25%

任务实施

一、大众宝来二轴五挡02T型手动变速器拆装

02T型手动变速器是大众公司为MQ200系列开发的新一代超轻重量双轴变速箱，最大传递扭矩200 N·m，主传动比与各挡传动比能与各种发动机的动力输出相匹配，总体结构如图2 - 19所示。

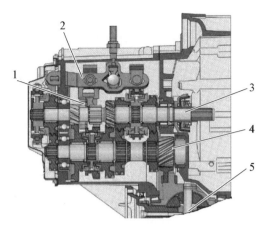

1—倒挡齿轮 Reverse gear;
2—换挡机构 Shift mechanism;
3—输入轴 Input shaft;
4—输出轴 Output shaft;
5—差速器 Differential。

图 2-19 大众 02T 手动变速器
Fig. 2-19 02T Manual transmission

1. 拆卸前的准备

（1）防护装备：工作服、手套、劳保鞋；

（2）手动变速器总成；

（3）拆装工具一套。

2. 手动变速器的拆解和装配

（1）手动变速器拆解。

① 从车上拆下手动变速器，将其固定在翻转架上，如图 2-20 所示。

> 群内回复关键词手动变速器的拆装
> 观看视频手动变速器的拆装

图 2-20 将手动变速器安装于翻转架
Fig. 2-20 Manual transmission mounted on overturning frame

② 放掉变速器油。

③ 同时拆下离合器分离轴承、撬板和导套。

④ 拆下离合器壳体处的传动轴法兰。

⑤ 拆掉变速器壳体后盖。

⑥ 拆下五挡拨叉和五挡齿轮的两个卡簧，如图 2-21 所示。

1—五挡拨叉 5th gear shift fork;
2—五挡同步器 5th gear synchronizer;
3、5—卡簧 Key springs;
4—输出轴五挡齿轮 Output shaft 5th gear。

图 2-21 02T 型变速器五挡齿轮和拨叉结构
Fig. 2-21 The structure of 5th gear and fork of transmission

⑦ 拆下输入轴和输出轴上的五挡齿轮。

⑧ 拆下轴承支架固定螺栓和内拨叉架总成螺栓。

⑨ 拆下变速器壳体处的传动轴法兰。

⑩ 拆下变速器壳体和离合器壳体的固定螺栓。

⑪ 取出离合器壳体和差速器。

⑫ 拆下换挡轴及其支架,拆下倒挡灯开关和内拨叉架总成的四个固定轴销。

⑬ 拆下倒挡轴径向固定螺栓。

⑭ 用专用工具将输入轴、输出轴和轴承支架总成压出变速箱壳体,再把输入轴、输出轴压出轴承支架,如图 2-22 所示,输入轴、输出轴和轴承支架总成结构如图 2-23 所示。

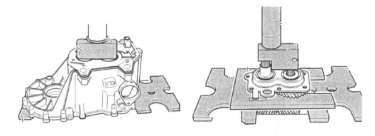

图 2-22 压出轴承支架总成
Fig. 2-22 Press-out bearing bracket assembly

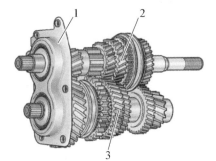

1—轴承支架 Bearing bracket;
2—输入轴 Input shaft;
3—输出轴 Output shaft。

图 2-23 轴承支架和传动轴总成结构
Fig. 2-23 The structure of bearing bracket and transmission shaft assembly

⑮ 分解输入轴。

Ⅰ．用卡簧钳拆下卡簧。

Ⅱ．用油压机和专用工具拆下四挡齿轮、滚柱轴承内圈及平垫片，如图 2 - 24 所示。

Ⅲ．用油压机和专用工具将三、四挡同步器花键毂和三挡齿轮一起压出，如图 2 - 25 所示。

Ⅳ．检查三、四挡同步器齿环磨损情况。

图 2 - 24　分解四挡齿轮
Fig. 2 - 24　Decompose the 4th gear

图 2 - 25　分解花键毂及三挡齿轮
Fig. 2 - 25　Decompose the spline hub and 3rd gear

⑯ 分解输出轴。

Ⅰ．用卡簧钳拆下卡簧，取出一挡齿轮。

Ⅱ．用专用工具拆下一、二挡同步器花键毂和二挡齿轮，结构如图 2 - 26 所示。

Ⅲ．拆下卡簧，压出三挡、四挡齿轮。

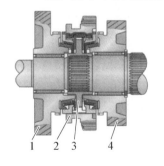

1、5——挡齿轮 1st speed gear;
2——一、二挡接合套 1st and 2nd gear mesh sleeve;
3—花键毂 Splined hub;
4—二挡齿轮 2nd speed gear;
6—齿轮上外锥面 Upper and outer conical surface of gear;
7—内锁环 Inner locking ring;
8—中间环 Middle ring;
9—外锁环 Outer locking ring。

图 2 - 26　一、二挡同步器结构
Fig. 2 - 26　The structure of 1st and 2nd gear synchronizer

(2) 手动变速器装配。

① 装配输入轴。

Ⅰ．装入三挡齿轮、同步器锁环。

Ⅱ．组装三、四挡同步器花键毂、接合套和滑块等，注意花键毂上较深的槽（箭头"A"）对准接合套上的中间凹槽（箭头"B"），如图 2 - 27 所示。

Ⅲ. 安装三、四挡同步器花键毂、接合套和滑块时,三、四挡同步器花键毂端面的标志槽(如图 2-28 箭头所示)应朝向四挡。

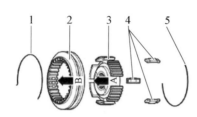

1、5—弹簧圈 Spring coil;
2—三、四挡接合套 3rd and 4th gear mesh sleeve;
3—花键毂 Splined hub;
4—滑块 Slider。

图 2-27　三、四挡同步器装配
Fig. 2-27　Assembly diagram of 3rd and 4th gear synchronizer

图 2-28　标志槽位置
Fig. 2-28　Location of marking slot

Ⅳ. 用油压机等专用工具压入三、四挡同步器花键毂和四挡滚针轴承内圈,注意花键毂端面标志槽朝四挡。

Ⅴ. 用油压机等专用工具(如图 2-29 箭头所指)压入四挡滚针轴承内圈。

Ⅵ. 装四挡滚针轴承、四挡齿轮、同步器锁环和平垫片。

Ⅶ. 用油压机等专用工具压入滚柱轴承内圈。

Ⅷ. 选出合适厚度的卡簧,用卡簧钳安装卡簧。

② 装配输出轴。

Ⅰ. 压入四挡齿轮,齿轮端面凸台朝向三挡,装上两个卡簧。压入三挡齿轮,齿轮端面凸台朝向四挡,装卡簧。

Ⅱ. 装二挡齿轮和同步器,用专用工具压入一、二挡同步器花键毂和接合套,同步锁环的安装。

Ⅲ. 装卡簧,装一挡同步器锁环和一挡齿轮。

③ 将轴承支架加热到 100℃,用专用工具将轴承支架压入输入、输出轴上,用专用工具将滚针轴承内圈压入输入轴上。

④ 将装好轴承支架的输入、输出轴放到专用的支架上,装上内拨叉架总成和带倒挡齿轮的倒挡轴,注意倒挡齿轮嵌入倒挡拨叉中,各拨叉嵌入接合套的拨叉槽内。

⑤ 将引导专用工具拧在内拨叉架总成上,如图 2-30 所示。

图 2-29　压装四挡滚针轴承
Fig. 2-29　Press the 4th gear needle roller bearing

⑥ 将带有轴承支架的输入、输出轴和带倒挡齿轮的倒挡轴及内拨叉架总成装入变速器壳体中,检查各拨叉是否进入各挡接合套的槽中。

⑦ 用专用工具小心地将输入、输出轴的轴承支架压入变速器壳体中,注意倒挡轴和各拨叉的位置。

⑧ 安装倒挡轴径向固定螺栓和四个内拨叉架总成的固定轴销。

⑨ 装上倒车灯开关,在空挡位置时安装拨叉轴。

⑩ 用 6 个新螺栓固定轴承支架,注意从中间对角交叉逐步拧紧,然后装上内拨叉架总成的固定螺栓。

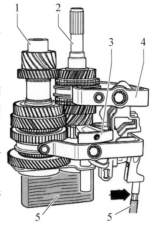

1—输出轴 Output shaft；
2—输入轴 Input shaft；
3、4—拨叉架 Fork frame；
5—专用工具 Special tool。

图 2-30　齿轮机构总成图
Fig. 2-30　Gear mechanism assembly

⑪ 装上差速器,在变速器壳体与离合器壳体安装的结合面上清除掉旧的密封胶残余物,再均匀涂上一层密封胶,安装离合器壳体,更换新的离合器体和变速器壳体的螺栓并按规定扭矩拧紧。

⑫ 安装输出轴上的五挡齿轮,齿轮上高台阶的端面朝后盖。

⑬ 安装输入轴上五挡齿轮的滚针轴承和五挡齿轮及五挡同步器锁环花键毂和接合套,花键毂端面的标志槽和宽凸肩安装时朝向五挡齿轮。

⑭ 安装五挡拨叉及拨叉轴。

⑮ 将卡簧装入输入、输出轴上。

⑯ 安装变速器后盖、传动轴法兰、离合器分离轴承和导套等外部零件。

二、手动变速器传动机构零部件检修

1. 传动齿轮检修

齿轮的损伤形式主要有齿面磨损、齿端磨损、疲劳剥落、腐蚀斑点、轮齿破碎或断裂等。其原因主要是由于齿轮间的摩擦、齿轮工作时所受的机械应力以及润滑油变质腐蚀所致。修理齿轮时应按照以下要求：

（1）齿轮齿面不允许有明显的磨损、不规则的磨损,表面疲劳点蚀部分不超过齿面面积的 25%,超过时需更换；

（2）当齿顶磨损超过 0.2 mm 或齿长磨损超过原齿长的 15% 时,应更换；

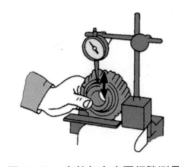

图 2-31　齿轮与内座圈间隙测量
Fig. 2-31　Gap measurement between gear and inner seat ring

（3）装好滚针轴承和内座圈后,用百分表检查齿轮与内座圈的间隙,如图 2-31 所示,标准间隙 0.009～0.06 mm,极限间隙为 0.15 mm,超过极限应更换轴承；

（4）齿轮上无论何处产生裂纹,必须更换,且应成对更换。

2. 输入、输出轴的检修

在工作过程中,由于受转矩、弯矩、冲击和滑磨等影响,变速器轴往往产生弯曲变形、轴颈磨损及花键齿磨损等。

（1）将输入、输出轴装在水平的 V 型架上,用百分表检查其弯曲度（如图 2-32）,若其中部摆差超过 0.10 mm 时,应进行校正或更换。

（2）花键磨损超过使用极限时应予更换。

（3）轴承、轴承挡圈及轴颈如有损坏,或轴颈磨损超过轴颈与轴承配合间隙允许的极限时,必须更换,检查轴颈磨损情况,如图 2-33 所示。

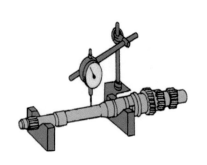

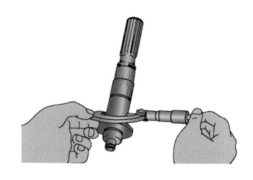

图 2-32 轴弯曲度的检查
Fig. 2-32 Inspect the axis bending

图 2-33 轴颈磨损的检查
Fig. 2-33 Inspect the journal wear

（4）输入、输出轴轴体上不得有任何性质的裂纹,否则应更换。

任务 2 同步器与操纵机构检修

1. 能够对同步器与操纵机构进行检查、装配与调整;
2. 能够对同步器与操纵机构零件进行检测、修复;
3. 掌握常见同步器与操纵机构的工作原理和结构;
4. 培养独立思考能力。

一、同步器结构与工作原理

同步器是使接合套与对应接合齿圈的圆周速度达到并保持一致（同步）的机构,以及阻止两者在达到同步之前接合以防止冲击的结构。由于同步器能消除或减轻齿轮间的冲击和噪声,并使换挡轻便,故目前为各类汽车所采用。

同步器有常压式、惯性式、自行增力式等种类,广泛采用的是惯性式同步器。

惯性式同步器有锁环式和锁销式等形式,惯性式同步器是依靠摩擦作用实现同步的。

1. 锁环式同步器

该同步器构造如图2-34所示,它由锁环1和5、滑块3、弹簧圈11、花键毂2及接合套4等组成。

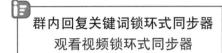

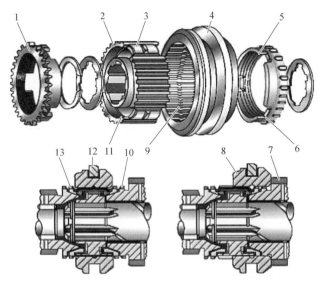

1、5、13—锁环 Lock ring;
2—花键毂 Splined hub;
3—滑块 Slider;
4、8—接合套 Mesh sleeve;
6—锁环缺口 Lock ring gap;
7—挡位齿轮 Speed gear;
9—接合套凹槽 Mesh sleeve groove;
10—接合齿圈 Mesh ring;
11—弹簧圈 Spring coil;
12—拨叉 Shift fork。

图2-34 锁环式惯性同步器结构
Fig. 2-34 The structure of lock ring type inertial synchronizer

接合套的外圆柱面加工有与换挡拨叉配合的环槽,在换挡拨叉的拨动下,接合套可以沿花键毂2做轴向移动。同步器花键毂2的内孔和外圆柱面上都加工有花键,内花键与轴上的外花键配合,用垫圈和卡环轴向固定。接合齿圈10可以与齿轮加工成一体,也可单独加工后与齿轮焊接在一起。在花键毂两端与接合齿圈之间各有一个青铜制成的锁环(同步环)1和5,锁环上的花键齿的断面齿廓、尺寸及齿数与接合齿圈及花键毂的外花键齿均相同,两个锁环上的花键齿在对着接合套的一端都有倒角(称锁止角),且与接合套齿端的倒角相同。锁环具有与接合齿圈上的锥形面锥度相同的内锥面,锥面上制出细牙的螺旋槽,以便两锥面接触后能破坏油膜,增加锥面间的摩擦,缩短同步时间。三个滑块3分别嵌合在花键毂的三个轴向槽中,并可沿轴向移动。滑块的中部有凸起,在两个弹簧圈的径向弹力作用下,将滑块压在接合套的内表面上,使滑块中部凸起正好嵌在接合套中部的内环槽9中。此外,滑块的两端伸入锁环的缺口6中,只有当滑块位于缺口的中央时,接合套方能穿过锁环挂挡。

锁环式惯性同步器工作过程:以变速器由四挡挂入五挡(由低速挡挂入高速挡)时来说明该同步器的工作过程。当接合套刚从四挡退到空挡时(如图2-35(a)),接合齿圈2(与齿轮1制成一体)、接合套4、锁环3都在其本身及其所联系的一系列运动件的惯性作用下,继续沿原方向旋转。设它们的转速分别为 n_2、n_4 和 n_3,则此时 $n_3 = n_4$,$n_2 > n_4$,即 $n_2 > n_3$。锁环3在轴向是自由的,故其内锥面与齿圈2的外锥面并不接触。

若要挂入五挡,驾驶员通过操纵机构拨动接合套4并带动滑块5一起向左移动。当滑块 5 左端面与锁环 3 缺口的内端面接触时,便推动锁环移向接合齿圈 2,使具有转速差($n_2 >$ n_4)的两锥面一经接触便产生摩擦作用。接合齿圈 2 通过摩擦作用带动锁环相对于接合套超前转过一个角度,直到锁环缺口在另一个侧面与滑块接触时,锁环便与接合套同步转动。此时,由于滑块已紧靠锁环缺口的一侧,较位于缺口中央时,接合套花键齿与锁环的齿错开了约半个齿厚,从而使接合套的齿端倒角与锁环相应的齿端倒角正好相互抵触而不能进入啮合(如图 2 - 35(b))。

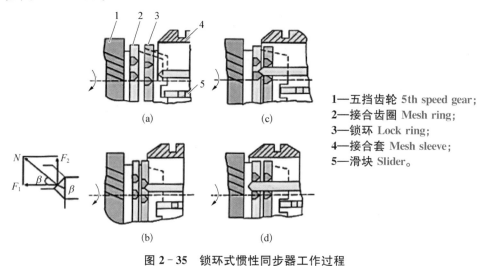

1—五挡齿轮 5th speed gear;
2—接合齿圈 Mesh ring;
3—锁环 Lock ring;
4—接合套 Mesh sleeve;
5—滑块 Slider。

图 2 - 35 锁环式惯性同步器工作过程
Fig. 2 - 35 Working process of lock ring type inertial synchronizer

在上述锁环与接合套齿端倒角相互抵触的作用下,若要将接合套齿圈与锁环齿圈接合上,必须使锁环相对于接合套后退一个角度。由于驾驶员始终对接合套施加一个轴向力,使接合套齿圈倒角压紧锁环齿圈倒角,于是在锁环的锁止角斜面上作用有法向压力 N(如图 2 - 35(b)左侧的局部放大图)。力 N 可分解为轴向力 F_1 和切向力 F_2。切向力 F_2 所形成的力矩试图使锁环相对于接合套向后退转,称为拨环力矩。轴向力 F_1 欲使锁环 3 与接合齿圈 2 的锥面产生摩擦力矩,使二者转速 n_3、n_2 迅速接近,并且实际上可认为 n_3 不变,只是 n_2 趋近于 n_3。这是因为锁环 3 连同接合套 4 通过花键毂与整个汽车相连,转动惯量大,转速下降很慢,而接合齿圈 2 只与离合器从动部分相联系,转动惯量很小,速度降低较前者快得多。因此,接合齿圈 2 是减速旋转,根据惯性原理,所产生惯性力矩的方向与旋转方向相同。此惯性力矩通过摩擦锥面作用到锁环上,阻止锁环相对接合套向后旋转。亦即在锁环上作用着两个方向相反的力矩:其一为切向力 F_2 形成的力图使锁环相对于接合套向后退转的拨环力矩 M_2;另一个为摩擦锥面上阻止锁环向后退转的惯性力矩 M_1。在 n_2 尚未等于 n_3 之前,两个锥面间摩擦力矩的数值与接合齿圈 2 的惯性力矩相等。如果 $M_2 > M_1$,则锁环 3 即可相对于接合套向后退转一个角度,以便二者进入接合;若 $M_2 < M_1$,则二者不可能进入接合。摩擦力矩 M_1 与轴向力 F_1 的垂直于摩擦锥面的分力成正比,而 M_2 则与切向力 F_2 成正比。F_1 和 F_2 都是法向力 N 的分力,二者的比值取决于花键齿锁止角 β 的大小。因此,在设计同步器时,适当地选择锁止角和摩擦锥面的锥角,便能保证在同步($n_2 = n_3$)之前,接合齿圈 2 施加在锁环 3 上的惯性力矩 M_1 总是大于切向力 F_2 形成的拨环力矩 M_2,因而不论驾驶员通过操纵机构加在接合套上的推力有多大,接合套齿端与锁环齿端总是互相抵触而不能接合。

这说明锁环 3 对接合套的锁止作用是接合齿圈 2 的惯性力矩造成的,因此,称为惯性式同步器。

只要驾驶员继续加力于接合套上,摩擦作用就迅速使接合齿圈 2 的转速降到与锁环 3 的转速相同,保持同步旋转,即接合齿圈 2 相对于锁环的转速和角减速度均为零,于是其惯性力矩便消失。但由于轴向力 F_1 的作用,两个摩擦锥面还是紧密接合着的,因而此时切向力 F_2 形成的拨环力矩便使锁环 3 连同齿圈 2 及与之相连的所有零件一起相对于接合套向后退转一个角度,使滑块又移到锁环缺口中央,两个花键齿圈不再抵触。此时接合套压下弹簧圈继续左移,与锁环的花键齿进入接合(如图 2-35(c)),锁环的锁止作用即自行消失。

接合套与锁环接合后,轴向力 F_1 不再存在,锥面间的摩擦力矩也就消失。如果此时接合套花键齿与接合齿圈 2 的花键齿发生抵触,如图 2-35(c)所示,则与上述相似,作用在接合齿圈 2 花键齿端斜面上的切向分力,使接合齿圈 2 及其相连零件相对于锁环及接合套转过一个角度,使接合套与接合齿圈 2 进入接合(如图 2-35(d)),从而最后完成换挡(由低速挡换入高速挡)的全过程。

考虑结构布置上的合理性、紧凑性及锥面间产生的摩擦力矩不大的因素,锁环式同步器多用于轿车和轻型货车上,但近年来在中型货车变速器的中、高速挡中也开始被采用。

2. 锁销式同步器

在中型及大型载货汽车的变速器中,目前较多地采用锁销式惯性同步器。当变速器中间轴上的常啮齿轮及其接合齿圈直径较大时,装用锁销式同步器不仅使齿轮的结构形式合理,而且还可在摩擦锥面间产生较大的摩擦力矩,缩短同步时间。

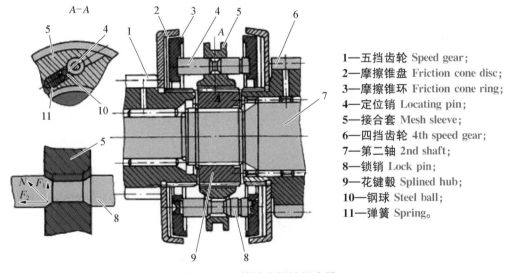

1—五挡齿轮 Speed gear;
2—摩擦锥盘 Friction cone disc;
3—摩擦锥环 Friction cone ring;
4—定位销 Locating pin;
5—接合套 Mesh sleeve;
6—四挡齿轮 4th speed gear;
7—第二轴 2nd shaft;
8—锁销 Lock pin;
9—花键毂 Splined hub;
10—钢球 Steel ball;
11—弹簧 Spring。

图 2-36 锁销式惯性同步器

Fig. 2-36 Lock-pin type inertial synchronizer

现以东风 9T 汽车五挡变速器中所用的锁销式同步器的四、五挡同步器为例,说明其结构及工作原理(如图 2-36)。两个有内锥面的摩擦锥盘 2 分别固定在带有外花键齿轮的斜齿齿轮 1 和 6 上,随齿轮一同旋转。与之相配合的两个有外锥面的摩擦锥环 3,通过三个锁销 8 和三个定位销 4 与接合套 5 连接。锁销 8 与定位销 4 在同一圆周上相互间隔地均匀分布。锁销 8 的两顶端伸入摩擦锥环 3 的孔中并铆固,而两端的工作表面直径与接合套凸缘上相应的销孔的内径相等,其中部直径则小于孔径。只有在锁销和接合套孔对中时,接合套方能沿锁销轴向移动。锁销 8 中部和接合套 5 上相应的销孔两端有角度相同的倒角——锁止角。在接合套上的定位销孔中部钻有斜孔,内装弹簧 11,把钢球 10 顶向定位销中部的环槽(如 A - A 剖面图所示),以保证同步器处于正确的空挡位置。定位销 4 与接合套 5 的相应孔为间隙配合,即接合套 5 可沿定位销轴向移动,定位销两端深入锥环内侧面,但是有轴向间隙,可使摩擦锥环 3 相对于接合套 5 在一定范围内做轴向摆动。

锁销式同步器的工作原理与上述锁环式惯性同步器基本相同。在由四挡换入五挡时,接合套 5 受到拨叉的轴向推力作用,通过钢球 10 和定位销 4 带动摩擦锥环 3 向左移动,使之与对应的摩擦锥盘接触。具有转速差的摩擦锥环与摩擦锥盘一经接触,靠接触面的摩擦使锥环连同锁销一起相对接合套转过一个角度,因而锁销 8 的轴线相对接合套上销孔的轴线偏移,于是锁销中部倒角与销孔端的倒角互相抵触,以阻止接合套继续前移。此时,锁止面上法向压紧力 N 的轴向分力 F_2 作用在锥环上,并使之与锥盘压紧,因而接合套与待接合的花键齿圈迅速达到同步。只有达到同步时,起锁止作用的齿轮 1 的惯性力消失,作用在锁销上的切向分力 F_1 才能通过锁销使摩擦锥环 3、摩擦锥盘 2 和齿轮一同相对于接合套转过一个角度,使锁销重新与销孔对中。于是,接合套便能轻易地克服钢球 10 的阻力而沿锁销移动,直至与齿轮 1 的花键齿圈接合,实现挂挡。

二、变速器操纵机构

变速器操纵机构应保证驾驶员能准确可靠地使变速器挂入所需要的任一挡位工作,并可随时使之退到空挡。

1. 变速器操纵机构的分类

根据变速杆与变速器的相对位置不同,变速器操纵机构可分为直接操纵式和远距离操纵式两种类型。

(1) 直接操纵式。

汽车变速器布置在驾驶员座位附近,变速杆由驾驶室底板伸出,驾驶员可直接操纵。

1—变速杆 Shift lever;
2—拨叉轴 Shift fork shaft;
3—换挡拨叉 Shift fork。

图 2 - 37 直接操纵式变速器操纵机构
Fig. 2 - 37 Direct-operated type shift mechanism

这种操纵机构称为直接操纵式变速器操纵机构。它一般由变速杆 1、换挡拨叉 3 以及安全装置等组成,多集装于上盖或侧盖内,结构简单,操纵方便,如图2-37所示。

(2) 远距离操纵式。

有些汽车上,由于变速器离驾驶员座位较远,则需要在变速杆与拨叉之间加装一套传动杆或钢索,构成远距离操纵的形式,这种操纵机构称为远距离(间接)操纵式变速器操纵机构。该操纵机构应有足够的刚性,且各连接件间隙不能过大,否则换挡时手感不明显。如图2-38所示,为拉索式远距离操纵机构。

2. 手动变速器安全装置

为保证变速器在任何情况下都能准确、安全、可靠地在所选挡位上工作,变速器操纵机构都设有定位锁止装置,包括自锁装置、互锁装置和倒挡锁装置。通常自锁装置和互锁装置设置在变速器盖或换挡拨叉机构上,倒挡锁装置与变速杆位置有关。

(1) 自锁装置。

挂挡过程中,若操纵变速杆推动拨叉前移或后移的距离不足时,齿轮将不能在全齿宽上啮合而影响齿轮的寿命。即使达到全齿宽啮合,也可能由于汽车振动等原因,齿轮产生轴向移动而减少了齿的啮合长度,甚至完全脱离啮合。自锁装置对各挡拨叉轴进行轴向定位锁止,以防止其自动产生轴向移动而造成变速器的自动挂挡或自动脱挡,保证全齿宽啮合。

图2-39所示为汽车变速器的自锁装置。

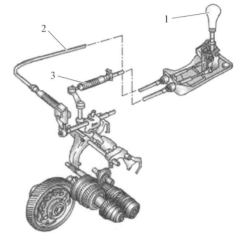

1—变速杆 Shift lever;
2、3—换挡拉索 Shift stay cable。

图2-38　拉索式远距离操纵机构
Fig. 2-38　Cable-type remote control mechanism

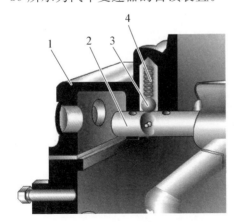

1—变速器壳体 Transmission case;
2—拨叉轴 Shift fork shaft;
3—自锁钢球 Self-locking steel ball;
4—自锁弹簧 Self-locking spring。

图2-39　汽车变速器自锁装置
Fig. 2-39　The self-locking device of automotive transmission

自锁装置由自锁钢球3和自锁弹簧4组成。每根拨叉轴的上表面沿轴向分布三个凹槽。当任一根拨叉轴连同拨叉轴向移动到空挡或某一工作位置时,必有一个凹槽正好对准自锁钢球3。于是,钢球在弹簧压力下嵌入该凹槽内,拨叉轴的轴向位置即被固定,从而拨叉连同接合套也被固定在空挡或某一工作挡位置,不能自行脱出。当需要换挡时,驾驶员必须通过变速杆对拨叉或拨叉轴施加一定的轴向力,克服弹簧的压力,将钢球由拨叉轴的凹槽中挤出推回孔中,拨叉轴和拨叉方能再进行轴向移动。

(2)互锁装置。

若变速杆能同时推动两个拨叉,即同时挂入两个挡位,则必将造成齿轮间的机械干涉,变速器将无法工作甚至损坏。为此,应设置互锁装置,当拨动一个拨叉轴轴向移动时,其他拨叉轴都被锁止,从而可防止同时挂入两个挡位而造成乱挡。

图2-40所示的互锁装置是由互锁钢球2、4和互锁销6组成的。每根拨叉轴的朝向互锁钢球的侧表面上均制出一个深度相等的凹槽,任一拨叉轴处于空挡位置时,其侧面凹槽都正好对准互锁钢球。两个互锁钢球直径之和正好等于相邻两轴之间的距离加上一个凹槽的深度。中间拨叉轴上两个侧面凹槽之间有孔相通,孔中有一根可以移动的互锁销6,销的长度等于拨叉轴直径减去一个凹槽的深度。

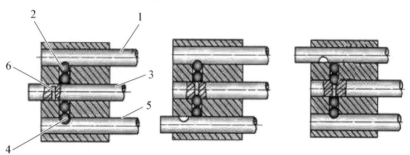

1、3、5—拨叉轴 Shift fork shaft; 2、4—互锁钢球 Interlocking steel ball;
6—互锁销 Interlocking pin。

图2-40 互锁装置工作示意图

Fig. 2-40 Working schematic diagram of interlocking device

当变速器处于空挡位置时,所有拨叉轴的侧面凹槽同钢球、互锁销都在一条直线上。当移动中间拨叉轴3时,其两侧的内钢球从侧凹槽中被挤出,而两外侧钢球2和4则分别嵌入拨叉轴1和5,刚性地锁止在其空挡位置。若欲移动拨叉轴5,则应先将拨叉轴3退回到空挡位置。于是,在移动拨叉轴5时,钢球4便从轴5的凹槽中被挤出,同时通过互锁销6和其他钢球将拨叉轴3和1均锁止在空挡位置。同理,当移动拨叉轴1时,拨叉轴3和5被锁止在空挡位置。由此可知,互锁装置的作用是当驾驶员用变速杆推动某一拨叉轴时,自动锁止其他所有拨叉轴。

(3)倒挡锁。

汽车行进中若误挂倒挡,变速器轮齿间将发生极大冲击,导致零件损坏。汽车起步时若误挂倒挡,则容易发生安全事故,为此,应设有倒挡锁。

图2-41所示为五挡变速器中常用的倒挡锁装置。它由倒挡锁装置中的倒挡锁销5及倒挡锁弹簧4组成。因此,驾驶员要挂五挡或倒挡时,必须用较大的力使变速杆的下端压缩弹簧4,将锁销5推向下方后,才能使变速杆下端进入倒挡拨块的凹槽内,以拨动倒挡、五挡拨叉轴而挂入五挡或倒挡。

由此可见,倒挡锁的作用是使驾驶员必须对变速杆施加更大的力,方能挂入倒挡,起到提醒注意的作用,以防止误挂倒挡。

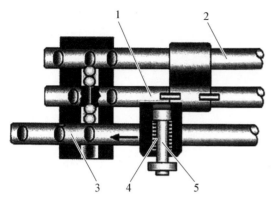

1—3、4挡拨叉轴 3rd,4th gear shift fork shaft;
2—1、2挡拨叉轴 1st,2nd gear shift fork shaft;
3—倒挡、五挡拨叉轴 Reverse,5th gear shift fork shaft;
4—倒挡锁弹簧 Reverse lock spring;
5—倒挡锁锁销 Reverse lock pin。

图 2－41　倒挡锁装置工作示意图
Fig. 2－41　Working schematic diagram of reverse lock device

近年来,随着电子计算机技术的发展,国外已研制成各种形式的由微处理机(电子计算机)控制的自动、半自动同步换挡机构,大大简化了换挡操作。

一、同步器检修

1. 锁环式同步器的检修

① 锁环内锥面螺旋槽磨损的检查方法:将锁环分别套在相对应的传动齿轮的锥面上并压紧,测量锁环与齿轮端面之间的间隙 A,如图 2－42 所示,见表 2－3 所示,当 A 值超过 0.5 mm 时应更换新件。

② 锁环外花键齿磨损后,锁环花键齿沿轴线方向磨薄、齿端劈尖、形状磨圆,如不符合标准时更换。

③ 锁环后端三个轴向槽与滑块磨损后,配合间隙增大,同步作用降低或消失,应更换新件。

图 2－42　锁环与齿轮端面间隙
Fig. 2－42　Clearance between lock ring
and gear end face

表 2－3　锁环与齿轮端面间隙标准
Tab. 2－3　Clearance between lock ring and gear end face

A 的尺寸	安装尺寸	磨损限度
三、四挡和五挡	1.1～1.7 mm	0.5 mm
一挡和二挡	1.2～1.8 mm	0.5 mm

2. 锁销式同步器的检修

① 锥环与锥面的沟槽磨损后,其磨损虽然没有超过标准,但锥盘与锥环端面间隙消失而发生接触时,就会使同步器失去作用,因此,应更换新件。

② 接合套与定位销为滑动配合,长期使用会因磨损而松旷,弹簧弹力减弱,定位钢珠磨

损,这一切都会造成定位失效,应更换新件。

③ 锁销是铆接在锥环上的,不允许松动,铆接端部不得突出于锥环平面。结合套上通过锁销的孔两端有倒角,销中部直径处也有倒角,同步器结合套轴向移动时,倒角处斜面间相抵触,以使锥环与锥盘压紧。长期使用后,倒角处磨损,使压力降低,同步作用减弱,失去同步作用,应换新件或进行修复。

二、变速器操纵机构检修

（1）变速器换挡拨叉检修。

变速器换挡拨叉的损坏主要是叉的弯曲和扭曲。一旦产生弯曲和扭曲变形,可采用敲击或冷压方法进行校正。当变速叉上端导动块凹槽磨损及下端端面磨损后,往往影响齿轮的正常啮合,使齿面产生不均匀磨损,严重时将导致变速器产生自动脱挡故障,因此,变速叉上端导动块凹槽及下端端面磨损超过其使用极限,或其相应的配合间隙超过使用极限时,必须修复或更换新件。测量拨叉与接合套凹槽相接触处配合间隙如图 2-43 所示。

图 2-43 拨叉与接合套配合间隙测量
Fig. 2-43 Measure the fit clearance between fork and mesh sleeve

（2）变速叉轴磨损与变形检查。

变速叉轴弯曲变形可用百分表或平板进行检查。测量的摆差值或缝隙值若超过车辆的使用极限(国产中型货车通常为 0.20 mm)时,应进行冷压校正或更换。轴颈磨损量超过 0.15 mm,不能继续使用,应更换。

（3）变速叉轴上定位凹槽、互锁凹槽轴向磨损后有明显沟痕,应更换。

（4）互锁销、定位球磨损,定位弹簧变软或折断,都应及时更换。检查定位弹簧的简便方法是:可将弹簧放入变速器盖定位弹簧孔内,当弹簧与孔口基本齐平时,说明弹簧仍可使用。

（5）检查变速器内、外操纵机构各零件的联接情况,发现松动及时紧固。

三、变速器异响故障诊断与维修

1. 现象

变速器的异响是指变速器工作时发出的不正常声响,如金属的干摩擦声、不均匀的碰撞声等。

2. 原因

（1）轴承响。轴承使用日久或维护不当,致使轴承磨损松旷、疲劳剥落或轴承滚动体破裂而产生响声。

（2）齿轮响。齿轮、轴承或与齿轮配合的轴上花键磨损严重,使两啮合齿轮中心距或间隙增大,运转时有冲击;齿轮啮合不良,齿轮齿面有金属剥落或个别齿损坏折断等。

（3）其他原因发响,如变速器缺油,润滑油过稀、过稠或质量变坏,变速器内掉入异物,某些紧固螺栓松动,车速表软轴或齿轮发响等。

3. 诊断与排除方法

在排除变速器异响时,要根据响声的特点、出现响声的时机和发响的部位判断发出响声的原因,然后予以排除。

（1）变速器换入某一挡位时,运转有明显响声,应进行以下检查:

① 该挡齿轮和同步器的磨损情况,若磨损严重,予以更换。

② 检查啮合齿轮是否接触不当,必要时更换一对新齿轮。

（2）变速器各挡均有异响,多为基础件、轴、齿轮、花键磨损使形位误差超限,应酌情修理或更换。

（3）变速器工作时有撞击声,可根据撞击声的特点进行以下检查:

① 响声周期性发生,则为齿轮个别齿损坏,应更换该齿轮。

② 变速器工作时有间断性的异响,可能为变速器内掉入异物所引起。

③ 响声突然发生,多为齿轮损坏,应及时更换该齿轮。

④ 不属于上述情况,可以考虑是否为以下情况:同步器损坏、离合器不能分离、怠速过高以及变速杆调整不当或导向套过紧等。遇以上情况,应先检查离合器,再分别调整怠速和变速杆位置,检查导向套和分离轴承配合的松紧度。

（4）空挡时发响,可进行下列检查:

① 踏下离合器踏板后响声消失,多为第一轴(输入轴)前、后轴承或常啮合齿轮响。

② 踏下离合器踏板后响声不消失,可能为第二轴(输出轴)后轴承响。

遇到上述情况,应分析轴承发响的原因,必要时更换轴承。

DSG 双离合变速器

双离合变速器使用两个离合器,但没有离合器踏板。先进的电子系统和液压系统像控制标准自动变速器那样对离合器进行控制,但在双离合器变速器中,各离合器单独运转。一个离合器控制奇数挡(一挡、三挡、五挡和倒挡),另一个离合器控制偶数挡(二挡、四挡和六挡)。驾驶员可以选择完全自动模式,从而将所有换挡工作交给计算机完成,在这种模式下,驾驶体验非常类似于普通自动挡汽车。由于双离合器变速器可以"逐渐退出"一个挡位并"逐渐接入"另一个挡位,因此,减少了换挡冲击。更重要的是,换挡是在负载下完成的,因此,可以始终维持动力输出。

图 3-44 为大众 6 速 DSG 变速箱,含有两台电子控制的离合器以及关联的齿轮。输入轴 1 被设计为实心传动轴,输入轴 2 则为

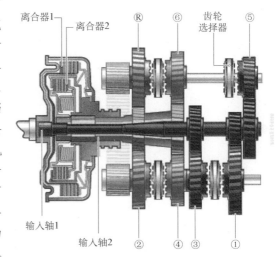

图 2-44　DSG 齿轮机构
Fig. 2-44　Gear mechanism of DSG

空心传递轴,输入轴1连接一、三、五及倒挡,输入轴2传动轴连接二、四、六挡。当变速器动力传递时,如果离合器1被啮合,输入轴1开始工作,而此时离合器2分离,输入轴2不工作,但此时它已经通过齿轮选择器被预选至高一挡或低一挡位置,条件成熟后通过离合器切换完成换挡。整个过程中确保至少有一组齿轮在输出动力,从而不会导致动力传递的间断。

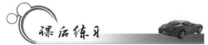

一、选择题

1. 变速器中超速挡的齿轮传动比(　　　)。

A. 大于 1　　　　　　B. 小于 1　　　　　　C. 等于 1　　　　　　D. 以上都不是

2. 在三轴式变速器各挡位中,输入轴的动力不经中间轴齿轮直接传递给输出轴的是(　　　)。

A. 倒挡　　　　　　B. 低速挡　　　　　　C. 高速挡　　　　　　D. 直接挡

3. 互锁装置的作用是(　　　)。

A. 防止变速器自动换挡或自动脱挡　　　　B. 防止同时换入两个挡

C. 防止误换倒挡　　　　　　　　　　　　D. 减小零件磨损和换挡噪声

4. 变速器保证工作齿轮在全齿宽上啮合的是(　　　)。

A. 自锁装置　　　　B. 互锁装置　　　　C. 倒挡锁　　　　D. 差速锁

5. 两轴式变速器适用于(　　　)的布置形式。

A. 发动机前置前轮驱动　　　　　　　　　B. 发动机前置全轮驱动

C. 发动机中置后轮驱动　　　　　　　　　D. 发动机前置后轮驱动

二、判断题

1. 变速器中的传动齿轮和传动轴一定是刚性相连的。　　　　　　　　　　　　(　　　)

2. 变速器齿轮正常磨损的规律是齿轮齿面磨损比花键磨损快,滑动齿轮比常啮齿轮磨损快。　　　　　　　　　　　　　　　　　　　　　　　　　　　　　　　　(　　　)

3. 同步器能够保证变速器换挡时,待啮合齿轮的圆周速度迅速达到一致,以减少冲击和磨损。　　　　　　　　　　　　　　　　　　　　　　　　　　　　　　　(　　　)

4. 为改善变速器的磨合质量,允许在齿轮面上涂放研磨膏。　　　　　　　　　(　　　)

5. 变速器的某一挡位的传动比既是该挡的降速比,也是该挡的增矩比。　　　(　　　)

三、问答题

1. 两轴式和三轴式变速器各有何特点? 各用于什么场合?

2. 简述锁环式惯性同步器的工作过程。

3. 变速器装配时应注意哪些问题?

4. 分析变速器操纵机构安全装置的工作原理。

5. 跳挡的原因是什么? 如何诊断?

项目三视频

万向传动装置检修

项目三

项目导入

　　万向传动装置一般由万向节和传动轴组成,有时还要有中间支承,是用来在工作过程中相对位置不断改变的两根轴间传递动力,并保证在两轴之间的夹角和距离经常变化的情况下,仍能可靠地传递动力的装置。万向传动装置在汽车上的应用,连接变速器与驱动桥,连接变速器与分动器,连接断开式驱动桥或转向驱动桥,连接转向操纵机构等。

任务 1　万向节检修

1. 能够对万向节进行拆装与调整;
2. 能够对万向传动装置零部件进行检修;
3. 掌握常用万向节的结构和工作原理;
4. 了解万向传动装置分类及应用场合;
5. 培养客户服务意识。

一、万向传动装置在汽车上的应用

1. 连接变速器与驱动桥

　　在发动机前置后轮驱动的汽车上,变速器常与发动机、离合器连成一体支承在车架上,而驱动桥则通过弹性悬架与车架连接(如图 3-1)。变速器输出轴轴线与驱动桥的输入轴轴线难以布置得重合,并且在汽车行驶的过程中,弹性悬架系统产生振动,使两轴相对位置经常变化,故变速器的输出轴与传动桥的输入轴不可能刚性连接,而必须采用万向传动装置。

在变速器与驱动桥距离较远的情况下,应将传动轴分成两段,且在中间传动轴后端设置中间支承,这样可避免因传动轴过长而产生的自振频率降低,高转速下产生共振,同时提高了传动轴的临界转速和工作的可靠性。

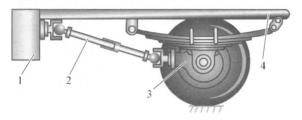

1—变速器 Transmission;
2—万向传动装置 Universal transmission;
3—驱动桥 Drive axle;
4—车架 Frame。

图 3-1 变速器与驱动桥之间的万向传动装置
Fig. 3-1 Universal transmission between transmission and drive axle

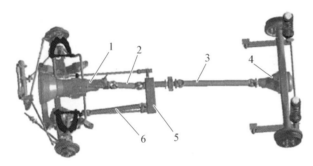

1—变速器 Transmission;
2、3、6—万向传动装置 Universal transmission;
4—驱动桥 Drive axle;
5—分动器 Transfer case。

图 3-2 变速器与分动器之间的万向传动装置
Fig. 3-2 Universal transmission between transmission and transfer case

2. 连接变速器与分动器

对于双轴驱动的越野汽车(如图 3-2),当变速器 1 和分动器 5 分开布置时,为了消除制造、装配误差以及车架变形时对传动的影响,在其间设有万向传动装置 2、3。为了传递动力,在分动器与转向驱动桥之间又设置了连接到前桥的万向传动装置 6。

3. 连接断开式驱动桥

对于转向驱动桥,前轮既是转向轮又是驱动轮。作为转向轮,要求它能在最大转角范围内任意偏转某一角度;作为驱动轮,则要求半轴在车轮偏转过程中不间断地把动力从主减速器传到车轮。因此,转向驱动桥的半轴不能制成整体而要分段,且用万向节连接,以适应汽车行驶时半轴各段的交角不断变化的需要,如图 3-3 所示。

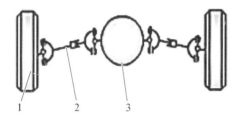

1—车轮 Wheel;
2—万向传动装置 Universal transmission;
3—驱动桥 Drive axle。

图 3-3 断开式驱动桥
Fig. 3-3 Disconnected drive axle

4. 连接转向操纵机构

万向传动装置除用于汽车的传动系外,还可用于转向操纵机构。由于受整体布置的限制,转向柱轴线与转向器输入轴轴线不能重合,也常设置万向传动装置(如图3-4)。

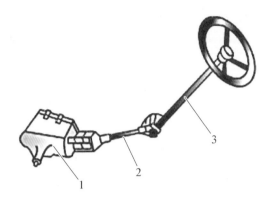

1—转向器 Steering gear;
2—万向传动装置 Universal transmission;
3—转向柱 Steering column。

图3-4 转向操纵机构
Fig. 3-4 Steering control mechanism

二、万向节

万向节的功用是实现汽车上任何一对轴线相交且相对位置经常变化的转轴之间的动力传递。万向节是实现变角度动力传递的机件,用于需要改变传动轴线方向的位置。

> 群内回复关键词万向节
> 观看视频万向节

万向节按其在扭转方向上是否有明显的弹性,可分为刚性万向节和挠性万向节。刚性万向节又可分为不等速万向节(常用的为十字轴式)、准等速万向节(双联式,三销轴式等)和等速万向节(球叉式,球笼式、自由三枢轴式万向节等)。

1. 刚性万向节

(1) 十字轴式万向节。

十字轴式万向节因其构造简单,传动可靠,效率高,且允许两传动轴之间有较大的夹角(一般为15°~20°),故普遍应用于各类汽车的传动系中。

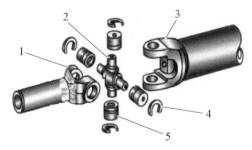

1、3—万向节叉 Universal joint fork;
2—十字轴 Cross;
4—挡圈 Retaining ring;
5—滚针轴承 Needle bearing。

图3-5 十字轴式万向节
Fig. 3-5 Cross-axle universal joint

① 十字轴式万向节结构。

图3-5所示为十字轴式刚性万向节,两万向节叉1和3上的孔分别活套在十字轴2的两对轴颈上。这样,当主动轴转动时,从动轴既可以随之转动,又可以绕十字轴中心在任意方向上摆动。为了减小摩擦损失,提高传动效率,在十字轴颈和万向节叉孔间装有滚针轴承

5,然后用挡圈 4 固定在万向节叉上,以防止轴承在离心力的作用下从万向节叉内脱出。

为了润滑轴承,十字轴做成空心的,并有油路通向轴颈,如图 3-6 所示。润滑油从注油嘴 4 注入十字轴内腔,为避免润滑油流出及尘垢进入轴承,在十字轴的轴颈上套着装在金属座圈 3 的油封 2,油封下面装有油封挡盘 1。十字轴式万向节的损坏是以十字轴轴颈和滚针轴承的磨损为标志的,因此,润滑与密封直接影响万向节的使用寿命。

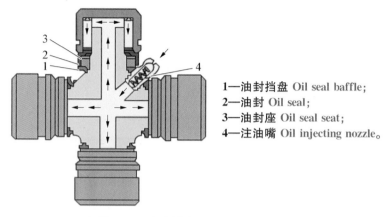

1—油封挡盘 Oil seal baffle;
2—油封 Oil seal;
3—油封座 Oil seal seat;
4—注油嘴 Oil injecting nozzle。

图 3-6　十字轴润滑油道及密封装置

Fig. 3-6　Lubricating oil passage and sealing device of cross axle

② 十字轴式万向节传动特性。

单个十字轴式万向节在输入轴和输出轴之间有夹角的情况下,其两轴的角速度是不相等的。以下来分析其传动的不等速性。

Ⅰ. 主动叉在垂直位置,如图 3-7 所示,设主动叉轴 1 为垂直布置且以 ω_1 等角速旋转,从动叉轴 2 与主动叉轴 1 有一夹角 α,其角速度为 ω_2。十字轴旋转半径 OA 与 OB 相等,均为 r。当万向节转动到图 3-7(a)所示位置时,十字轴上 A 点的线速度为:

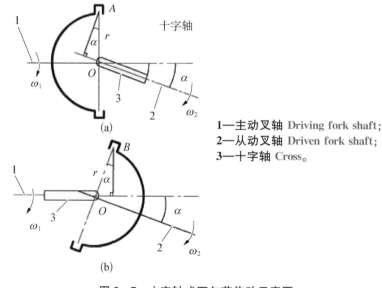

1—主动叉轴 Driving fork shaft;
2—从动叉轴 Driven fork shaft;
3—十字轴 Cross。

图 3-7　十字轴式万向节传动示意图

Fig. 3-7　Schematic diagram of cross axle universal joint drive

十字轴随主动叉轴 1 一起转动时

$$v_{A1} = r\omega_1$$

十字轴随从动叉轴 2 一起转动时

$$v_{A2} = r\omega_2 \cos \alpha$$

由于 $v_{A1} = v_{A2}$，故有 $\omega_2 = \omega_1 / \cos \alpha$，此时 $\omega_2 > \omega_1$。

Ⅱ. 主动叉处于水平位置、十字轴平面与从动叉轴 2 相垂直。当万向节再转动 90° 到图 3-7(b) 所示位置时，十字轴上 B 点的线速度也可视转轴的不同分别求出：

$$v_{B1} = r\omega_1 \cos \alpha, \quad v_{B2} = r\omega_2$$

由于 $V_{B1} = V_{B2}$，故有 $\omega_2 = \omega_1 \cos \alpha$，此时 $\omega_2 < \omega_1$。

由此可知，当主动叉轴 1 以等角速度转动时，从动叉轴 2 是以不等角速转动的。

这就是十字轴式万向节的速度特性——传动的不等速性，且从动轴角速度的变化以 180° 为一个周期，在 180° 内时快时慢，但两轴的平均速度相等，即主动轴转一周，从动轴也转一周。因此，"传动的不等速性"是指主动轴与从动轴在转动一周内的瞬时角速度不能保持相等。由上述速度公式可知，两轴交角 α 越大，转角差越大，即万向节传动的不等速性越严重。

单万向节传动的不等速性，将使从动轴及与其相连的传动部件产生扭转振动，从而产生附加的交变载荷，影响部件寿命。

③ 双十字轴万向节传动的等速条件。

从以上分析可以想到，在两端（例如变速器的输出轴和驱动桥的输入轴）之间，若采用如图 3-8 所示的双十字轴式万向节传动，则第一万向节的不等速效应就有可能被第二万向节的不等速效应所抵消，从而实现两轴间的等角速传动。根据运动学分析得知，要达到这一目的，必须满足以下两个条件：

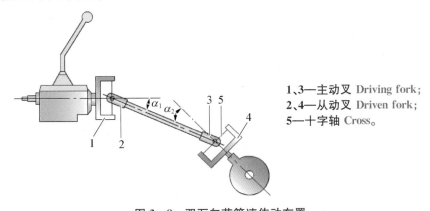

1、3—主动叉 Driving fork；
2、4—从动叉 Driven fork；
5—十字轴 Cross。

图 3-8 双万向节等速传动布置
Fig. 3-8 Constant speed transmission arrangement by double universal joints

Ⅰ. 第一万向节两轴间夹角 α_1 与第二万向节两轴间夹角 α_2 相等。

Ⅱ. 第一万向节的从动叉与第二万向节的主动叉处于同一平面内。后一条件完全可以由从动轴和万向节叉的正确装配来保证。但是，前一条件（$\alpha_1 = \alpha_2$）只有在采用驱动轮独立悬架时,才有可能通过整车的总布置设计和总装配工艺的保证来实现,因为在此情况下,主减速器和变速器的相对位置是固定的。在驱动轮采用非独立悬架时,由于弹性悬架的振动,驱动桥输入轴与变速器输出轴的相对位置不断变化,不能在任何时刻都保证 $\alpha_1 = \alpha_2$,因而此时两部件之间的万向传动只能做到使传动的不等速性尽可能小。

(2)等速万向节。

等速万向节的基本原理是从结构上保证万向节在工作过程中的传力点永远位于两轴交角的平分面上。如图 3-9 所示,两齿轮的接触点 P 位于两齿轮轴线交角 α 的角平分面上,由 P 点到两轴的垂直距离都等于 r。在 P 处两齿轮的圆周速度是相等的,因而两个齿轮旋转的角速度也相等。因此,若万向节的传力点在其交角变化时始终位于角平分面上,则可使两万向节叉保持等角速的关系。

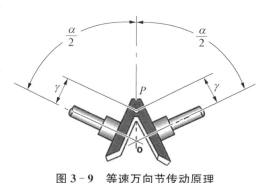

图 3-9　等速万向节传动原理
Fig. 3 - 9　Transmission principle of constant velocity universal joint

目前汽车上广泛应用的等速万向节有球叉式、球笼式、自由三枢轴式三种。

① 球叉式万向节。

球叉式万向节的构造如图 3-10 所示。主动叉 6 与从动叉 1 分别与内、外半轴制成一体。在主、从动叉上,各有四个曲面凹槽,装合后形成两个相交的环形槽作为钢球滚道。四个传动钢球 5 放在槽中,中心钢球 4 放在两叉中心的凹槽内以定中心。

为了顺利地将钢球装入槽内,在中心钢球 4 上铣出一个凹面,凹面中央有一深孔。装合时,先将定位销 3 装入从动叉内,放入中心钢球,然后在两球叉槽中陆续装入三个传动钢球,再将中心钢球的凹面朝向未放钢球的凹槽,以便装入第四个传动钢球,而后再将中心钢球 4 的孔对准从动叉孔,提起从动叉轴使定位销 3 插入球孔中,最后将锁止销 2 插入从动叉上与定位销垂直的孔中,以限制定位销轴向移动,保证中心钢球的正确位置。

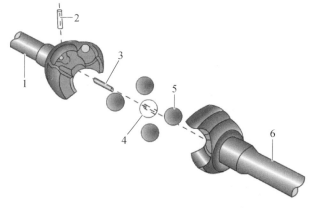

1—从动叉 Driven fork;
2—锁止销 Locking pin;
3—定位销 Locating pin;
4—中心钢球 Center steel ball;
5—传动钢球 Drive steel ball;
6—主动叉 Driving fork。

图 3-10　球叉式万向节
Fig. 3 - 10　Spherical fork universal joint

球叉式万向节结构简单,允许轴间最大交角为 $32°\sim33°$,一般应用于转向驱动桥中。

近年来,有些球叉式万向节中省去了定位销和锁止销,中心钢球上也没有凹面,靠压力装配。这样结构更为简单,但拆装不便。

球叉式万向节工作时,只有两个传动钢球传力,反转时,则由另两个钢球传力。因此,钢球与滚道之间接触压力大,磨损快,影响其使用寿命,所以球叉式万向节通常用于中小型越野汽车转向驱动桥。

② 球笼式万向节。

图 3-11 所示为固定型球笼式万向节,简称 RF 节。星形套 2 以内花键与主动轴 1 相连,其外表面有 6 条凹槽,形成内滚道。球形壳 5 的内表面有相应的 6 条凹槽,形成外滚道。6 个钢球分别装在各条凹槽中,并由保持架 3(球笼)使之保持在一个平面内。动力由主动轴 1 经钢球 4、球形壳 5 输出。

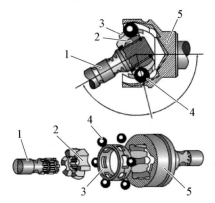

1—主动轴 Driving fork;
2—星形套(内滚道) Inner race;
3—球笼(保持架) Cage;
4—钢球 Ball;
5—球形壳(外滚道) Outer race。

图 3-11 球笼式万向节
Fig. 3-11 Ball cage universal joint

球笼式万向节的等速传动原理,如图 3-12 所示。外滚道的中心 A 与内滚道的中心 B 分别位于万向节中心 O 的两边,且与 O 等距离。钢球中心 C 到 A、B 两点的距离相等。保持架的内外球面、星形套的外球面和球形壳的内球面,均以万向节中心 O 为球心。因此,当两轴交角变化时,保持架可沿内、外球面滑动,以保持钢球在一定位置。

由图 3-12 可见,由于 $OA=OB$,$CA=CB$,CO 是共边,则两个三角形 $\triangle COA$ 与 $\triangle COB$ 全等。因此,$\angle COA=\angle COB$,即两轴相交成任意角 α 时,其传力钢球 C 都位于交角平分面上。此时,钢球到主动轴和从动轴的距离 a 和 b 相等,从而保证从动轴以主动轴以相等的角速度旋转。

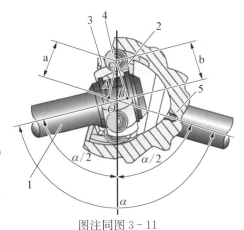

图注同图 3-11

图 3-12 球笼式万向节等角速传动原理
Fig. 3-12 Equal angular speed transmission principle of ball-cage universal joint

球笼式万向节在两轴最大交角达 47°的情况下,仍可传递转矩,且在工作时,无论传动方向如何,6 个钢球全部传力。与球叉式万向节相比,改善了受力状况,其承载能力强,减轻了磨损,且结构紧凑,拆装方便,因此,应用越来越广泛。

伸缩型球笼式万向节(简称 VL 节)的结构如图 3-13 所示。该结构形式的内、外滚道是圆筒型的,在传递转矩过程中,星形套 2 与筒形壳 4 可以沿轴向相对移动,故可省去其他万向传动装置中必须有的滑动花键。这不仅使结构简化,而且由于星形套 2 与筒形壳 4 之间的轴向相对移动是通过钢球 5 沿内、外滚道滚动来实现的,与滑动花键相比,其滑动阻力小,最适用于断开式驱动桥。

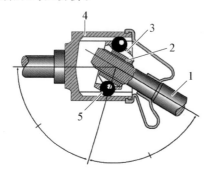

1—主动轴 Driving fork;
2—星形套(内滚道) Inner race;
3—球笼(保持架) Cage;
4—筒形壳(外滚道) Fixed joint housing;
5—钢球 Ball。

图 3 - 13　伸缩型球笼式万向节(VL 节)
Fig. 3 - 13　Telescopic ball cage universal joint

这种万向节保持架的内球面中心 B 与外球面中心 A 位于万向节中心 O 的两边,且与 O 等距离。钢球中心 C 到 A、B 距离相等,以保证万向节做等角速传动。

国产轿车所采用的伸缩型球笼式万向节(VL 节),在转向驱动桥中均布置在靠差速器的一侧(内侧),而轴向不能伸缩的固定型球笼式万向节(RF 节)则布置在转向节处(外侧),如图 3 - 14 所示。

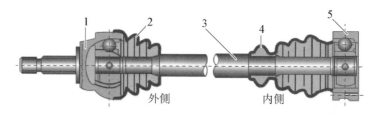

外侧　　　　　内侧

1—球笼式万向节(RF 节) Ball cage universal joint (RF joint);
2、4—防尘罩 Boot;
3—传动轴(半轴) Half shaft;
5—伸缩型球笼式万向节(VL 节) Telescopic ball cage universal joint (VL joint)。

图 3 - 14　RF 节与 VL 节在转向驱动桥中的布置
Fig. 3 - 14　Arrangement of RF and VL joints in steering drive axles

③ 三枢轴式万向节。

其结构如图 3 - 15 所示。三个枢轴位于同一平面内成 120°,枢轴的轴线垂直于传动轴并且与传动轴轴线交于同一点。漏斗形轴的筒形部分加工出三个均匀分布的槽形轨道,轨道配合面为部分圆柱面。三个滚子轴承分别装入槽形轨道中。

当输出轴与输入轴交角为 0°时,由于三枢轴的自动定心作用,能自动使两轴轴线重合。当输出轴与输入轴交角不为 0°时,滚子轴承既可沿枢轴轴线移动,又可沿槽形轨道滑动,这样就保证了输入轴和输出轴之间始终可以传递力。因滚子轴承外表面为球面,与之配合的轨道为圆柱面,所以可以保证枢轴轴线与相应槽形轨道的轴线始终相交,并且是等速传动。

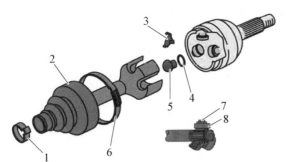

1、6—卡箍 Boot clamps;
2—防尘罩 Boot;
3—锁定三脚架 Locking spider;
4—垫圈 Washer;
5—止推块 Thrust button;
7—枢轴 Tripod;
8—滚子轴承 Needle bearing。

图 3-15　三枢轴式万向节
Fig. 3-15　Tripod type plunge joint

2. 挠性万向节

挠性万向节依靠其中弹性件的弹性变形来保证在相交两轴间传动时不发生机械干涉。弹性件可以是橡胶盘、橡胶金属套筒、六角形橡胶圈或其他结构形式。由于弹性件的弹性变形量有限,故挠性万向节一般用于两轴间夹角不大于$(3° \sim 5°)$和只有微量轴向位移的万向传动场合。

图 3-16 所示为挠性万向节。弹性橡胶件 2 交错地用螺栓 1 分别与主、从动轴上的万向节叉相连。在主、从动件之间装有定心装置,即在主动轴叉的轴心孔中装有球座定心钢球 3、锁止卡环、油封,从动叉轴通过油封内孔、定心钢球起定心作用。这样避免了因万向节刚度较小,高速行驶时引起轴线偏离增大产生的振动和噪声。

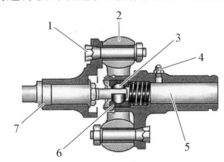

1—连接螺栓 Connecting bolt;
2—橡胶件 Rubber parts;
3—定心钢球 Centering steel ball;
4—润滑脂加注孔 Grease filling hole;
5—主动轴 Driving shaft;
6—球座 Ball seat;
7—从动轴 Driven shaft。

图 3-16　挠性万向节
Fig. 3-16　Flexible universal joint

任务实施

一、十字轴式万向节检修

1. 十字轴式万向节拆装

（1）松开连接螺母。

（2）取下万向节总成。

（3）拆卸前做好万向节的原始位置标记,如图 3-17(a)所示。

群内回复关键词万向节的拆装
观看视频万向节的拆装

（4）拆除卡环,如图 3-17(b)所示。

（5）取下所有卡环。

（6）分解万向节。

（7）清洗万向节。

（8）十字轴上涂上专用润滑脂,如图 3-17(c)所示。

（9）安装十字轴。

（10）安装卡环。

（11）按标记安装万向节总成。

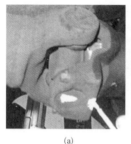  

(a)   (b)   (c)

图 3-17   十字轴式万向节拆装图

Fig. 3-17   Disassembly and assembly diagrams of cross-axle universal joint

2. 十字轴式万向节检修

（1）清洗全部零件,并用压缩空气吹干。

（2）万向节叉和十字轴不得有裂纹,否则应更换。

（3）检查十字轴颈表面,若有疲劳剥落、磨损沟槽或滚针压痕深大于 0.1 mm 时,应更换。

（4）按图 3-18 所示的方法,将万向节向各个方向移动,检查十字轴轴承是否磨损或损坏,否则应更换。

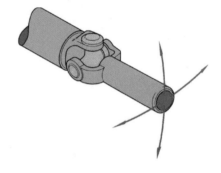

图 3-18   十字轴轴承的检查

Fig. 3-18   Examination of Cross Shaft Bearings

（5）检查十字轴与轴承的最小配合间隙应符合原厂规定,最大配合间隙应符合表 3-1 的规定。

表 3-1   十字轴与轴承的配合间隙(单位:mm)

Tab. 3-1   Matching clearance between cross shaft and bearing(mm)

十字轴轴颈直径	≤18	18～23	＞23
最大配合间隙	符合原厂规定	0.10	0.14

（6）滚针轴承的油封老化失效、滚针断裂、轴承内圈有疲劳剥落时,应更换。

（7）万向节叉孔和轴承套筒外径的配合为过渡配合,否则应更换轴承。

二、球笼式万向节检修

1. 球笼式万向节拆装

（1）拆半轴轮毂螺母，如图 3 - 19 所示。

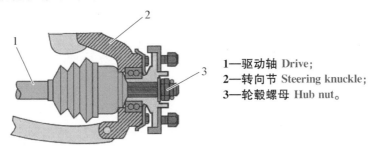

1—驱动轴 Drive；
2—转向节 Steering knuckle；
3—轮毂螺母 Hub nut。

图 3 - 19　驱动轴结构图
Fig. 3 - 19　Structural diagram of driving axle shaft

（2）在举升机上支起汽车，并将汽车提升到适当高度。

（3）松开内球笼式万向节六个固定螺栓。

（4）从转向节上拆下控制臂球头。

（5）从外球笼式万向节的一侧取下半轴，取下时应避免损坏防尘罩。

（6）分解半轴与球笼式万向节。

① 分解前，在防尘罩安装位置做好标记，如图 3 - 20(a)所示。

② 拆下卡簧，如图 3 - 20(b)所示。

③ 用锤子沿花键方向敲击球笼外座圈，使球笼与半轴分离，如图 3 - 20(c)所示。

（7）分解球笼式万向节，用铜锤敲击球笼式万向节内座圈，使球笼及内座圈垂直，取下内座圈、球笼及钢球，如图 3 - 20(d)所示。

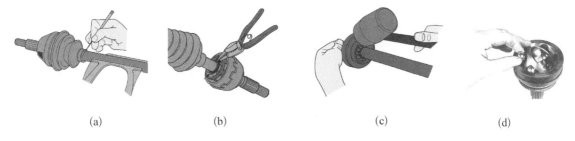

(a)　　　　　　　(b)　　　　　　　(c)　　　　　　　(d)

图 3 - 20　球笼式万向节拆装图
Fig. 3 - 20　Disassembly and assembly diagrams of ball cage universal joints

（8）安装球笼式万向节，先在内、外球笼的滚道上涂以少量的专用润滑脂，再将内座圈有倒角的一侧与球笼有倒角的一侧安装在同一方向，二者垂直装入外座圈，并分别将六个钢球间隔安装在球笼上，将球笼、内座圈及钢球推入外座圈中，注意内座圈有倒角的一侧和球笼有倒角的一侧朝向外座圈的大端，安装后使球笼内充满球笼专用润滑脂。

（9）安装球笼式万向节的防尘罩。

（10）安装半轴。

（11）将球笼防尘罩用卡箍固定。

2．球笼式万向节检修

（1）清洗全部零件，并用压缩空气吹干；

（2）检查球形壳、星形套及滚道是否磨损，如有则更换；

（3）检查球笼内、外球面是否磨损，球笼各孔表面是否有起伏、裂纹和破碎，如有则更换；

（4）检查钢球表面是否有麻点、裂纹、磨亮和磨损，钢球表面暗淡无光为正常，如有则更换；

（5）检查防护罩是否有刺破、撕裂或箍得过紧，可用排气孔检查防护罩的裂纹，如发现问题及时更换。

任务2　传动轴与中间支承检修

1．能够对传动轴进行拆装；

2．能够对传动轴常见故障进行调整和检修；

3．掌握传动轴与中间支承结构；

4．树立良好的公共道德观。

一、传动轴

传动轴是万向传动装置中的主要传力部件。通常连接变速器与驱动桥，在转向驱动桥和断开式驱动桥中则用来连接差速器和驱动轮。

群内回复关键词传动轴
观看视频传动轴

传动轴一般有以下特点：

汽车行驶过程中，变速器与驱动桥的相对位置经常变化，为避免运动干涉，传动轴中设有由滑动叉和花键轴组成的滑动花键连接，以实现传动轴长度的变化，为减少磨损，还装有已加注润滑脂的油嘴、油封、堵盖和防尘套，如图3-21所示。

传动轴在高速旋转时，由于离心力作用将产生剧烈振动。因此，当传动轴与万向节装配后，必须满足动平衡要求。平衡后，在万向节滑动叉与主传动轴上刻上装配位置标记，以便拆卸后重装时保持二者的相对角位置不变。

为了得到较高的强度和刚度，传动轴多做成空心，一般用厚度为1.5～3.0 mm的薄钢板卷焊而成，超重型货车的传动轴则直接采用无缝钢管。在转向驱动桥、断开式驱动桥或微型汽车的万向传动装置中,通常将传动轴制成实心轴。为减小传动轴中花键连接的轴向滑动阻力和磨损,可对花键进行磷化处理或喷涂尼龙层。

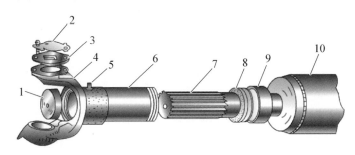

1—盖 Cover;
2—盖板 Cover plate;
3—轴承盖 Bearing cap;
4—万向节叉 Universal joint fork;
5—注油嘴 Oil injecting nozzle;
6—伸缩套 Telescopic sleeve;
7—滑动花键 Sliding spline;
8—油封 Oil seal;
9—油封盖 Oil seal cover;
10—传动轴管轴 Drive shaft pipe shaft。

图 3 - 21 传动轴
Fig. 3 - 21 Transmission shaft

2. 中间支承

传动轴过长时,自振频率降低,易产生共振,故常将其分为两段并加中间支承,许多带有长驱动轴的车辆(如长卡车)都使用中心支撑轴承的中间支承,如图 3 - 22 所示。前段称中间传动轴 5,后段称主传动轴 4。通常中间支承安装在车架横梁 2 上,中间支承应能补偿传动轴轴向和角度方向的安装误差以及车辆行驶过程中由于发动机窜动或车架变形等所引起的位移。

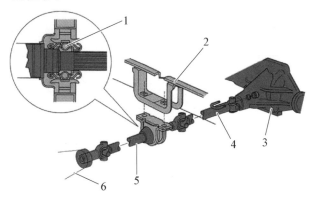

1—中心支承轴承 Center support bearing;
2—车架横梁 Frame crossbeam;
3—驱动桥 Drive axle;
4—主传动轴 Main drive shaft;
5—中间传动轴 Intermediate transmission shaft;
6—变速器壳 Transmission housing。

图 3 - 22 中间支承结构图
Fig. 3 - 22 Structural diagram of intermediate support

任务实施

一、传动轴和中间支撑检修

1. 传动轴检修

传动轴的主要损伤形式有弯曲、凹陷和裂纹等。传动轴轴管、花键齿均不得有裂纹,传动轴轴管表面不得有明显凹痕,严重时要更换。

(1)传动轴弯曲程度的检查,用 V 型架支起传动轴,用百分表在轴的中部测径向跳动量。传动轴全长的径向全跳动公差应符合规定(见表 3-2),轿车传动轴相应减小 2 mm。

表 3-2 传动轴全长的径向全跳动公差(单位:mm)

Tab. 3-2 Radial full runout tolerance of full length of drive shaft (mm)

轴 长	<600	600~1 000	>1 000
径向全跳动公差	0.6	0.8	1.0

(2)安装滑动叉后,应保证同一传动轴两端万向节叉轴承孔轴线位于同一平面内,其位置度公差应符合原设计规定。

(3)检查传动轴花键轴与滑动叉的侧隙,轿车应不大于 0.15 mm,其他类型的汽车不大于 0.30 mm,装配后要滑动自如,否则应更换。

(4)传动轴装上万向节后,应进行动平衡试验。传动轴焊接组合件经修理后,原有的动平衡已不复存在。因此,传动轴焊接组合件应重新进行动平衡试验,传动轴两端任一端的动不平衡量:轿车应不大于 10 g·cm;其他车型应不大于表 3-3 的规定。传动轴焊接组合件的平衡可在轴管的两端加焊平衡片,每端最多不得多于 3 片。

表 3-3 传动轴焊接件的允许动不平衡量(单位:g·cm)

Tab. 3-3 Permissible dynamic unbalance of welded parts of transmission shaft (g·cm)

传动轴轴管外径(单位:mm)	≤58	58~80	>80
允许动不平衡量	30	50	100

(5)传动轴应装备齐全可靠,防尘罩必须完好并用卡子紧固,两只卡子的锁扣应装在传动轴径向相对位置上。

2. 中间支承检修

(1)检查中间支承轴承的旋转是否灵活,有无异响;油封和橡胶衬垫是否损坏,否则应更换。

(2)拆下中间支承前,可以在中间支承附近摇动传动轴,检查中间支承轴承的松旷程度。分解后,可进一步检查中间轴承的轴向和径向间隙,其轴向间隙应小于 0.5 mm,径向间隙应小于 0.05 mm。

二、传动轴维护

万向传动装置在使用过程中会出现各种损伤,尤其是对于传动轴管长度大、工作条件恶劣、润滑条件极差、行驶在不良道路上的汽车,冲击载荷的峰值往往会超过正常值的一倍以上,以致造成万向传动装置的弯曲、扭转和磨损,产生振动异响等故障,破坏万向传动装置的动平衡特性、速度特性,使万向传动装置技术状况变差、传动效率降低,从而影响汽车的动力性和经济性。

一级维护时,应进行润滑和坚固作业。对万向节的十字轴、传动轴滑动叉、中间支承轴承等加注润滑脂(通常为锂基 2 号润滑脂);检查传动轴各部螺栓和螺母的紧固情况,特别是万向节叉凸缘连接螺栓和中间支承支架的固定螺栓等,应按规定的力矩拧紧。

二级维护时,检查十字轴轴承的间隙。十字轴轴承的配合应用手不能感觉出轴向移动量。对传动轴中间支承轴承,应检查其是否松旷及运转中有无异响,当其径向松旷超过规定或拆检轴承出现黏着磨损时,应更换中间支承轴承。

三、传动轴拆装

1. 传动轴的拆卸

拆卸传动轴前,车辆用举升器举起或车辆停在水平的路面上(楔住汽车的前后轮,防止拆卸传动轴时汽车移动)。同时,在每个万向节叉的突缘上做好标记,如图 3－23 所示,以便原位装复,否则会破坏传动轴的动平衡。

拆卸传动轴时,应从传动轴后端与驱动桥开始,先把与后桥凸缘连接的螺栓拧松取下,然后将与中间传动轴凸缘连接的螺栓拧下,拆下传动轴总成。接着,松开中间支承支架与车架的连接螺栓,最后松下前端凸缘盘,拆下中间传动轴。

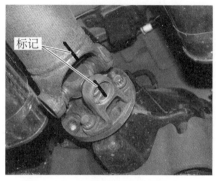

图 3－23　传动轴拆卸前的标记
Fig. 3－23　Marking of transmission
shaft before disassembly

2. 万向传动装置的装配

万向传动装置装配时,要按做好的记号原位装复。同时要注意以下问题:

(1) 清洗零件　待装零件应彻底清洗,特别是十字轴的油道、轴颈和滚针轴承,最好用清洁的煤油清洗后,再用压缩空气吹干。装配时,应防止磕碰,并注意平衡片是否脱落。

(2) 核对零件的装配标记　应认真核对万向节、伸缩节等处的装配记号。在安装传动轴时,特别要注意传动轴两端的万向节叉应位于同一平面内。

(3) 十字轴的安装　十字轴上的加油孔要朝向传动轴,以便加注润滑脂;两偏置油嘴应相隔180°,以保持传动轴的平衡;螺栓应按规定力矩拧紧。

(4) 中间支承的安装　将中间支承轴承对正压入中间传动轴的花键的凸缘内。紧固中间支承的前后轴承盖上的螺栓时,应支起后轮,边转动驱动轮边坚固,以便自动找正中心。

(5) 加注润滑脂　用油枪加注汽车通用的锂基2号或二硫化钼基脂。加注时,既要充分又不过量,以从油封刃口处或中间支承的气孔能见到少量润滑脂被挤出为止。

四、万向传动装置故障诊断和排除

万向传动装置在使用中常见的故障有传动轴振动和噪声、起步撞击及滑行异响等,产生这些故障的主要原因是零件的磨损、动平衡被破坏、材料质量不佳和加工缺陷等。

1. 传动轴振动和噪声

(1) 故障现象

汽车在行驶过程中,传动轴产生振动并传递给车身,从而引起车身振动和噪声。其振动一般与车速成正比例关系。

(2) 故障原因

① 万向节磨损严重;

② 传动轴产生弯曲或扭转变形;

③ 传动轴不平衡或连接部件松动；

④ 变速器输出轴花键齿磨损严重；

⑤ 中间支承轴承磨损或中间支承松动。

（3）故障的排除方法

① 检查万向节磨损情况，如果磨损严重，对于普通十字轴万向节，应更换十字轴轴承。对于等速万向节，应更换整个万向节。

② 传动轴弯曲和扭转变形也常常引起振动和噪声，在高速行驶时还有可能使花键脱落，检查传动轴直线度误差或径向跳动量，如果超过标准极限，应更换或进行校正。

③ 在排除上述故障后，传动轴工作仍不正常，应对传动轴进行动平衡检测，重新对平衡进行调整。

④ 如果由于传动轴连接部件松动引起振动，只需拧紧安装螺母即可。检查花键齿磨损情况，超过规定极限时，应更换相关部件。

⑤ 中间支承轴承磨损、缓冲橡胶垫损坏时，应予以更换，如果安装松动，需按规定力矩拧紧。

2. 汽车起步时撞击和滑行时有异响

万向传动装置在汽车起步时撞击和滑行时有异响，其主要原因及排除方法如下：

（1）万向节产生磨损或损伤，应更换零件；

（2）变速器输出轴花键磨损，酌情修理或更换相关零件；

（3）滑动叉花键磨损或损伤，应更换零件；

（4）传动轴连接部位松动，紧固螺栓即可消除故障。

课后练习

一、选择题

1. 单个十字轴式刚性万向节在有夹角时的"不等速性"是指主动轴等角速旋转时（　　　）。

A. 从动轴的转速不相等　　　　　　　　B. 从动轴在一周中的角速度是变化的

C. 从动轴的转速是相等的　　　　　　　D. 从动轴在一周中的角速度是相等的

2. 以下（　　　）万向节允许的轴间夹角最大。

A. 十字轴式刚性万向节　　　　　　　　B. RF 节

C. 球叉式万向节　　　　　　　　　　　D. VL 节

3. 十字轴式刚性万向节属于（　　　）万向节。

A. 不等速　　　　　　B. 等速　　　　　　C. 准等速　　　　　　D. 挠性

4. 球笼式万向节属于（　　　）万向节。

A. 等速　　　　　　　B. 不等速　　　　　C. 准等速　　　　　　D. 固定型

5. RF 节常用于前置前驱轿车靠近车轮处是因为其（　　　）。

A. 允许两轴交角大　　B. 可轴向伸缩　　　C. 是准等速的　　　　D. 是刚性万向节

二、判断题

1. 固定型球笼式万向节可以轴向伸缩。　　　　　　　　　　　　　　　　　（　　　）

2. 球叉式万向节的传力钢球数比球笼式万向节多,所以承载能力强、耐磨、使用寿命长。　　　　　　　　　　　　　　　　　　　　　　　　　　　　　（　　）

3. 挠性万向节一般用于主、从动轴间夹角较大的万向传动的场合。　　　（　　）

4. 传动轴两端的万向节叉,安装时应在同一平面内。　　　　　　　　（　　）

5. 传动轴在高速旋转时,由于离心力的作用将产生剧烈振动。因此,当传动轴与万向节装配后,必须满足动平衡的要求。　　　　　　　　　　　　　　　　（　　）

三、问答题

1. 简述万向传动装置的基本功用,列举其使用场合。

2. 为什么传动轴采用滑动花键连接?

3. 传动轴为什么要进行动平衡? 使用中用什么措施保证动平衡?

4. 万向传动装置由哪些部分组成? 如何分类?

5. 叙述十字轴式万向节结构及工作原理,如何使用十字轴式万向节实现等角速传动的?

驱动桥检修

 项目导入

    汽车驱动桥属于汽车传动系统的一部分,从万向传动装置传递来的动力转速偏高,转矩偏小,需要驱动桥进一步地降速增矩,并改变方向后才能传递给半轴驱动车辆行驶。

    因为驱动桥结构复杂,故障率较高,主要故障有:主减速器早期磨损,驱动桥异响、过热、漏油等。驱动桥的主减速齿轮磨损很严重时会断齿,造成汽车无法行驶。因此,出现问题要及时进行检查、调整和维修,各项操作有严格、细致的规范要求。

任务 1　主减速器检修

1. 能够对主减速器进行检查、装配与调整;
2. 能够对主减速器零件进行修复;
3. 掌握常见主减速器的工作原理和结构;
4. 了解主减速器的分类和应用场合;
5. 培养环保意识。

一、驱动桥组成与分类

1. 驱动桥组成

驱动桥由主减速器、差速器、半轴、万向节、驱动桥壳(或变速器壳体)和驱动轮毂等零部件组成。

2. 驱动桥功用

（1）通过主减速器齿轮的传动,降低转速,增大转矩;

（2）主减速器采用锥齿轮传动,改变转矩的传递方向;

（3）通过差速器可以使内外侧车轮以不同转速转动,适应汽车的转向要求;

（4）通过桥壳和车轮,实现承载及传力作用。

3. 驱动桥的结构类型

驱动桥从结构特点上可分为整体式(非断开)驱动桥和断开式驱动桥两种,从其功能特点上又可分为独立式驱动桥和变速驱动桥。

（1）整体式驱动桥。当车轮采用非独立悬架时,驱动桥采用整体式,通过弹性悬架与车架相连,两侧车轮和半轴不能在横向平面内做相对运动。如图 4-1 所示,从变速器或分动器经万向传动装置输入驱动桥的转矩首先传到主减速器 3,在此增大转矩并相应降低转速后,经差速器 2 分配给左右两个半轴 1,最后通过半轴外端的凸缘盘传至驱动车轮的轮毂,半轴借助轴承支承在壳体内。整体式驱动桥与非独立悬架配合使用。

1—半轴 Half axle;
2—差速器 Differential;
3—主减速器 Final drive;
4—桥壳 Axle housing。

图 4-1 整体式驱动桥

Fig. 4-1 Integral drive axle

（2）断开式驱动桥。当驱动轮采用独立悬架时,两侧的驱动轮分别通过弹性悬架与车架相连,两车轮可彼此独立地相对于车架上下跳动,这种驱动桥称为断开式驱动桥。

如图 4-2 所示,主减速器及差速器 2 通过桥壳 3 固定在车架上,半轴 1 与差速器、车轮与车轮之间均以万向节连接。断开式驱动桥与独立悬架配合使用。

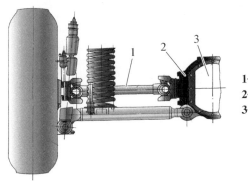

1—半轴 Half axle;
2—桥壳 Axle housing;
3—主减速器 Final drive。

图 4-2 断开式驱动桥

Fig. 4-2 Sectional drive axle

图 4-3 为奥迪轿车断开式后驱动桥。

（3）变速驱动桥。驱动桥的主减速器、差速器和桥壳、半轴等都安装在一个独立的驱动桥壳中,与其他动力总成相互独立存在,称为独立式驱动桥。载货汽车驱动桥基本都为独立式驱动桥。而轿车上,绝大部分车型为发动机前置前驱形式,此时,把变速器和驱动桥两个动力总成合为一体,布置在一个壳体内,变速器输出轴也就是主减速器的输入轴,称此种桥为变速驱动桥。

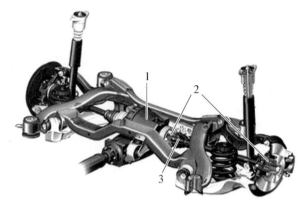

1—主减速器 Final drive;
2—万向节 Universal joint;
3—半轴 Half axle。

图 4-3 奥迪轿车断开式后驱动桥
Fig. 4-3 Audi car drive axle

图 4-4 为发动机横置的变速驱动桥,其动力从发动机 4 经变速器第一轴 2、变速器第二轴 1、主减速器主动齿轮 3、从动齿轮 7、差速器 6 传至左右传动轴 5。在此系统中,发动机、变速器、减速器和差速器成为一体式传动,缩短了传动路线,提高了传动系统中的机械效率。变速驱动桥不仅使结构紧凑,也大大减轻了传动系统的质量,有利于汽车底盘的轻量化。

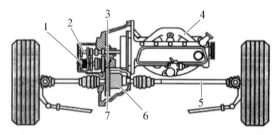

1—变速器输出轴 Output shaft;
2—变速器输入轴 Input shaft;
3—主减速器主动齿轮 Driving gear;
4—发动机 Engine;
5—传动轴 Half axle;
6—差速器 Differential;
7—从动齿轮 Follower gear。

图 4-4 变速驱动桥
Fig. 4-4 Transaxle

4. 减速器齿轮型式

(1)直齿锥齿轮 如图 4-5(a)所示,传动时容易发出噪音,且齿面磨损快,现在已很少被采用。

(2)螺旋锥齿轮 如图 4-5(b)所示,特点是主从动锥齿轮轴线垂直且相交。齿轮并不同时在全长上啮合,而是逐渐从一端连续平稳地转向另一端,具有工作平稳、噪音小、耐久性好、能承受较大的负荷、动力传递性好等优点,制造也简单。

(3)双曲面锥齿轮 如图 4-5(c)所示,特点是主从动锥齿轮轴线垂直但不相交,有轴线偏移。主动锥齿轮的啮合位置靠近齿根,啮合面积比螺旋锥齿轮大,因此性能更好;从动锥齿轮的啮合位置也靠近齿根,可以得到更大的空间,目前此类型的齿轮应用最为广泛。双曲面齿轮工作时,齿面间的压力和滑动较大,齿面油膜易被破坏,必须采用双曲面齿轮油润滑,否则将使齿面迅速擦伤和磨损,大大降低使用寿命。

(a) 直齿锥齿轮   (b) 螺旋锥齿轮   (c) 双曲面锥齿轮   (d) 涡轮蜗杆传动

图 4-5 减速齿轮类型
Fig. 4-5 The types of gear

主动锥齿轮轴线下偏移(如图 4-6)带来的作用是在驱动桥离地间隙不变的情况下,降低主动锥齿轮的轴线位置,从而使整车车身及重心降低。

(4) 涡轮蜗杆 如图 4-5(d)所示,能传递大的载荷,使用寿命长,结构简单,拆装方便,调整容易,但传动效率低,仅用于个别重型多桥驱动汽车上。

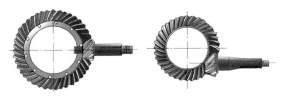

(a) 螺旋锥齿,轴线相交   (b) 双曲面锥齿,轴线偏移

图 4-6 双曲面锥齿的优点
Fig. 4-6 The advantages of hypoid gear

二、主减速器

1. 主减速器功用与类型

(1) 主减速器功用 其功用是将万向传动装置传来的转矩增大,降低转速,还可以改变转矩的传递方向。

(2) 主减速器类型 为满足不同的使用要求,主减速器有不同的结构类型,其分类及结构特点见表 4-1 所示。

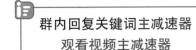
群内回复关键词主减速器
观看视频主减速器

表 4-1 主减速器分类及结构特点
Tab. 4-1 Classification and characteristic of final drive

分类方法	类别	特点	应用
按参加传动的齿轮副分	单级主减速器	只有一级减速	一般汽车
	双级主减速器	有多级减速	重型汽车、越野车、大型客车
按主减速器传动比的挡数分	单速主减速器	传动比是一定值	一般汽车
	双速主减速器	有两个传动比可选择	具有副变速器的作用

分类方法	类别		特点	应用
按齿轮副结构形式分	圆柱齿轮式	轴线固定式	结构简单,成本低	前轮驱动,发动机横置的汽车
		轴线旋转式		
	圆锥齿轮式	螺旋锥齿轮式	耐久性好	前轮驱动,发动机纵置的汽车
		双曲面锥齿轮式	轮齿强度高,布置灵活	前置后驱的汽车

2. 单级主减速器

目前,轿车和一般轻、中型货车采用单级主减速器,即可满足汽车动力性要求。它具有结构简单、体积小、质量轻和传动效率高等优点。图 4-7 为大众某款前驱轿车变速驱动桥主减速器结构图。

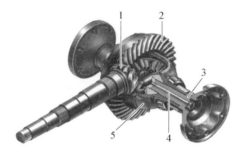

1—主动锥齿轮及轴 Pinion gear and shaft;
2—从动锥轮 Ring gear;
3—凸缘轴 Flange shaft;
4—凸缘轴螺栓 Bolt;
5—差速器 Differential。

图 4-7　大众轿车主减速器及差速器
Fig. 4-7　Volkswagen car final drive and differential

主减速器主要由一对主减速器主从动锥齿轮副和壳体等组成。主动锥齿轮 1 为主减速器输入轴,它同时又是变速器的从动轴,与其相啮合的为从动锥齿轮 2,主减速器的传动比即为 Z_2/Z_1,以 i_0 表示,其中 Z_1,Z_2 分别代表主从动锥齿轮的齿数,该车主传动比 $i_0 = 37/9 = 4.111$。通过主减速器齿轮副实现转矩的增大、转速的降低,并改变了输入转矩的传递方向。

图 4-8 为东风 9 t 货车驱动桥单级主减速器及差速器,主减速器的减速传动机构为一对准双曲面齿轮 1 和 7。从动齿轮 1 有 38 个齿,故主传动比 $i_0 = 38/6 = 6.33$。

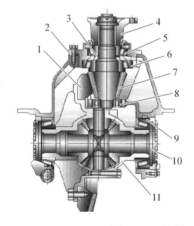

1—从动锥齿轮 Ring gear;
2、3—调整垫片 Shim;
4—叉形凸缘 Flange;
5、6、9—圆锥滚子轴承 Bearing;
7—主动锥齿轮 Pinion gear;
8—圆柱滚子轴承 Side bearing;
10—轴承调整螺母 Adjusting bolt;
11—差速器壳 Differential case。

图 4-8　东风 9 t 货车主减速器
Fig. 4-8　DF truck final drive

为保证主动锥齿轮有足够的支承刚度,主动锥齿轮 7 与轴制成一体,前端支承在互相贴近而小端相向的两个圆锥滚子轴承 5 和 6 上,后端支承在圆柱滚子轴承 8 上,形成跨置式支承。环状的从动锥齿轮 1 连接在差速器壳 11 上,而差速器壳则用两个圆锥滚子轴承 9 支承在主减速器壳的座孔中。在从动锥齿轮背面,装有支承螺栓,以限制从动锥齿轮过度变形而影响齿轮的正常工作,两者之间的间隙为 0.3～0.5 mm。

主减速器壳中所储齿轮油,靠从动锥齿轮转动时甩溅到各齿轮、轴和轴承上进行润滑。为保证主动齿轮轴前端的圆锥滚子轴承得到可靠润滑,在主减速器壳体中铸出了进油道和回油道。在主减速器壳体上装通气塞,防止壳体内气压过高而使润滑油渗漏。

3. 双级主减速器

根据发动机特性和汽车使用条件,要求主减速器具有较大的主传动比时,由一对锥齿轮构成的单级主减速器会因齿轮过大导致尺寸过大,不能保证足够的最小离地间隙,这时则需要使用两对齿轮实现降速的双级主减速器。如图 4－9 所示,主减速器的第一级传动比由一对曲线齿锥齿轮副所决定,第二级传动比由一对斜齿圆柱齿轮副所决定。

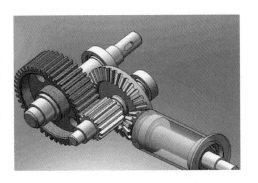

图 4－9　双级主减速器布置图
Fig. 4－9　Two stage final drive

任务实施

按照维修手册对驱动桥拆解后,应对零件进行清洗和检查。

一、主减速器锥齿轮副检修

（1）检查主动齿轮和从动齿轮,不应有裂纹,齿轮工作表面不得有明显斑点、剥落、缺损和阶梯形磨损,否则,齿轮必须成对更换。

（2）检测主动圆锥齿轮轮齿锥面的径向圆跳动,公差不超过 0.05 mm;测量前后轴承与轴颈、承孔的配合,应符合原厂规定;检查从动锥齿轮的铆钉连接,应牢固可靠;用螺栓连接的,连接螺栓的紧固应符合原厂规定,紧固螺栓锁止可靠。

二、主减速器壳检修

（1）检查壳体,应无裂损,各部位螺纹的损伤不得多于 2 牙,否则应换新。

（2）测量差速器左、右轴承孔同轴度公差,不超过 0.10 mm。

（3）测量圆柱主动齿轮轴承（或侧盖）承孔轴线及差速器轴承承孔轴线对减速器壳前端面的平行度公差,不超过 0.10/200 mm。

（4）测量主减速器壳纵轴线对横轴线的垂直度公差,不超过 0.12/300 mm。

（5）测量主减速器壳与侧盖的配合及圆柱主动齿轮轴承与减速器壳（或侧盖）的配合,应符合原厂规定。

三、主减速器装配调整

以图 4-8 为例进行操作。

1. 轴承预紧度调整

装配主减速器时,圆锥滚子轴承应有一定的装配预紧度,即在消除轴承间隙的基础上,再给予一定的压紧力,其目的是减小在锥齿轮传动过程中产生的轴向力所引起的齿轮轴的轴向位移,以提高轴的支承刚度,保证锥齿轮副的正常啮合。但预紧也不能过度,若过紧则传动效率低,且加速轴承磨损。

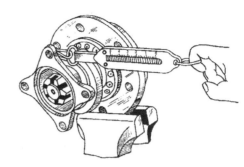

图 4-10 测量主动锥齿轮轴承预紧力矩
Fig. 4-10 Check the rotating torque of the drive pinion.

(1) 主动齿轮支承圆锥滚子轴承预紧度的调整。

更换不同厚度的调整垫片 3,调整两圆锥滚子轴承的预紧度。如图 4-10 所示,用弹簧测力计测量其预紧力矩,应为 1.5～3.5 N·m。若发现预紧度过大,则增加垫片的总厚度;反之,减小垫片的总厚度。

(2) 从动齿轮支承圆锥滚子轴承预紧度的调整。

在图 4-8 中,旋紧或旋松两端轴承调整螺母 10,调整支承从动齿轮的圆锥滚子轴承 9 的预紧度。用弹簧测力计测量其预紧力矩,调整后应为 1.5～3.5 N·m,测量方法同上。

2. 锥齿轮啮合调整

主动和从动齿轮之间必须有正确的相对位置和间隙,使两齿轮啮合传动时冲击噪声较小,而且轮齿沿其长度方向磨损较均匀。为此,装配时必须进行调整,包括啮合印迹和齿侧间隙的调整。

(1) 在从动锥齿轮上选定相邻的三个轮齿的凸面上,薄而均匀地涂上红丹,在从动锥齿轮上略施阻力,转动主动锥齿带动从动锥齿轮正转和反转后,若从动齿轮轮齿工作面上的印迹位于齿高的中间偏于小端,并占齿面宽度的 60% 以上,则为正确啮合,如图 4-11 所示。若不符,则应按照表 4-2 中所列方法重新调整,直到符合要求。

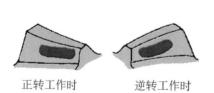

正转工作时　　逆转工作时

图 4-11 啮合印迹
Fig. 4-11 Tooth contact pattern

0.15-0.40

图 4-12 啮合间隙
Fig. 4-12 Backlash

(2) 同时拧动两个调整螺母 10,改变从动锥齿轮的位置,调整啮合间隙。轮齿啮合间隙应在 0.15～0.40 mm 范围内(如图 4-12)。若间隙大于规定值,应使从动锥齿轮靠近主动锥齿轮,反之则离开。为保持已调好的差速器圆锥滚子轴承预紧度不变,一端调整螺母拧入的圈数应等于另一端调整螺母拧出的圈数。齿侧间隙测量位置为从动锥齿轮沿圆周大致等距的齿大端的凸面上,用百分表测量 3 个齿,且垂直于齿大端的凸面,如图 4－13 所示。同时,要检查从动锥齿轮的端面跳动,不超过 0.10 mm,如图 4－14 所示。

　　如果在调整中印痕和侧隙出现矛盾时,以满足印迹要求为先,侧隙可稍大些,但最大不应超过 1 mm,否则需重新选配齿轮副。

图 4－13　啮合间隙检查

Fig. 4－13　**Measure the backlash**

图 4－14　从动齿轮端面跳动检查

Fig. 4－14　**Measure the ring gear runout**

注　意

主减速器调整的顺序是先调整轴承预紧度,再调整啮合印记,最后调整啮合间隙。

表 4－2　齿轮副啮合印痕调整方法

Tab. 4－2　**The adjustment methods of tooth contact**

从动齿轮面接触区		调整方法	齿轮移动方向(先实线,后虚线)
向前行驶	向后行驶		
		将从动锥齿轮向主动锥齿轮移拢,若这时齿隙过小,则将主动锥齿轮向外移开。	
		将从动锥齿轮自主动锥齿轮移开,若这时齿隙过大,则将主动锥齿轮移拢。	
		将主动锥齿轮向从动锥齿轮移拢,若这时齿隙过小,则将从动锥齿轮移开。	
		将主动锥齿轮自从动锥齿轮移开,若这时齿隙过大,则将主动齿轮移拢。	

对于图 4-15 单级主减速器，通过轴承外侧的调整螺母转矩来调整主动锥齿轮轴承预紧度；通过更换不同厚度的调整垫片的厚度 S_3，可以调整齿轮啮合间隙；通过更换不同厚度的调整垫片的厚度 S_1、S_2，实现差速器支承轴承预紧度和啮合印迹的调整。

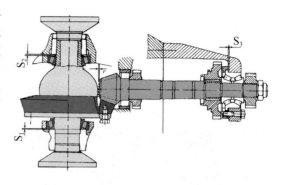

图 4-15　大众轿车单级主减速器
Fig. 4-15　Volkswagen car final drive

轮边减速器

在重型载货车、越野汽车或大型客车上，当要求有较大主传动比和较大的离地间隙时，往往将双级主减速器的第二级减速齿轮机构制成同样的两套，分别安装在两侧驱动车轮的近旁，称为轮边减速器，而第一级即称为主减速器。图 4-16 所示为汽车轮边减速器的结构示意图。由图可见，轮边减速器为一行星齿轮机构，齿圈 1 与半轴套管固定在一起，半轴传来动力经太阳轮 4、行星齿轮 3、行星齿轮轴 2 及行星架 6 传给车轮。能够实现的传动比 $i_{02}=1+Z_2/Z_1$，其中 Z_2 为齿圈齿数，Z_1 为太阳轮齿数。

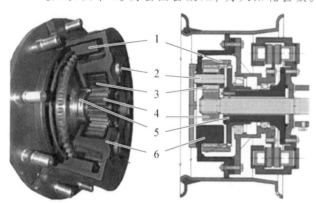

1—齿圈 Ring gear；
2—行星齿轮轴 Planet pinion shaft；
3—行星齿轮 Planet pinion；
4—太阳轮 Sun gear；
5—调整螺母 Nut；
6—行星架 Planet carrier。

图 4-16　轮边减速器结构
Fig. 4-16　Final drive with planetary gear set

任务 2　差速器、半轴与桥壳检修

1. 能够对差速器和半轴进行检查、装配；
2. 能够对差速器、半轴和桥壳等零件进行修复；
3. 掌握各类差速器的工作原理和结构；

4. 了解相关部件分类和应用场合；

5. 培养团队协作精神。

一、差速器

1. 差速器的功用

差速器——能使同一驱动桥的左右车轮或两驱动桥之间以不同角速度旋转,并传递转矩的机构。起轮间差速作用的称为轮间差速器,起桥间差速作用的称为轴间（桥间）差速器。

如图4-17所示,当汽车转弯行驶时,内外两侧车轮中心在同一时间内移过的曲线距离显然不同,即外侧车轮移过的距离大于内侧车轮。若两侧车轮都固定在同一刚性转轴上,两轮角速度相等,则两轮至少有一个车轮不能做纯滚动。

同样,汽车在不平路面上直线行驶时,两侧车轮实际移过的曲线距离也不相等。即使路面非常平直,但由于轮胎制造尺寸误差,磨损程度不同,承受的载

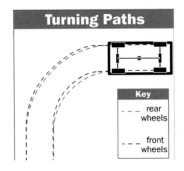

图4-17 汽车转向时驱动轮运动

Fig. 4-17 Motion track when vehicle turning

荷不同或充气压力不等,各个轮胎的滚动半径实际上不可能相等。因此,只要各车轮角速度相等,车轮对路面的滑动就必然存在。

车轮对路面的滑动不仅会加速轮胎磨损,增加汽车的动力消耗,而且可能导致转向和制动性能的恶化,所以在正常行驶条件下,应使车轮尽可能纯滚动。为此,在驱动车轮或驱动桥之间必须安装差速机构。

2. 差速器的分类

（1）按用途分类 分为轮间差速器和轴间差速器。

（2）按防滑功能 分为普通齿轮式差速器和防滑差速器。防滑差速器(LSD)按照限滑转矩的控制因素分为转矩感应式、转速感应式和主动控制式。

3. 普通圆锥齿轮差速器

（1）差速器结构。

如图4-18所示,为对称式锥齿轮轮间差速器结构,差速器壳由用螺栓固紧的左壳1和右壳4组成,主减速器的从动齿轮用铆钉或螺栓固定在差速器右壳的凸缘上。十字形的行星齿轮轴5的四个轴颈嵌在差速器壳上的孔内,每个轴颈上浮套着一个直齿圆锥行星齿轮3,它们均与两个直齿圆锥半轴齿轮2啮合。半轴齿轮分别支承在差速器壳相应的左右座孔中,并借花键与半轴相连。动力自主减速器从动齿轮依次经差速器壳、十字轴、行星齿轮、半轴齿轮及半轴输出给驱动车轮。当两侧车轮以相同的转速转动时,行星齿轮绕半轴轴线转

动——公转。若两侧车轮阻力不同,则行星齿轮在做上述公转运动的同时,还绕自身轴线转动——自转。这样,两半轴齿轮带动两侧车轮能够以不同转速转动。

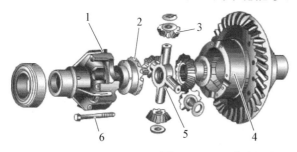

1—差速器左壳 Left differential case;
2—半轴齿轮 Side gear;
3—行星齿轮 Spider gear;
4—差速器右壳 Right differential case;
5—十字轴 Spider;
6—螺栓 Bolt。

图 4‐18　开放式锥齿轮差速器部件
Fig. 4‐18　Open differential assembly

为减少半轴齿轮和差速器壳的磨损,在半轴齿轮和差速器壳之间、行星齿轮与差速器壳之间均安装垫片。当汽车行驶一定里程,垫片磨损后可进行更换,以提高差速器寿命。垫片通常用铜或聚甲醛塑料制成。差速器的润滑依靠主减速器壳体中的润滑油。

（2）差速原理。

① 运动特性方程式。如图 4‐19 所示,对称式锥齿轮差速器是一种行星齿轮机构。设主动件从动齿轮角速度 ω_0,半轴齿轮为从动件,其角速度分别为 ω_1 和 ω_2。A、B 两点分别为行星齿轮与两半轴齿轮的啮合点。行星齿轮的中心点到差速器旋转轴线的距离均为 r。

当行星齿轮只是随同行星架绕差速器旋转轴线公转时,显然,所有零件为一体,ω_1,ω_2,ω_0 相等,也就是差速器不起差速作用。

图 4‐19　差速器工作原理
Fig. 4‐19　The working principle of the differential

当行星齿轮在公转的同时还绕本身的轴以角速度 ω_4 自转时,啮合点 A 的圆周速度为

$$v_A = \omega_1 r = \omega_0 r + \omega_4 r$$

啮合点 B 的圆周速度为

$$v_B = \omega_2 r = \omega_0 r - \omega_4 r$$

两式相加得到

$$\omega_1 + \omega_2 = 2\omega_0$$

若用每分钟转速 n 来表示角速度,则有

$$n_1 + n_2 = 2n_0$$

此为两半轴齿轮直径相等的对称式锥齿轮差速器的运动特性方程式。由此可以看出,左右两侧半轴齿轮的转速之和等于差速器壳转速的两倍,与行星齿轮的转速无关。

群内回复关键词前轮驱动车用差速器
观看视频前轮驱动车用差速器

② 转矩分配特性。根据差速器结构特点,无论是否起差速作用,可以分析得出结论,减速器传递过来的转矩总是平均分配给两个半轴,即差速器的转矩等量分配特性,这对汽车在良好路面上行驶是有利的。但当一个车轮打滑时,另一个车轮只能传递过来一半的动力,会严重影响汽车在不良路面上行驶时的通过能力。

4. 防滑差速器

为了提高汽车在坏路上的通过能力,可采用各种形式的防滑差速器。其目的是在一个驱动轮滑转时,使大部分转矩甚至全部转矩传给不滑转的驱动轮,以充分利用这一侧驱动轮的附着力而产生足够的驱动力,使汽车能继续行驶。

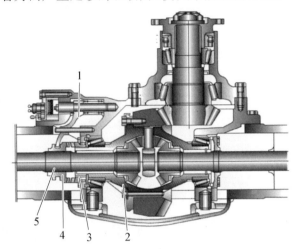

1—拨叉 Fock;
2—差速器壳 Differential case;
3—固定接合套 Fixed shift sleeve;
4—滑动接合套 Sliding shift sleeve;
5—半轴 Half axle。

图 4-20　强制锁止式差速器
Fig. 4-20　Locking differential

（1）强制锁止式差速器。

强制锁止式差速器就是在普通行星锥齿轮差速器上设计了差速锁。如图 4-20 所示,当汽车在好路面行驶不需要锁止差速器时,牙嵌式接合器的固定接合套 3 与滑动接合套 4 不嵌合,即处于分离状态,此时为普通行星锥齿轮差速器。

当汽车通过坏路面需要锁止时,驾驶员操纵拨叉 1,滑动接合套右移与固定接合套接合,将左半轴 5 与差速器壳 2 连成一个整体,则左右两半轴被连锁成一体转动,即差速器被锁止,不起差速作用。这样,转矩可全部分配给好路面上的车轮。

强制锁止式差速器结构简单,易于制造,但操纵不便,一般要在停车时进行。

（2）自锁式差速器。

自锁式差速器有摩擦片式、滑块凸轮式等多种结构形式。

摩擦片式自锁差速器是转矩感应式防滑差速器中应用最为广泛的。结构和组成如图 4-21 所示,十字轴由两根互相垂直的行星齿轮轴组成,其端部均切出凸 V 形斜面,相应的差速器壳孔上也有凹 V 形斜面,两根行星齿轮轴的 V 形面是反向安装的。推力压盘和主、从动摩擦片均可做微小的轴向移动。

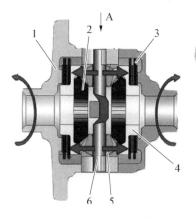

A向

1—差速器壳 Differential case;
2—半轴齿轮 Side gear;
3—主、从动摩擦片组 Friction plate;
4—推力压盘 Platen;
5—行星齿轮 Spider gear;
6—十字轴 Spider。

图4－21 摩擦片式限滑差速器
Fig. 4－21 Trac-lock limited-slip differential

当汽车直线行驶,两个半轴无转速差时,转矩平均分配给两个半轴,与普通差速器工作情况相同。当汽车转弯或一侧车轮在路面上滑转时,行星齿轮自转,起差速作用,左、右半轴齿轮的转速不等。由于转速差的

群内回复关键词奥迪防滑差速器
观看视频奥迪防滑差速器

存在和轴向力的作用,主、从动摩擦片间在滑转的同时产生摩擦力矩。其数值大小与差速器传递的转矩和摩擦片数量成正比。而摩擦力矩的方向与快转半轴的旋转方向相反,与慢转半轴的旋转方向相同。较大数值内摩擦力矩作用的结果,使慢转半轴传递的转矩明显增加。

摩擦片式差速器结构简单,工作平稳,锁紧系数 K 可达 0.6～0.7 或更高。常用于轿车和轻型汽车上。

（3）托森式差速器。

图4－22所示,(a)图为托森 A 型差速器,是一种中

群内回复关键词托森差速器
观看视频托森差速器

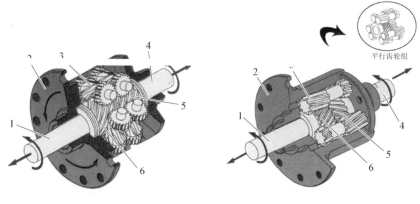

平行齿轮组

(a) A型 Type A

(b) B型 Type B

1—前轴 Front output shaft;
2—差速器壳 Differential case;3—蜗杆 Planet gear;
4—后轴 Rear output shaft;
5—后轴蜗轮 Rear side gear;6—前轴蜗轮 Front side gaer。

图4－22 托森差速器
Fig. 4－22 Torsen differential

央轴间差速器,在四轮驱动的轿车上应用日益广泛。它利用蜗轮蜗杆传动的不可逆性原理和齿面高摩擦条件,使差速器根据其内部差动转矩(差速器的内摩擦力矩)大小而自动锁死或松开,即在差速器内差动转矩较小时起差速作用,而过大时自动将差速器锁死,有效地提高了汽车的通过性。托森差速器由于其结构及性能上的诸多优点,被广泛用于全轮驱动轿车的中央轴间差速器及后驱动桥的轮间差速器,转矩分配通常能够在25%～75%连续变化。由于其在转速转矩差较大时的自动锁止作用,通常不用作转向驱动桥的轮间差速器。

图4-22(b)为托森B型差速器,同样为涡轮蜗杆自锁结构,不过改用了平行螺旋齿轮结构,如果一侧打滑,左右两边产生转速差,便会自锁,转矩分配通常能够在25%～75%连续变化。

图4-23为托森C型差速器,行星齿轮与环形齿轮、中心齿轮相啮合,中心齿轮与前传动轴相连,环齿轮与后传动轴相连,动力由行星架输入。当环形齿轮与中心齿轮的转速不等时(某一驱动轴有打滑趋势),行星齿轮会被迫产生自转运动,这个自转运动又会导致与环形齿轮或中心齿轮的轴向相对运动。轴向运动的压力对安装在装置内的摩擦盘施加压力,产生内摩擦力,因此,限制了相对运动,也就限制了打滑驱动轴的运动,从而增加不打滑驱动轴的转矩。正常状态下,前后轴动力的比例为40∶60,并可以在70∶30和15∶85之间变化。

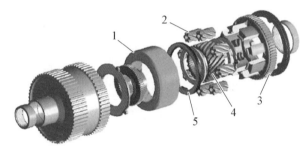

1—环形齿轮 Ring gear;
2—行星齿轮 Planet gear;
3—行星架 Planet carrier;
4—后轴齿轮 Sun gear;
5—摩擦片 Friction plate。

图4-23 托森C型差速器
Fig. 4-23 Torsen differential (type C)

二、半轴

1. 功用和分类

半轴是在差速器与驱动轮之间传递动力的实心轴,如图4-24所示,其内端用花键与差速器半轴齿轮连接,而外端则用凸缘盘与驱动轮的轮毂相连。半轴与驱动轮的轮毂在桥壳上的支承形式决定了半轴的受力状况。现代汽车基本上采用全浮式半轴支承和半浮式半轴支承两种支承形式。

2. 全浮式半轴

如图4-25所示,半轴1外端锻出凸缘,借助螺栓2和轮毂4连接。轮毂通过两个相距较远的圆锥滚子轴承3支承在驱动桥壳5上。车轮所承受的各种力以及由这些力引起的弯矩都经过轮毂、轮毂轴承传给桥壳,因此,半轴只承受传动系统的转矩而不承受弯矩。这样的半轴支承形式称为全浮式支承。

图4-24 半轴
Fig. 4-24 Half axle

具有全浮式半轴的驱动桥外端结构比较复杂,采用形状复杂且质量及尺寸均较大的轮毂,制造成本较高,故小型汽车及轿车一般不采用此结构形式。由于其工作可靠,半轴可以从半轴套管中抽出,拆卸容易,广泛用于轻型及中、重型载货汽车、越野汽车和客车上。

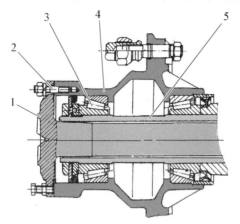

1—半轴 Half axle;
2—轮毂螺栓 Bolt;
3—圆锥滚子轴承 Bearing;
4—轮毂 Hub;
5—驱动桥壳 Axle housing。

图 4‑25 全浮式半轴支承结构
Fig. 4‑25 Full‑float half axle

3. 半浮式半轴

图 4‑26 所示为国产某轿车的驱动桥。其半轴 4 内端的支承方法与上述相同,即半轴内端不受力及弯矩。半轴外端是锥形的,锥面上切有纵向键槽,最外端有螺纹。轮毂 3 有相应的锥形孔与半轴配合,用键 2 连接,并用螺母 1 固紧。半轴用圆锥滚子轴承直接支承在桥壳凸缘内。显然,此时作用在车轮上的各反力都必须经过半轴传给驱动桥壳。因这种支承形式,只能使半轴内端免受弯矩,而外端却承受全部弯矩,故称为半浮式。

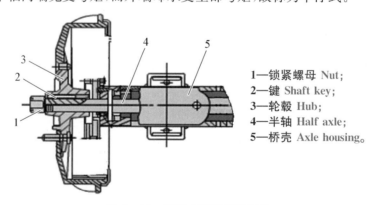

1—锁紧螺母 Nut;
2—键 Shaft key;
3—轮毂 Hub;
4—半轴 Half axle;
5—桥壳 Axle housing。

图 4‑26 半浮式半轴支承结构
Fig. 4‑26 Semi‑float half axle

从上述结构可知,半浮式半轴所承受的载荷较复杂,但它具有结构简单、质量小、尺寸紧凑、造价低廉等优点,故被质量较小、使用条件较好、承载负荷也不大的轿车和微型客、货车所采用。

三、桥壳

1. 功用和要求

支承并保护主减速器、差速器和半轴等,使左右驱动车轮的轴向相对位置固定;同从动桥一起支承车架及其上的各总成质量;汽车行驶时,承受由车轮传来的路面反作用力和力矩,并经悬架传给车架。

驱动桥壳应有足够的强度和刚度,且质量要小,并便于主减速器的拆装和调整。由于桥壳的尺寸和质量一般都比较大,制造较困难,故其结构形式在满足使用要求的前提下,要尽可能便于制造。

驱动桥壳从结构上可分为整体式桥壳和分段式桥壳两类。

2. 整体式桥壳

整体式桥壳具有较大的强度和刚度,结构优点是在检查主减速器和差速器的技术状况或拆装时,无需把整个驱动桥从车上拆下来,因而维修比较方便,因此,普遍应用于各类汽车上。整体式桥壳因制造方法不同,又有多种形式。常见的有整体铸造、钢板冲压焊接、中段铸造两端压入钢管、钢管扩张成形等形式。

① 整体铸造桥壳。图4-27为某变速驱动桥的桥壳体,为整体铸铝,结构刚度好,重量轻,现代轿车普遍使用该结构形式的桥壳。

图4-28所示为欧曼重卡的整体式桥壳,用球墨铸铁铸成,两端压入钢制的半轴套管。这种整体铸造桥壳刚度大、强度高,易铸成等强度梁形状,重量大,适用于中、重型汽车上。

图4-27 变速驱动桥壳
Fig. 4-27 Transaxle housing

图4-28 欧曼重卡驱动桥壳
Fig. 4-28 Heavy truck axle housing

② 钢板冲压焊接式桥壳。如图4-29所示,钢板冲压焊接式桥壳具有质量小、制造工艺简单、材料利用率高、抗冲击性能好、成本低等优点并适于大量生产。目前,在轻型货车和轿车上得到广泛使用。

图4-29 冲压焊接驱动桥壳
Fig. 4-29 Welded axle housing

3. 分段式桥壳

分段式桥壳一般分为两段,由螺栓将两段连成一体,如图 4-30 所示,优点是易于铸造,加工简便,但维修不便。当拆检主减速器时,必须把整个驱动桥从汽车上拆卸下来,因而目前采用很少。

图 4-30 分段式驱动桥壳
Fig. 4-30 Split axle housing

一、差速器检修

普通差速器拆装往往与主减速器拆装同步进行,不同车型的拆卸方法基本相同,请参照维修手册。检修请按以下步骤:

> 群内回复关键词差速器拆装
> 观看视频差速器拆装

1. 检查差速器壳

差速器壳与行星齿轮垫圈和半轴齿轮垫圈间的接触面应光滑无沟槽,若有细小沟槽,可用砂纸打磨,然后更换新垫圈。此外,差速器壳上不得有裂纹出现,否则,应更换新件。

2. 检查齿轮

半轴齿轮与行星齿轮均不得有裂纹,其工作表面不应有明显的斑点、齿面脱落和缺损。

3. 检查差速器行星齿轮和行星齿轮轴

分别测量行星齿轮轴的外径与行星齿轮的内径,其差值应在 0.1~0.2 mm 之间,否则应更换新件。

4. 检查半轴齿轮花键间隙

在虎钳上夹紧半轴,然后再将半轴齿轮安装在半轴上,前后推动半轴齿轮,使其沿花键齿侧方向摆动,用百分表测量半轴齿轮的摆动值,此值即为花键间隙,它应在 0.2~0.5 mm 之间,否则应更换新件。

5. 检查止推垫圈

行星齿轮垫圈和半轴齿轮垫圈不应有过度磨损和破损现象,否则应更换新件。

二、半轴检修

拆下半轴,清洗干净后,进行以下操作:

(1) 对半轴应进行隐伤检查,轴上不允许有任何形式的裂纹存在。

（2）检查半轴花键，应无明显的扭转变形。

（3）以半轴轴线为基准，测量半轴中段未加工圆柱体的径向圆跳动误差不得大于1.3 mm；花键外圆柱面的径向圆跳动误差不得大于0.25 mm；半轴凸缘内侧端面圆跳动误差不得大于0.15 mm，径向圆跳动超限时，应进行冷压校正；端面圆跳动超限，可对端面进行修正。

（4）测量半轴花键与半轴齿轮及凸缘键槽的侧隙，增大量不得大于原设计规定的0.15 mm。

（5）对前轮驱动汽车的半轴总成（带两侧等角速万向节）还应进行以下作业内容：

① 外端球笼万向节用手感检查应无径向间隙，否则应更换。

② 使内侧三叉式万向节沿轴向滑动，但应无明显的径向间隙感，否则换新。

③ 检查防尘套是否有老化破裂，卡箍是否有效可靠；如失效，换新。

三、桥壳检修

拆下桥壳，将壳内的油污清洗干净后仔细检查：

（1）桥壳和半轴套管上不应有裂纹存在，各处的螺纹损伤不得超过两牙，对半轴套管还应进行探伤检查；

（2）钢板弹簧座定位孔的磨损不得大于1.5 mm，超限时先进行补焊，然后按原位置重新钻孔；

（3）钢板弹簧座的厚度减少量不得大于2 mm；

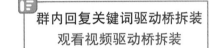

群内回复关键词驱动桥拆装
观看视频驱动桥拆装

（4）桥壳以半轴套管的两内端轴颈的公共轴线为基准，两外端轴颈的径向圆跳动误差超过0.25 mm时应进行校正，校正后的径向圆跳动误差不得大于0.08 mm；

（5）桥壳承孔与半轴套管的配合及伸出长度应符合原厂规定，如半轴套管的承孔严重磨损，可将座孔镗至加大的修理尺寸，更换相应修理尺寸的半轴套管；

（6）滚动轴承与桥壳的配合应符合原厂规定，如配合处过于松旷，可用刷镀法修复承孔。

四、轮毂检修

（1）检查轮毂，应无裂纹，否则更换；轮毂各部位螺纹的损伤不得多于2牙。

（2）测量轮毂与半轴凸缘及制动鼓的结合端面对轴承孔公共轴线端面圆跳动公差，应小于0.15 mm，超值进行车削修复。

（3）检查轮毂轴承孔与轴承的配合，应符合原厂规定。轴承孔磨损逾限则用刷镀或喷焊方式修理。

任务3 四轮驱动系统检修

学习目标

1. 能够对四轮驱动系统进行检查、维护；

2. 能够对分动器等零件进行修复；

3. 掌握常用分动器的工作原理和结构；

4. 了解四轮驱动系统分类和应用场合；

5. 培养刻苦钻研精神。

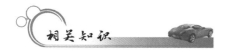
相关知识

四轮驱动系统用于将发动机动力传向四个车轮，以增加汽车在路况不好的情况下行驶的牵引力，同时改善汽车转弯时的操纵性能。

四轮驱动系统分为分时四轮驱动系统、适时四轮驱动系统和全时四轮驱动系统。

一、分时四轮驱动系统

1. 基本组成

分时四轮驱动系统可人工进行二轮驱动和四轮驱动之间的转换。组成如图 4-31 所示。

主要优点是：结构相对简单，可靠性高，制造成本低；在四驱挡位前后桥始终保持以 1：1 的比例进行动力分配，前后桥始终可以得到动力，适合越野行驶。缺点：前后桥动力始终以

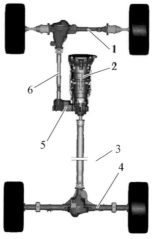

1—前桥 Front axle；
2—变速器 Gear box；
3—后传动轴 Rear joke shaft；
4—后桥 Rear axle；
5—分动器 Transfer case；
6—前传动轴 Front joke shaft。

图 4-31　分时四轮驱动系统
Fig. 4-31　Part-time 4WD

1：1 的比例分配，不能按需分配；分动箱不能允许转速差，四驱模式不能在铺装路面使用，尤其是拐弯时；对驾驶员的要求较高，需针对不同路况摘挂四驱挡。

2. 分动器

分动器用于将变速器输出的动力分配到各驱动桥。其基本结构也是一个齿轮传动系统。为增加传动系的最大传动比及挡数，目前绝大多数越野汽车都装有两挡分动器，使之兼起副变速器的作用。

图 4-32 为美国 NVG 公司的 NV231 型分动器，变速箱传来的动力经行星齿轮变速机构 2 传递给后输出轴 6，为后轮驱动。当拨动结合套 4，使主动链轮 5 与后输出轴锁为一体，一部分动力便由链条 8、从动链轮 9 和前输出轴 10 传递给前桥，变为四轮驱动。油泵为轴承等部位提供压力润滑。分动器可实现以下挡位：2H（高速两轮后驱），4H（高速四驱），4L（低速四驱）和 NEUTRE（空挡）。

群内回复关键词四轮驱动系统
观看视频四轮驱动系统

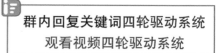
群内回复关键词分动器
观看视频分动器

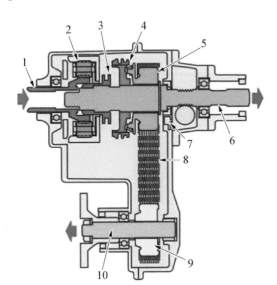

1—输入轴 Input shaft;
2—行星变速机构 Helical planetary assembly;
3—结合套 Range clutch;
4—同步器 Mode synchronizer assembly;
5—主动链轮 Drive sprocket;
6—后输出轴 Rear output shaft;
7—油泵 Oil pump;
8—链条 Chain;
9—从动链轮 Drived sprocket;
10—前输出轴 Front output shaft。

图 4 - 32　NV231 分动器
Fig. 4 - 32　NV231 transfer case

3. 锁定毂

如图 4 - 33 所示,前轮锁定毂是一种使轮毂脱离半轴外端啮合的离合器。当转动锁定毂至锁定位置时,轮毂与半轴被锁定,从而一起转动,实现动力传递。当锁定毂脱离锁定,半轴并不转动,车轮在毂的轴承上自由运转,而不带动差速器、前传动轴等发生转动,减少了这些部件的磨损,降低了行驶阻力。锁定毂主要用于长时间选用两轮驱动模式时,使前轮与前驱动半轴脱离接合,此时前轮作为自由轮转动。

图 4 - 33　锁定毂
Fig. 4 - 33　Manual locking hubs

二、适时四驱系统

1. 基本组成及工作原理

全轮驱动系统主要由轴间差速器、传动轴及前后驱动桥组成(如图 4 - 34)。

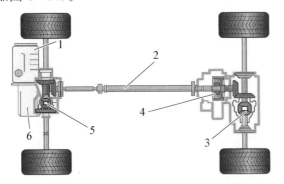

1—发动机 Engine;
2—传动轴 Joke shaft;
3—后桥差速器 Rear differential;
4—轴间差速器 Axial differential;
5—前桥差速器 Front differential;
6—变速器 Gearbox。

图 4 - 34　适时四轮驱动系统
Fig. 4 - 34　Real-time 4WD

适时四轮驱动系统通常采用一个轴间差速器来分配前、后桥之间的动力。轴间差速器可自动锁定。适时四驱系统在良好路面下是两轮驱动,在不良附着力情况下(如在有冰或雪的道路上)自动转换为四轮驱动,来增加汽车的性能,以产生最大的驱动力,它不适用于越野行驶。

2. 黏液耦合器

黏液耦合器(简称 VC)广泛用于适时四轮驱动系统的轴间联接,它同时起到联轴器和防滑差速器作用。如图 4-35 所示,一组内盘 1 与输出轴 5 连接,另一组外盘 2 装在联轴器壳体 4 上与输入轴 3 相联。黏液耦合器的输入轴即是前驱动桥主减速器的主动轴,直接由变速器驱动;输出轴经传动轴驱动后桥主减速器。

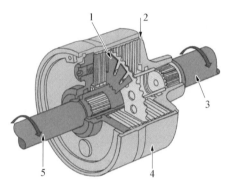

1—内盘 Inner disk;
2—外盘 Outer disk;
3—输入轴 Input shaft;
4—轴联接器壳 Housing;
5—输出轴 Output shaft。

图 4-35　黏液耦合器
Fig. 4-35　Viscous coupling

黏液耦合器传递转矩的工作介质一般是硅油,当输入轴与输出轴有转速差时,硅油被搅动,温度升高,产生热膨胀,硅油黏度和耦合器内部压力增高。转速差越大,硅油黏度和耦合器内部压力增高越大,由输入轴传递给输出轴的转矩就越大。根据不同情况后桥可以获得 5%~50%的动力。

图 4-36 为大众途观适时四驱动力分配单元,采用电控液压多片离合器把动力分配到后桥,电子控制系统根据路况对离合器内的液体压力进行控制,从而控制前后桥的动力分配。只要前后轴车轮存在几转的转速差,该系统就能介入,比黏液耦合器介入速度和效果更好。

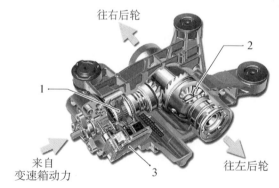

1—电控液压多片离合器 Clutch multiplate pack;
2—后差速器 Rear axle differential;
3—电控单元 Electronic control unit。

图 4-36　大众途观适时四驱动力分配单元
Fig. 4-36　Tiguan rear drive axle

三、全时四轮驱动系统

1. 基本组成及工作原理

全时驱动的特点就是始终保持四轮驱动模式,不需要驾驶人选择操作,行驶时将发动机输出动力按固定比例分配给前后轮,遇到特殊路面时可以自动将不同的动力分配到各个车轮上,因此,具有良好的牵引力、驾驶操控性和行驶循迹性,缺点是经济性差、结构复杂。全时四轮驱动系统基本组成是带有自锁功能的电控中央差速器、电控单元和一系列测定车辆运动状态的传感器。

图 4-37 为奥迪 Q7 全时四轮驱动系统,自锁式中央差速器配合前后桥所配备的开放式差速器和轮间限滑电子辅助系统,能够使其在正常驾驶中前后桥按照 42：58 分配动力,在极限情况下前桥最多分到 70% 的动力,后桥最多为 85% 的动力。

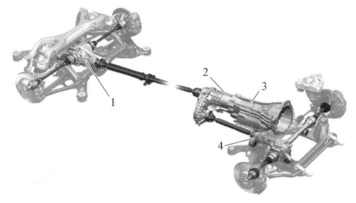

1—后驱动桥 Rear drive axle;
2—分动器 Transfer case;
3—变速箱 Gearbox;
4—前驱动桥 Front drive axle。

图 4-37 奥迪 Q7 全时四驱系统
Fig. 4-37 Audi Q7 full-time 4WD

2. 分动箱

奥迪 Q7 采用博格华纳 OAQ 分动箱,如图 4-38 所示,中央差速器由行星齿轮机构和一组摩擦片组成。来自变速箱的动力经输入轴 2 与差速器行星架相连,通过齿圈传递给后驱动轴,通过太阳轮传递给前驱动轴。差速器除了具有不对称转矩基本分配比例外,在差速器内还与驱动力矩成正比,产生一个摩擦力矩,从而形成相应的锁止力矩。锁止力矩加上基本的分配比例就决定了前后桥的最大转矩分配。差速器如果在一个车桥上失去了牵引力,那么驱动力矩会在锁止范围内立刻传递到另一个车桥上。如果超过了该差速器的工作范围,则由 EDS(电子差速锁)调节装置进行干预并提供牵引力。

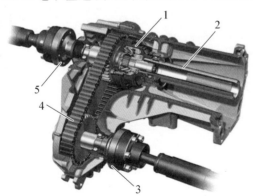

1—中央差速器 Torsen differential;
2—输入轴 Input shaft;
3—前轴凸缘 Front shaft flange;
4—链条 Chain;
5—后轴凸缘 Rear shaft flange。

图 4-38 博格华纳 OAQ 分动器
Fig. 4-38 BorgWarner OAQ transfer case

NV-242 分动器采用电机驱动换挡,应用于 JEEP 等车型,基本结构类似于 NV231,但前后轴之间增加了轴间差速器,挡位有两轮驱动、分时四轮驱动、全时四轮驱动和低速四轮驱动。

一、分动器解体

(1) 从整车上拆卸分动器相关连接件和电器线路,取下分动器;

(2) 从分动器铭牌读取相关信息,如图 4-39 所示,分动器型号、生产日期、生产厂商等,该分动箱低速挡传动比为 2.72;

(3) 拆卸后轴套,如图 4-40 所示,用卡簧钳拆卸后轴承挡圈,如图 4-41 所示;

图 4-39 铭牌
Fig. 4-39 The name plate

图 4-40 拆卸后轴套
Fig. 4-40 Remove the rear output shaft housing

(4) 拆卸后轴承盖螺栓后,取下后轴承盖,如图 4-42 所示,此时油泵组件不要取下;

图 4-41 取下卡簧
Fig. 4-41 Remove the snap ring

图 4-42 拆卸后轴盖
Fig. 4-42 Remove the cover

(5) 拆卸壳体紧固螺栓,分开前、后壳体,如图 4-43 所示;

(6) 取下壳体后,如图 4-44 所示,可以看见油泵组件、油管及滤网,并取下,图 4-45 为链条传动机构;

图 4-43　分解壳体

Fig. 4-43　Separate the two case halves

图 4-44　油泵部件

Fig. 4-44　The oil pump assembly housing

（7）拆卸挡圈后，拔下主动链轮总成及传动链，拆下前输出轴和从动链轮，如图 4-46 所示；

图 4-45　链轮传动部件

Fig. 4-45　The drive chain and sprocket

图 4-46　拆卸链轮

Fig. 4-46　Remove the chain

（8）拆卸差速器总成，如图 4-47 和图 4-48 所示；

图 4-47　拆卸差速器

Fig. 4-47　Remove the differential

图 4-48　差速器部件

Fig. 4-48　Center differential assembly

（9）拆下拨叉机构总成，如图 4-49 所示，上部为驱动模式转换拨叉，下部为高低挡位拨叉，主轴上换挡毂如图 4-50 所示。

图 4－49　挡位和模式转换机构
Fig. 4－49　Mode shift fork (upper fork)

图 4－50　换挡毂部件
Fig. 4－50　The range hub (left) and Main shaft

二、分动器装配

分动器装配基本按照上述相反步骤进行,需注意以下几点:

（1）装配前,用清洗剂对零件进行清洗,用毛刷除去残留的润滑物和沉淀物,不能用毛刷的应注意勿刮伤金属结合面,清洗完后用压缩空气吹干;

（2）装配前用自动变速器油润滑各个部件,所有密封件需全部更换;

（3）链条需用暗色连接片连接,安装时朝向汽车前进方向,如图 4－51 所示;

（4）安装卡簧,使锋利的尖端面朝上,如图 4－52 所示,下次拆卸时卡环钳可以牢固地夹紧;

图 4－51　组装链条
Fig. 4－51　Install the drive chain with the black link up

图 4－52　挡圈位置
Fig. 4－52　Install the snap rings with the sharpest tips facing up

（5）壳体装合时,如图 4－53 所示,分型面应涂 RTV 密封硅胶,但不要使用过多,否则会堵塞油泵滤网;

（6）按照图 4－54 所示,正确安装车速表主动齿轮(尼龙),确保滑动自如;

（7）装配完成后加注规定的润滑油,推荐 MOPAR ATF＋4,型号 9602 自动变速器油。

图4-53　结合面涂胶装配箱体

Fig. 4-53　Assembly the case halves

图4-54　安装里程表齿轮

Fig. 4-54　Install the speed sensor drive gear

三、部件检查

壳体：检查壳体和支座是否磨损和损坏，用刮刀和万能除垢器清洁密封表面。检查壳体状况，是否有裂纹，检查紧固螺栓和螺孔的质量。

输入齿轮：轮齿上的小刻痕可以用油石打磨，但如果齿轮折断、裂纹或碎裂，则需更换；齿轮上的轴承安装面必要时可以用320～400的纱布打磨；检查行星架体、行星齿轮销或行星齿轮损坏，则应该将行星架作为一个总成加以更换；检查挡圈和锁止垫片，弯曲或扭转都需要更换。

低挡齿圈：仔细检查齿圈状况，齿轮只能作为前壳体的一部分进行维修，如果齿轮损坏，必须将齿轮和前壳体作为一个总成加以更换。

主轴：检查毂和轴上的花键及链轮上的链齿，销刻痕和划痕可以用油石打平；链轮孔和主轴上的接触表面、小刻痕和划痕可以用320～400的纱布打磨平，但如果严重的话，必须更换。

链条：检查传动链和轴承，如果链条被拉长、扭曲或链节黏滞，应更换链条和两个链轮。

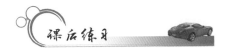

课后练习

一、选择题

1. 汽车转弯行驶时，普通差速器中的行星齿轮(　　　)。

A. 只有自转，没有公转　　　　　　　　B. 只有公转，没有自转

C. 既有公转，又有自转　　　　　　　　D. 以上都不是

2. 单级主减速器中，从动锥齿轮两侧的圆锥滚子轴承预紧度的调整应在齿轮啮合调整(　　　)。

A. 之前进行　　　　　　　　　　　　　B. 之后进行

C. 同时进行　　　　　　　　　　　　　D. 之前、之后进行都可

3. 差速器按用途分为轮间差速器和(　　)差速器。

A. 车轮　　　　　　B. 齿轮　　　　　　C. 惰轮　　　　　　D. 轴间

4. 汽车起步或突然变速时发出"吭"的一声,或汽车缓速时,发出"克啦克啦"的撞击声,则故障由（　　）引起。

A. 万向节　　　　　B. 轴承　　　　　C. 齿轮副　　　　　D. 差速器

5. 强制锁止式差速器就是在普通行星锥齿轮差速器上设计了（　　）。

A. 单向离合器　　　B. 制动器　　　　C. 离合器　　　　D. 差速锁

二、判断题

1. 驱动桥通过主减速器齿轮的传动,降低转速,增大转矩。　　　　　　（　　）

2. 驱动桥的主减速器、差速器和桥壳、半轴等都安装在一个非独立的驱动桥壳中。　（　　）

3. 半浮式支承的半轴易于拆装,不需拆卸车轮就可将半轴拆下。　　　（　　）

4. 对称式锥齿轮差速器当行星齿轮没有自转时,总是将转矩平均分配给左右两个半轴齿轮。　　　　　　　　　　　　　　　　　　　　　　　　　　　　（　　）

5. 啮合印痕在从动齿轮轮齿的齿根时,应将主动齿轮移离从动齿轮。　（　　）

三、问答题

1. 简述汽车驱动桥的功用。

2. 简述主减速器调整的内容和方法。

3. 分析差速器工作时,运动和力具体是如何传递的？

4. 对比三种四轮驱动系统工作时的特点和应用。

5. NV－242分动器的变速和差速如何实现？

车轮与车桥检修

项目五

项目导入

车轮与车桥是汽车行驶系中的重要部件。车轮一般是指车轮总成,由轮胎和车轮组成。其主要作用是支承汽车、乘客和货物总质量,保证轮胎与路面有良好的附着性能,产生足够的驱动力和制动力,承受转弯时的侧向力,缓解和吸收路面冲击。车桥(也称车轴)通过悬架与车架(或承载式车身)相连接,两端安装汽车车轮,其作用是传递车架与车轮之间各个方向的作用力及其所产生的弯矩和转矩。

车轮和车桥对汽车行驶的安全性和操纵性至关重要,因此,需要定期检查车轮和车桥的技术状况,及时排除存在的故障或隐患,以保证行车安全。

任务 1 车轮检修

1. 能够正确拆卸和安装车轮;
2. 能对车轮进行维护和检修;
3. 掌握车轮的类型及参数等相关知识;
4. 培养交流沟通能力。

一、车轮结构

车轮位于车桥和轮胎之间,一般由轮毂、轮辐和轮辋三部分组成。轮毂通过圆锥滚柱轴承套装在车桥或转向节轴颈上。轮辋用于安装轮胎,轮辐和轮辋可以为一个整体,也可以为可拆卸式。

1. 轮辐

轮辐指车轮上连接轮辋和轮毂的部分,按照轮辐的结构又可将车轮分为辐板式车轮和辐条式车轮两种。

（1）辐板式车轮。辐板式车轮是指连接轮辋与轮毂的轮辐为圆盘状的辐板。目前，普通轿车和轻、中型载货汽车广泛采用辐板式车轮。如图 5-1 所示，辐板 3 与轮辋 4 通过焊接或铆接固定成整体，通过辐板 3 上的大中心孔及周围的螺栓孔安装在轮毂 1 上。螺栓孔两端都做成球面或锥面凹坑，相应的紧固螺母的端部也制有凸起状，以便于安装时对正中心，也利于互换。

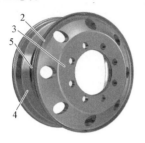

1—轮毂 Wheel hub;
2—挡圈 Flange;
3—辐板 Wheel disc;
4—轮辋 Rim;
5—气门嘴出口 Valve hole。

图 5-1　辐板式车轮
Fig. 5-1　Plate wheel

为防止车轮螺母在行驶中自行松脱，汽车左、右侧固定辐板的螺柱、螺母采用旋向不同的螺纹，即左轮用左旋螺纹，右轮用右旋螺纹。目前，一些车轮上采用了球面弹簧垫圈，可以有效地防止螺母的自行松脱。

（2）辐条式车轮。如图 5-2 所示，辐条式车轮用辐条把轮辋与轮毂连接成一体，辐条有铸造辐条和钢丝辐条。铸造辐条多用于重型载货汽车和轿车；钢丝辐条由于价格昂贵和安装不便，且需要定期对钢丝辐条进行紧固，所以目前应用较少，仅用于赛车和一些高级轿车。

2. 轮辋

轮辋用来安装和固定轮胎。按其结构特点不同，主要分为以下三种。

（1）深槽轮辋　如图 5-3(a)所示，这种轮辋

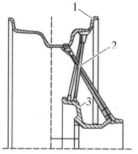

1—轮辋 Rim;
2—轮辐 Spoke;
3—轮毂 Wheel hub。

图 5-2　辐条式车轮
Fig. 5-2　Spoke wheel

结构简单、刚度大、质量轻，适用于安装尺寸小、弹性较大的轮胎。深槽轮辋用钢板整体冲压成形，中部呈深凹槽结构，主要用于轿车及轻型越野汽车。

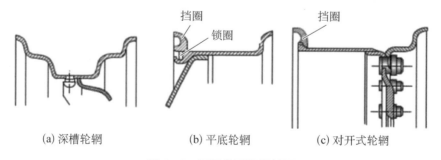

(a) 深槽轮辋　　　　　(b) 平底轮辋　　　　　(c) 对开式轮辋

图 5-3　不同类型轮辋断面
Fig. 5-3　Different types of rim section

（2）平底轮辋　如图5-3(b)所示,平底轮辋底部呈平环状,它的一边有凸缘,而另一边是可拆卸的挡圈做凸缘。这种轮辋适于装尺寸较大而弹性较小的货车轮胎。

（3）对开式轮辋　如图5-3(c)所示,轮辋由两部分组成,其中一部分与轮辐制成一体,二者用螺栓连接成一个整体。拆装轮胎时,只需旋下螺栓上的螺母即可,这种轮辋主要用于大中型越野汽车。

二、车轮分类

车轮的分类一般有三种方法,一是按车轮材质分,二是按照车轴一端车轮安装数量分,三是按轮辐的结构形式分,第三种分类已做介绍,下面主要介绍另外两种分类方法。

1. 按车轮制造材质分

目前,制造车轮的材质主要有钢材、铝合金、镁合金。钢制车轮成本比较低,但重量较大,多用在货车和低端轿车上。

铝合金车轮相较于钢制车轮有很多优点。第一,散热性能好,可以将轮胎产生的热量更快地传导到空气中,增加车辆行驶安全系数。第二,重量轻,可减少车重,减少起步和加速时的阻力。第三,铸造精度高,且相较于钢制车轮抗振性能更好。第四,更加美观,铝合金的特性和钢不同,可以做出多种更加精美的外观。

(a) 铝合金车轮　　　　　(b) 钢制车轮

图5-4　不同材质车轮

Fig. 5-4　Wheels made of different materials

镁合金车轮的优点是比铝合金车轮更轻,但是其生产工艺复杂,抗腐蚀性较差,价格昂贵。

2. 按车轴一端安装车轮数分

按车轴一端安装车轮数量,可分为单式车轮和双式车轮,一般轿车和轻型货车采用单式车轮,载重较大的货车和大型客车后桥一般采用双式车轮,双式车轮可增加车辆的载重能力,结构如图5-5所示。

三、国产轮辋规格的表示方法

我国汽车轮辋规格用一组数字、符号和字母表示,含义及具体内容如下:

（1）轮辋名义宽度和轮辋名义直径代号　它们的单位为英寸,一般取两位小数(当用毫米表示时,轮胎与轮辋应一致)。

（2）轮缘高度代号　由一个或几个拉丁字母表示,常用轮辋高度代号及对应数值见表5-1所示。

（3）轮辋结构形式代号　表示轮辋主要由几个零件组成,符号"×"表示一件式轮辋,符

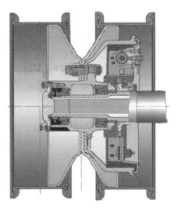

图5-5　双式车轮

Fig. 5-5　Double wheel

号"—"表示多件式轮辋。

(4)轮辋轮廓类型代号 用字母表示轮廓类型,分别为 DC—深槽、WDC—深槽宽、SDC—半深槽、FB—平底、WFB—平底宽、FB—全斜底、DT—对开式等。

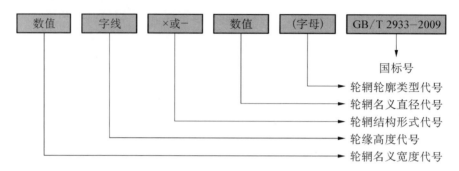

图 5-6 轮辋规格代号
Fig. 5-6 Rim code

对于不同形式的轮辋,以上代号不一定同时出现。如 8 J×15,8 代表轮辋宽度为 8 英寸,轮辋高度为 17.27 mm,15 表示轮辋直径为 15 英寸,是整体式轮辋。如 6.5~20,表明该轮辋是名义宽度和名义直径分别为 6.5 in 和 20 in 的多件轮辋。

表 5-1 轮辋高度代号及对应高度值 (单位:mm)
Tab. 5-1 Rim height code and corresponding height value

C	D	E	F	G	H	J	K
15.88	17.45	19.81	22.23	27.94	33.73	17.27	19.26
L	P	R	S	T	V	W	
21.59	25.40	28.58	33.33	38.10	44.45	50.80	

任务实施

一、车轮总成拆卸与检查

1. 车轮总成拆卸

(1)将车辆停在工位上,用三角塞固定车辆,一般固定住对角两个轮胎即可。

(2)根据汽车左右侧车轮与轮毂连接螺栓的螺旋方向,使用车轮螺母拆装机或用套筒扳手初步拧松各连接螺母。有的车轮配有防盗螺母,拆装时需要使用专用拆装工具拆卸,如图 5-7 所示。

(3)用举升机或者千斤顶顶在车辆指定举升位置,使被拆车轮离开地面一定距离,若是货车,可顶在

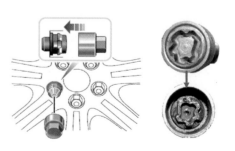

图 5-7 防盗螺栓
Fig. 5-7 Anti-theft lug nut

车轴上。

（4）拧下车轮与轮毂连接的全部螺母，取下垫圈，并摆放整齐。

（5）边向外拉边左右晃动车轮，从车轴上取下车轮总成。

2. 车轮检修

（1）轮辋外观检查与修复。

车轮在日常的使用中难免会产生剐蹭，会产生不同程度的损伤，因此，剐蹭后要及时检查车轮损伤情况，判断其能否继续使用，日常检查中也需要对车轮进行检查。车轮的损伤一般有三种：表面刮伤、车轮变形和车轮断裂。

① 车轮表面刮伤修复。车轮表面刮伤主要以车轮表面磨损擦伤为主，车轮的整体结构强度没有改变，所以对车轮的安全性无影响，修复后仍然可以继续使用。车轮表面修复步骤为车轮清洁、砂纸打磨受损处、再次清洁车轮、刮涂腻子、打磨腻子、清洁并喷涂油漆等，如图 5-8 所示。

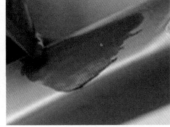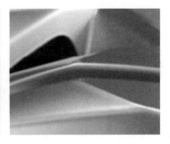

图 5-8　车轮刮伤修复
Fig. 5-8　Wheel repair

② 车轮变形修复。汽车车轮在受到撞击或者剧烈冲击时，车轮会产生变形。铝合金车轮不建议修复，因为铝合金材质本身的抗金属疲劳性相对较差，变形后其内部金属结构已经产生了变化，强度下降，即使车轮外形恢复原状，也不能达到原有性能。钢制车轮边缘很轻微的变形可以进行适当修复，修复步骤一般为找准变形位置、对变形位置加热、校正，如图 5-9 所示。

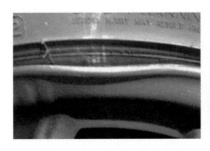

图 5-9　车轮变形及修复
Fig. 5-9　Wheel deformation and repair

③ 车轮开裂。如图 5-10 所示，车轮受到极为剧烈的冲击时会开裂，对于开裂的车轮，即使修复后也不能再次使用，应直接更换新车轮。

图 5－10　车轮开裂
Fig. 5－10　Wheel fracture

（2）轮辋径向和横向圆跳动测量。

车轮在使用的过程中，由于冲击等原因，轮辋会产生肉眼无法观察出的变形，这些变形必须控制在一定的范围内，钢制轮辋径向和横向圆跳动一般应控制在 1.25 mm 以内，合金轮辋径向和横向圆跳动一般应控制在 1 mm 以内，测量方法如图 5－11 和图 5－12 所示。

图 5－11　径向跳动测量　　　　图 5－12　端面跳动测量
Fig. 5－11　Measure the radial runout　Fig. 5－12　Measure the lateral runout

（3）轮辋凸缘轮廓检查。

轮辋凸缘内侧与轮胎接触，在汽车行驶的过程中，轮胎会与内侧凸缘摩擦，所以轮辋凸缘内侧容易磨损，轮辋凸缘磨损不能超过 1 mm。检查时应先去除凸缘的毛刺，然后选择适当的半径规检查，如图 5－13 所示。

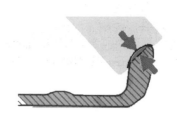

（a）半径规　　　　　　　（b）测量

图 5－13　轮辋凸缘检查
Fig. 5－13　Check the rim flange

二、车轮动平衡检测

车轮与轮胎是高速旋转组件,如果不平衡,汽车在超过某一速度行驶时,就会产生"共振",特别是高速公路上行驶的车辆,可能造成轮胎破裂,引发交通事故。另外也会引起底盘总成零部件损伤,如转向球节上的磨损增加,减振器和其他悬架元件的变形等。

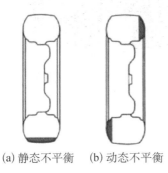

(a) 静态不平衡　　(b) 动态不平衡

图 5-14　车轮不平衡

Fig. 5-14　Unbalance of the wheel

图 5-15　拆卸动平衡块

Fig. 5-15　Remove the dynamic balance block

1. 车轮动不平衡

若质心与旋转中心不重合,则会产生静不平衡。静不平衡时,不平衡质量会在车轮旋转时产生离心力,离心力大小与不平衡质量、不平衡点与车轮旋转中心之间的距离和车轮转速有关。即使满足了静平衡要求,由于车

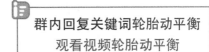
群内回复关键词轮胎动平衡
观看视频轮胎动平衡

轮具有一定的宽度,当车轮质量分布相对于车轮纵向中心面不对称时,会造成车轮动不平衡,如图 5-14 所示。静平衡的车轮动不平衡时,虽然不平衡质量产生的离心力可以互相抵消,但合力矩却不为零。

2. 车轮动不平衡的原因分析

① 轮胎气压未达到规定要求,动平衡块松动。

② 车轮碰撞变形,轮胎有鼓包现象。

③ 质量分布不均匀,如轮胎产品质量欠佳,补胎、胎面磨损不均匀等。

④ 安装位置不正确,如内胎充气嘴位置不符合安装要求。

⑤ 运行中轮胎相对于轮辋在圆周方面滑移,从而产生波状不均匀磨损。

3. 车轮动平衡校验

车轮动平衡检测,有离车式检测与就车式检测两种方法。

离车式车轮动平衡的检查步骤如下:

① 对被测车轮进行清洗,去掉泥土、砂石,拆掉旧平衡块,如图 5-15 所示;

② 将轮胎充气至规定气压值,将车轮安装于平

图 5-16　动平衡机

Fig. 5-16　Dynamic balancing machine

衡机上,如图5-16所示,打开电源开关,检查指示装置是否指示正确;

③ 测出轮辋宽度、轮辋边缘到机箱之间的距离,如图5-17所示;

图5-17 车轮参数测量

Fig. 5-17 Measure the wheel parameters

④ 按照图5-18的指示依次键入轮辋直径、宽度、轮辋边缘到机箱之间的距离等参数;

⑤ 放下防护罩,按下起动键,开始测量,当车轮自动停转后,指示装置显示车轮内、外动不平衡量,如图5-19所示;

图5-18 车轮参数输入

Fig. 5-18 Input the wheel parameters

图5-19 读取不平衡参数

Fig. 5-19 Read unbalance parameters

⑥ 用手慢慢旋转车轮,当动平衡机指示装置发出信号时,如图5-20所示,停止转动车轮;

⑦ 将动平衡机显示的动不平衡量按内、外位置,安装平衡块并装卡牢固,如图5-21所示;

图5-20 找到平衡块安装位置

Fig. 5-20 find the installation location of balance block

图5-21 安装平衡块

Fig. 5-21 Install the balance block

⑧ 重新进行动平衡试验,直至动不平衡量<5 g,机器显示合格时为止;

⑨ 取下车轮,关闭电源,测试结束。

就车式车轮动平衡机请参阅相关资料。

三、车轮总成安装

（1）清洁车轮连接螺栓、螺母和轮盘。

（2）顶起车桥，套上车轮，将螺母初步拧在螺柱上。

（3）放下车轮并在车轮前后用三角木塞紧，用指针式扭力扳手或车轮螺母安装机，按对角线顺序分2～3次，以规定力矩拧紧车轮螺母；当螺母数分别为4、5、6时，正确的拧紧顺序如图5-22所示。

（4）安装后轮双胎时，要先拧紧内侧车轮的内螺母，再装外侧轮胎。在安装过程中，应用千斤顶分两次顶起车轴，分别安装内、外两个车轮。双轮胎高低搭配合适，一般较低的胎装于里侧，较高的胎装于外侧。应注意内侧轮胎和外侧轮胎的气门嘴应互成180°位置。

4 螺母　　5 螺母

6 螺母

图5-22　螺栓拧紧顺序
Fig. 5-22　**Torque order**

四、轮毂轴承预紧度调整

（1）支起后轮，取下后轮毂盖，如图5-23左侧图所示；

（2）取下开口销及开槽垫圈；

（3）拧动螺母，同时转动轮毂，用一字旋具在手指的压力下刚好能够拨动止推垫圈，如图5-23右侧图所示；

（4）装回开槽垫圈，换上新的开口销，装上轮毂盖；

（5）放下车轮。

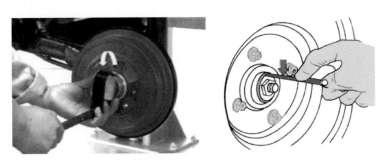

图5-23　轮毂轴承预紧度调整
Fig. 5-23　**Pre-tightening adjustment of hub bearing**

任务 2　轮胎检修

1. 能正确识别轮胎的类型及参数；
2. 能够正确拆装轮胎；
3. 能对轮胎进行维护和检修；
4. 掌握轮胎异常磨损的分析方法；
5. 培养吃苦耐劳精神。

一、轮胎分类和结构

轮胎安装在轮辋上，支承汽车的全部质量；轮胎直接与路面接触，要与路面附着良好，以产生足够的驱动力和制动力；缓和吸收汽车行驶时受到的冲击和振动，因此，它必须满足安全性、经济性、舒适性和美观性等要求。

1. 轮胎分类

（1）按组件不同，轮胎可分为有内胎轮胎和无内胎轮胎两种，目前轿车和部分客车上使用的大多数为无内胎轮胎，部分货车轮胎使用有内胎轮胎。

（2）根据工作气压的大小，可分为高压胎、低压胎和超低压胎三种。高压胎（0.5～0.7 MPa）的滚动阻力小，节省燃料。低压胎（0.15～0.45 MPa）胎面较宽，附着力大且弹性好，吸收振动的能力较强。超低压胎（0.15 MPa 以下）断面宽度大，在松软路面上具有良好的通过性，多应用在越野车上。目前汽车广泛应用的是低压胎。

（3）按照胎体帘布层结构不同，可分为斜交轮胎和子午线轮胎，目前使用广泛的为子午线轮胎。

（4）根据花纹的不同，轮胎可分为普通花纹轮胎、越野花纹轮胎和混合花纹轮胎，如图5-24 所示。

普通花纹轮胎的花纹沟槽细而浅，花纹块的接地面积较大，适用于路况较好的路面。它有纵向花纹和横向花纹两种。横向花纹轮胎耐磨性好，不易夹石子，但散热性能差，工作噪声较大，不宜高速行驶；纵向花纹的轮胎滚动阻力小，噪声小，防侧滑和散热性好，高速行驶性能好，但甩石性和排水性较差。

越野花纹轮胎的花纹沟槽深而宽，花纹块接地面积较小，防滑性能好。在安装人字形花纹轮胎时，应注意要将"人"字尖端指向汽车前进方向，以提高排泥性能。

混合花纹轮胎的特点介于普通花纹和越野花纹之间，胎冠中部花纹多为菱形或纵向锯齿形,两边为横向大块越野花纹。其缺点是耐磨性能较差,行车噪声大以及胎面磨损不均匀等。

(a) 横向胎纹　　(b) 纵向胎纹　　(c) 混合胎纹　　(d) 越野胎纹

图 5－24　不同花纹轮胎
Fig. 5－24　Tires with different patterns

另外轮胎还可以按照使用场景和环境等多种分类方法分类,例如冬季经常使用的雪地胎、在雨季使用的防滑胎、专门在沙漠使用的越野胎等等。

2. 轮胎结构

轮胎是一个旋转部件,但其并不是由均匀的材料制成的,是由多种材料经过不同的工艺加工而成,轿车上常用的子午线轮胎就由超过 15 种的橡胶复合材料和 150 种以上的其他材料制成。图 5－25 为子午线轮胎结构。

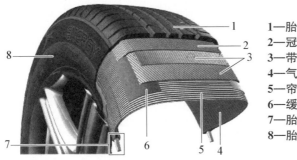

1—胎面 Tread;
2—冠带层 Cap plies;
3—带束层 Steel belts;
4—气密层 Inner liner;
5—帘布层 Body plies;
6—缓冲层 Cushion rubber;
7—胎圈钢丝 Bead wire;
8—胎壁 Sidewall。

图 5－25　子午线轮胎结构
Fig. 5－25　Construction of a radial tire

3. 轮胎参数及规格表示方法

轮胎规格的表示方法有米制和英制两种。目前大多数国家采用英制,我国也用英制,但均逐渐向米制过渡。轮胎的规格可用外胎直径 D、轮辋直径 d、断面高 H 和断面宽 B 的名义高宽比表示。

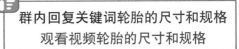

群内回复关键词轮胎的尺寸和规格
观看视频轮胎的尺寸和规格

根据 GB/T 2978—2008《轿车轮胎规格、尺寸、气压与负荷》规定,轮胎规格标记如图 5－26 所示。

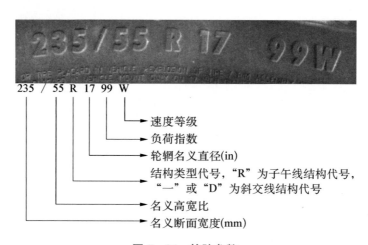

235 / 55 R 17 99 W

→ 速度等级

→ 负荷指数

→ 轮辋名义直径(in)

→ 结构类型代号，"R"为子午线结构代号，
"—"或"D"为斜交线结构代号

→ 名义高宽比

→ 名义断面宽度(mm)

图 5－26　轮胎参数

Fig. 5－26　Tire parameters

（1）根据 GB/T 2978—2008 规定，轮胎按其扁平率——高宽比（H/B）划分系列，目前国产轿车子午线轮胎有 80、75、70、65 等 12 个系列，数字分别表示断面高 H 和断面宽 B 的比值。显然，数字越小，胎越矮，即轮胎越扁平。

（2）标准规定，轮胎需标明其速度等级。轿车轮胎采用表 5－2 中 C～Y 级速度符号及对应的最高行驶速度。

（3）负荷指数与轮胎负荷能力的关系应符合表 5－3 的规定。

表 5－2　轮胎速度标志表

Table 5－2　Tire speed symbols

速度符号	最高速度(km/h)	速度符号	最高速度(km/h)	速度符号	最高速度(km/h)
C	60	L	120	T	190
D	65	M	130	H	210
E	70	N	140	V	240
F	80	P	150	W	270
G	90	Q	160	Y	300
J	100	R	170		
K	110	S	180		

表 5－3　轮胎负荷能力表（部分）

Table 5－3　Tire load limits

负荷指数	负荷能力(kg)	负荷指数	负荷能力(kg)	负荷指数	负荷能力(kg)	负荷指数	负荷能力(kg)	负荷指数	负荷能力(kg)
60	250	63	272	66	300	69	325	72	355
61	257	64	280	67	307	70	335	73	365
62	265	65	290	68	315	71	345	74	375

续表

负荷指数	负荷能力(kg)	负荷指数	负荷能力(kg)	负荷指数	负荷能力(kg)	负荷指数	负荷能力(kg)	负荷指数	负荷能力(kg)
75	387	79	437	83	487	87	545	91	615
76	400	80	450	84	500	88	560	92	630
77	412	81	462	85	515	89	580	93	650
78	425	82	475	86	530	90	600	94	670

（4）轮胎其他标记。

除了上述表示之外，轮胎上还有许多其他的参数，例如，生产日期标记、"噪音标记"、"M＋S"标记（也叫雪泥标记）、DOT标记（美国市场强制质量认证）、品牌标记、内外侧标记等，如图5－27所示。

图5－27 轮胎标记

Fig. 5－27 Tire marks

二、胎压监控系统

轮胎压力监控系统（Tire Pressure Monitor System，简称TPMS）是在汽车行驶时，对轮胎实时进行自动监测的安全装置。当轮胎内气压过低或过高、漏气、温度过高、传感器有故障时，系统会立刻报警。许多国家已制订法规，分阶段在新出厂的汽车上强制安装TPMS。

1. 轮胎压力监控系统的类型

TPMS的基本形式主要有以下两种：

（1）直接式TPMS（Pressure Sensor Based TPMS，简称PSB TPMS） 该系统利用安装在每一个轮胎里的压力传感器来直接测量轮胎的气压，利用无线电发射器将压力信息从轮胎内部发送到射频接收器系统，然后仪表会显示轮胎气压数据或者直接使用报警指示灯。

（2）间接式TPMS（Wheel Speed Based TPMS，简称WSB TPMS） 该系统是通过汽车本身的ABS系统的轮速传感器来比较轮胎之间的转速差别，以达到监测胎压的目的。当轮胎压力降低时会使轮胎直径变小，在同等车速下这个轮胎会与其他正常轮胎轮速不一样，这种变化即可触发系统警报。

由于PSB TPMS从功能和性能上均优于WSB TPMS，因而，目前一般汽车所配置的TPMS大都采用直接式。

2. 轮胎压力监控系统的组成

汽车的典型直接式 TPMS 由车轮电子模块、控制单元、发射器、天线等部分组成,如图 5-28 所示。每个车轮的车轮电子模块,集成了一个压力、温度和离心力传感器,以及一块蓄电池和一个发射极;每个车轮罩内都安装了一个轮胎压力监控发射器。轮胎压力监控系统控制单元连接在 CAN 总线上,发射器和天线通过 LIN 总线与控制单元相连。

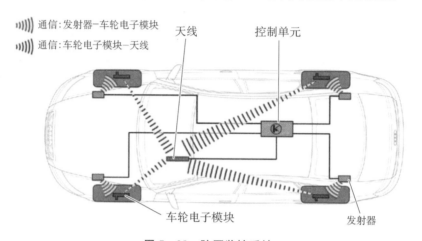

图 5-28　胎压监控系统

Fig. 5-28　Tire-pressure monitoring system

3. 轮胎压力监控系统工作过程

车轮电子模块用来检测轮胎的压力与温度,以及识别出车轮是否在转动。一般情况下汽车行驶速度大于 20 km/h 的时候胎压监测系统被"唤醒"。车轮电子模块固定在气门芯、轮胎轮毂或放置在轮胎内,它将测量到的压力与温度等信号转换为电信号,通过无线发射装置将信号发射出来,如图 5-29 所示。发射器安装在轮罩外壳下面,把控制单元的要求发送到车轮电子模块,实现双向通信。

车轮电子模块发射出来的无线电信号由天线接收。由于发射出的无线电信号中包含有传感器的 ID,这样控制单元就可识别出是哪个传感器发出的信息及其具体位置。经控制单元处理后,再由安装在驾驶台上的显示器显示出来,在行驶过程中实时地进行监视。其中显示方式可以采用如 LED、LCD 或语音提示等方式,如图 5-30 所示。

图 5-29　车轮电子模块

Fig. 5-29　Wheel electronic module

图 5-30　显示界面

Fig 5-30　Display interface

一、轮胎检查与养护

轮胎的维护包括日常维护、一级维护和二级维护。日常维护包括出车前、行车中和收车后的检视,主要是检视轮胎气压和有无不正常的磨损和损伤,并及时消除造成不正常磨损和损伤的因素。

1. 一级维护

（1）检查轮胎气压是否符合规定,检查轮胎有无漏气现象,如漏气查找漏气原因,气门帽是否齐全,如发现损坏或缺少应立即修理或补齐,气门嘴是否碰擦制动鼓;

（2）检查轮胎螺母是否紧固,翼子板、挡泥板、货厢等有无碰擦轮胎现象;

（3）检查随车工具,千斤顶、灭火器、手锤等是否齐全,如图 5 - 31 所示;

图 5 - 31　随车工具
Fig. 5 - 31　Vehicle on-board tools

（4）及时发现并剔除轮胎夹石和花纹中的石子及杂物,摸试轮胎温度;

（5）检查轮胎磨损情况,如有不正常磨损或起鼓、变形等现象,应查找原因,并排除;

（6）检查轮辋、挡圈、锁圈有无损伤;

（7）检查轮胎(包括备胎)气压,并按标准补足;

（8）必要时(如单边偏磨严重)应进行一次轮胎换位,以保持胎面花纹磨耗均匀。

完成上述作业后应填写维护记录。

2. 二级维护

轮胎的二级维护作业除执行一级维护的各项作业外,还应进行以下项目:

（1）拆卸轮胎,按轮胎标准测量胎面花纹磨耗、周长及断面宽的变化,作为换位和搭配的依据。

（2）轮胎解体检查:

① 胎冠、胎肩、胎侧及胎内有无内伤、脱层、起鼓和变形等现象;

② 内胎、垫带有无咬伤、折皱现象,气门嘴、气门芯是否完好;

③ 轮辋、挡圈和锁圈有无变形、锈蚀,并视情况涂漆;

④ 轮辋螺栓孔有无过度磨损或裂纹现象。

（3）排除解体检查所发现的故障后，进行装合和充气，并进行轮胎的动平衡测试。

（4）按规定进行轮胎换位。

（5）发现轮胎有不正常的磨损或损坏，应查明原因并予以排除。

完成上述作业后应填写维护纪录。

换位方法优先选用交叉循环换位法，如图 5‐32 所示。也可以根据磨损情况采用图 5‐33 和图 5‐34 的换位方法。

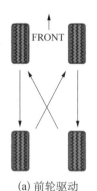

(a) 前轮驱动　　　　(b) 后轮驱动

图 5‐32　交叉循环换位
Fig. 5‐32　Modified X method

图 5‐33　交叉换位
Fig. 5‐33　Full "X"

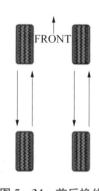

图 5‐34　前后换位
Fig. 5‐34　Front/rear

二、轮胎检修与拆装

1. 轮胎的检查

（1）轮胎花纹深度检查。轮胎使用一定里程后会产生磨损，需要定期对轮胎花纹深度进行检查。我国规定，轿车轮胎花纹深度小于 1.6 mm，货车转向轮花纹深度小于 3.2 mm，其他车轮花纹深度小于 1.6 mm，应停止使用。

观察轮胎上磨损极限标志（TWI）如图 5‐35 所示，其位于胎面凹槽中，当磨损到磨损极限标志时，说明花纹深度可能已经小于 1.6 mm，需要更换轮胎。使用轮胎花纹深度尺或者游标卡尺来测量花纹深度，如图 5‐36 所示，测量前应将轮胎气压充至规定值。

图 5‐35　轮胎磨损标记
Fig. 5‐35　Tire wear marks

图 5‐36　轮胎花纹深度测量
Fig. 5‐36　Measure the tread pattern depth

测量花纹深度,还可以知道轮胎成色和磨损速度是否正常。若车上装用的新胎花纹深度是 18 mm,花纹磨损残留极限尺寸若为 3 mm,即花纹允许磨损约 15 mm。现在花纹已磨去 7.5 mm,说明该胎的成色是 1/2。若在该车使用条件下,轮胎行驶里程定额是 60 000 km,可以算出,每千公里花纹磨损应为 0.25 mm。如果现在每千公里实际磨损量达到 0.4 mm,说明只能实现轮胎行驶里程定额的一半,这种现象常被称为"吃胎"。经常测量花纹深度,可以及时发现"吃胎"现象,以便及时查明原因,予以消除。

　　(2) 轮胎异常磨损检查。检查车轮异常磨损,可以发现故障早期征兆和原因,及时排除影响轮胎寿命的不良问题。

　　① 轮胎羽状磨损。

　　现象:胎面出现了羽毛状的磨损,如图 5 - 37 所示。

　　主要原因:车轮的前束调节不当所致,过大的前束会导致车轮在行驶的时候轮胎表面相对路面产生滑动,胎面磨损呈明显的羽毛形。

　　排除方法:检查车轮的前束,如果前束过量应进行调整,调换轮胎的位置。

　　② 轮胎两边磨损(胎肩磨损)。

　　现象:磨损主要集中在两侧胎肩,如图 5 - 38 所示。

图 5 - 37　羽状磨损
Fig. 5 - 37　Tire pinnate wear

　　主要原因:轮胎气压过低,胎压过低轮胎的中间便会凹入,这时载荷主要由两侧胎肩承载,使胎肩磨损较快。

　　排除方法:检查充气压力,充气压力较低时,应给轮胎充气,直至充到规定气压值,还应检查汽车是否超载。

　　③ 轮胎中心磨损。

　　现象:相较于胎肩,轮胎的中心出现了异常磨损,如图 5 - 39 所示。

　　主要原因:轮胎气压过高,胎压过高轮胎的中间便会凸出,在承受较大载荷时,轮胎的中间凸出部分便会磨损较快。

　　排除方法:检查充气压力,充气压力较高时,应给轮胎放气,直至规定气压值。

　　④ 轮胎单边磨损。

　　现象:轮胎的内侧或者外侧单边磨损,如图 5 - 40 所示。

　　主要原因:车轮定位不当,更换过大或者过小的车轮也都可能引起车轮定位参数变化。另外,在过高的车速下转弯或长时间在转弯路段行驶,都会造成轮胎的偏磨。

图 5 - 38　轮胎两边磨损
Fig. 5 - 38　Wear on both sides

图 5 - 39　轮胎中心磨损
Fig. 5 - 39　Center wear

图 5 - 40　轮胎单边磨损
Fig. 5 - 40　Unilateral wear

排除方法:进行轮胎换位,定期做四轮定位进行校正,转弯时降低车速,定期检查底盘紧固件和橡胶衬套,如果松动将其紧固。

⑤ 轮胎锯齿形磨损。

现象:锯齿形磨损是指花纹块形成阶梯形磨损,如图5-41所示。

主要原因:前轮定位调整不当或前悬挂系统位置失常、球头松旷等,使正常滚动的车轮发生滑动或行驶中车轮定位不断变动而形成轮胎锯齿状磨损。

排除方法:将两轮交叉换位,改变轮胎旋转方向,同时检查车轮定位及悬架系统。

图5-41 锯齿形磨损
Fig. 5-41 Serrated wear

轮胎磨损还与底盘技术状况有关,例如,轮毂轴承松旷、轮辋变形等,会使汽车行驶中轮胎发生摆动,使轮胎磨损加剧;钢板弹簧过软,当汽车满载又行驶于不平道路时,将使轮胎与挡泥板、车厢或车上其他凸出部分发生摩擦,造成轮胎机械损伤。此外,当制动器调整不当,各轮制动力不均匀或制动拖滞,也会造成胎面异常磨损,使轮胎寿命缩短。

2. 轮胎拆卸

(1) 将轮胎内的气放干净,去掉钢圈上所有平衡块,如图5-42所示;

图5-42 放气并拆掉动平衡块
Fig. 5-42 Deflation and removing the dynamic balance block

(2) 将轮胎放到如图5-43所示的位置,反复转动轮胎并压下轮胎挤压板,踩下轮胎挤压臂踏板,使轮胎和钢圈彻底分离;

图5-43 分离钢圈和轮胎
Fig. 5-43 Separate the ring and tire

（3）将钢圈放在卡盘上，踩下踏板锁住钢圈，如图 5 - 44 所示；

图 5 - 44　固定车轮

Fig. 5 - 44　Fix the wheel

（4）在轮胎内圈抹好润滑脂；

（5）将拆装臂拉下使卡头内滚轮与钢圈边缘贴住，用锁紧杆将扒胎臂卡紧，如图 5 - 45 所示；

锁紧/放松按钮

图 5 - 45　调整扒胎臂位置

Fig. 5 - 45　Adjust the position of fetal picking arm

（6）用撬棍将轮胎挑到卡头之上，踩下旋转踏板使卡盘旋转，将一侧轮胎扒出，如图 5 - 46 所示；

图 5 - 46　扒出一侧轮胎

Fig. 5 - 46　Pick out one side of tire

（7）用相同的方法将另一侧轮胎扒出，如图5-47所示；

图 5-47 扒出另一侧轮胎

Fig. 47 Pick out the other side of tire

（8）检查轮辋有无锈蚀、变形、裂纹或其他损坏，检查轮胎有无漏气，气门嘴是否完好以及轮胎的磨损情况。

3. 轮胎的安装

（1）擦净外胎内部和内胎外表面，在轮胎内侧边缘涂抹润滑脂；

（2）用与拆轮胎同样的方法将钢圈固定在卡盘上，将轮胎放到钢圈上沿，并确定好气眼位置；

（3）移动拆装臂压住轮胎边缘，踩下踏板，逐渐将轮胎压入钢圈内，如图5-48所示；

图 5-48 将轮胎一侧压入钢圈

Fig. 5-48 Press one side of tire into steel ring

（4）用同样的方法将上侧轮胎压入钢圈，完成轮胎安装，如图5-49所示。

图 5-49 压入另一侧

Fig. 5-49 Press the other side of tire into steel ring

群内回复关键词轮胎的拆装和保养
观看视频轮胎的拆装和保养

4. 拆装轮胎注意事项

（1）拆装轮胎时其温度要保持在20℃左右,尤其是冬天天气较冷,可以在温和的室内或者给轮胎加热后再进行拆装,否则可能引起轮胎损坏;

（2）在拆装带有胎压传感器的轮胎时需注意避开胎压传感器,以防将其损坏;

（3）更换轮胎时一定要更换新的橡胶气门;

（4）安装轮胎时需要注意轮胎的内外侧和花纹方向;

（5）安装无内胎轮胎时要检查轮胎的密封层表面和车轮是否清洁,有无损坏;

（6）拆装工具不得有尖刃、尖角或毛刺,不得使用大锤敲击胎体,以避免砸坏轮胎或轮辋;

（7）后桥并装双胎时,应使双胎具有相同花纹、相同直径和气压,不得混装。

三、轮胎修补

一般而言,充气胎的补胎方法依据轮胎受损程度,大致可分为三种:冷补（内补或粘贴补）、热补和胶条法。

（1）冷补:拆下轮胎,找到破损处,将创口处的异物清理后,从轮胎内层将修补区域磨毛,涂抹专用黏结剂,贴上专用的补胎胶片,从而完成补漏,注意补胎片需要用滚轮压实,使其紧贴轮胎内壁,如图5-50所示。其优点是可以对较大的创口进行修补,缺点是不够耐用,在经过一段时间的水浸或车辆高速行驶之后,修补处很可能再次出现漏气现象。

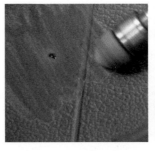

图 5-50　轮胎冷补
Fig. 5-50　Cold patch for tires

（2）热补:将轮胎从轮辋上卸下,然后将专用的生胶片贴附于创口,如图5-51左图所示。再用烘烤机（或电熨斗）对创口进行烘烤,如图5-51右图所示,直至生胶片与轮胎完全贴合。热补的优点是非常耐用,基本不用担心创口处会重复漏气。缺点是施工时的技术要求较高,因为一旦烘烤时的火候控制不好,很可能会将轮胎烤焦,严重的还会使轮胎产生变形。

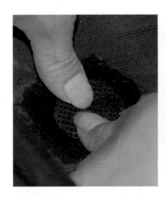

电熨斗

图 5-51　轮胎热补
Fig. 5-51　Hot patch for tires

（3）胶条法：这种方法不用卸胎，在轮胎破裂处钻孔，直接塞入胶条，如图5-52所示。这种方式很不安全，因为钻孔会破坏轮胎内部的帘子布、钢丝层，因此，只能应急使用。

图5-52　胶条法

Fig. 5-52　Rubber patch

任务3　车桥检修与车轮定位

1. 能够对车桥主要部件进行拆装；
2. 能够对车桥常见故障进行调整；
3. 能够对车轮定位参数进行检测与调整；
4. 掌握车轮定位参数的含义和作用；
5. 熟悉车桥和车架的分类及结构；
6. 培养安全意识。

一、车桥

根据车桥结构的不同，可以分为整体式和断开式两种车桥。断开式车桥为活动关节式结构，它与独立悬架配合使用；整体式车桥的中部是一个整体的刚性实心或空心梁（轴），它与非独立悬架配用。根据功能的不同，车桥可分为转向桥、驱动桥、转向驱动桥和支持桥。

1. 支持桥

支持桥起到承载车身重量和扭矩的作用，属于从动桥，目前多数轿车后桥为支持桥，如图5-53所示，为某款轿车支持桥。

群内回复关键词支持桥
观看视频支持桥

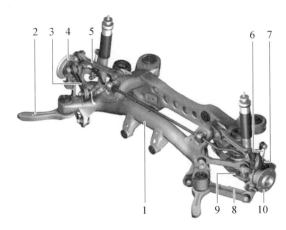

1—后桥托架 Rear axle bracket;
2—推力杆 Thrust rod;
3—导向臂 Guide arm;
4—轮毂 Hub;
5—横摆臂 Yam arm;
6—稳定杆连杆 Stable rod connecting rod;
7—前束控制臂 Front beam control arm;
8—纵摆臂 Longitudinal arm;
9—外倾控制臂 Extroversion control arm;
10—车轮托架 Wheel bracket。

图 5－53　支持桥
Fig. 5－53　Supporting axle

2. 转向桥

转向桥的作用是使车轮转动一定的角度以实现车辆的转向,其还承受汽车的部分负荷和汽车制动、车轮侧滑等产生的作用力和力矩,通常为车辆的前桥,转向桥分为整体式和断开式,目前轿车上转向桥多为断开式。

(1) 整体式转向桥。各种类型汽车的整体式转向桥结构基本相同,主要由前轴(梁)、转向节、主销和轮毂等四部分组成,如图 5－54 所示。

① 前轴。前桥主体零件是前梁 8,是用中碳钢经模锻和热处理制成的。其断面是工字型,为提高抗扭强度,在接近两端各有一个加粗部分成拳形,其中有通孔,主销 10 即插入此孔内。中部向下弯曲成凹形,其目的是使发动机位置得以降低,从而降低汽车质心。

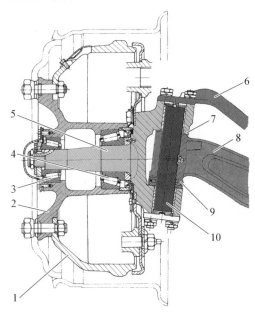

1—制动鼓 Brake drum;
2—轮毂 Wheel hub;
3、4—轮毂轴承 Bearing;
5—转向节 Steering knuckle;
6—转向节臂 Steering knuckle arm;
7—调整垫片 Adjusting gasket;
8—前梁 Front axle beam;
9—滚子推力轴承 Thrust bearing;
10—主销 Kingpin。

图 5－54　整体式汽车转向桥
Fig. 5－54　Integral steering drive axle

② 转向节。转向节5是车轮转向的铰链,它是一个叉形件。上下两叉有安装主销的两个同轴孔,转向节轴颈用来安装车轮。转向节上销孔的两耳通过主销与前轴两端的拳形部分相连,使前轮可以绕主销偏转一定角度而使汽车转向。为了减小磨损,转向节销孔内压入青铜衬套,衬套的润滑用装在转向节上的油嘴注入润滑脂润滑。为使转向灵活,在转向节下耳与前轴拳形部分之间装有轴承9。在转向节上耳与拳形部分之间还装有调整垫片7,以调整其间的间隙。

③ 主销。主销的作用是铰接前轴及转向节,使转向节绕着主销摆动以实现车轮的转向。主销10的中部切有凹槽,安装时用主销固定螺栓与它上面的凹槽配合,将主销固定在前轴的拳形孔中。

④ 轮毂。车轮轮毂通过两个圆锥滚子轴承支承在转向节5外端的轴颈上,轴承的松紧度可用调整螺母(装于轴承外端)加以调整。

（2）断开式转向桥

断开式转向桥在轿车和微型客车上得到广泛采用,它与独立悬架相配合,组成了性能优良的转向桥。图5-55所示为双摆臂断开式转向桥。上球头销和下球头销形成了虚拟的主销轴线,转向节沿此轴线摆动,实现转向。

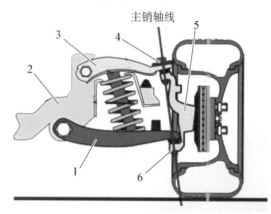

1—下摆臂 Lower control arm;
2—车架横梁 Cross beam;
3—上摆臂 Upper control arm;
4—上球头销 Upper ball joint;
5—转向节 Steering knuckle;
6—下球头销 Lower ball joint。

图5-55　断开式转向桥

Fig. 5-55　Sectional steering drive axle

3. 转向驱动桥

同时具备车轮转向和驱动功能的车桥称为转向驱动桥,前轮驱动和四驱汽车的前桥为转向驱动桥,基本结构是在转向桥的基础上增加了驱动轮动力传递轴。

二、车架

车架是用来支承和连接汽车的零部件,其上安装有发动机、变速器、传动轴、前桥、后桥、驾驶室和车厢等,同时承受汽车的载荷。汽车静止时,车架主要承受垂直静载荷。但是,当汽车在不平道路上行驶时,会受到各个方向力的冲击,承受由各总成传来的力和力矩,因此,要求车架必须满足下列要求:满足汽车总体布置的要求;要有合适的强度;要有足够的刚度;结构应该简单,尽量减少车架的质量,并使装于车架上的机件易于拆装;车架的形状要尽可能地配合车身及各总成以降低汽车的质心和获得较大的前轮转向角,有利于提高汽车的稳定性和机动性等性能。

1. 边梁式车架

又称梯形车架,由两根纵梁和若干根横梁组成。纵梁与横梁用铆接或焊接的方法连接起来,构成一个刚性框架,如图 5-56 所示。

图 5-56　边梁式车架
Fig. 5-56　Side rail type frame

图 5-57　中梁式车架
Fig. 5-57　Backbone type frame frame

2. 中梁式车架

又称脊骨式车架,中梁是管形的,传动轴装于管内。主减速器壳通常是固定在中梁的尾端而形成断开式驱动桥,其结构如图 5-57 所示。中梁式车架的优点是:具有较大的扭转刚度,车轮有较大的运动空间,从而获得很高的机动性,车架较短,还能起封闭传动轴的防尘套的作用。其缺点是:制造工艺复杂,精度要求高,总成安装比较困难,且给保养和修理造成很多不便。

3. 承载式车身

大多数轿车和 SUV 车型取消了车

图 5-58　承载式车身
Fig. 5-58　Unitary construction body

架,而以车身兼代车架的作用,即将所有部件固定在车身上,所有的力也由车身来承受,这种车架称为无梁式车架,也可称为承载式车身,如图 5-58 所示。

三、车轮定位

为了使汽车保持稳定地直线行驶和转向轻便,并减少汽车在行驶中对轮胎和转向机件的磨损,转向车轮、转向节和前轴三者之间的安装,具有一定的相对位置,这种相对位置反映在主销和前轮的相对安装关系,称为转向轮定位或前轮定位,现代汽车同时也对后轮定位,即四轮定位。前轮定位参数有:主销后倾、主销内倾、前轮外倾及前轮前束;后轮定位参数有:后轮外倾和后轮前束。

1. 主销后倾角

主销安装在前轴上,在纵向平面内(汽车侧面),其上端略向后倾斜,称为主销后倾。在纵向垂直平面内,主销轴线与垂线之间的夹角叫主销后倾角,如图 5-59 所示。

主销后倾后,主销轴线与路面的交点 a 位于车轮与路面接触点 b 之前,这样 b 点到 a 点之间就有一段垂直距离 l。若汽车转弯时(图中所示向右转弯),汽车产生的离心力将引起路面对车轮的侧向反作用力 F,F 通过 b 点作用于轮胎上,形成了绕主销的稳定力矩,其作用方向正好与车轮偏转方向相反,使车轮有恢复到原来中间位置的趋势。由此可见,主销后倾的作用是保持汽车直线行驶的稳定性,并力图使转弯后的前轮自动回正。过大的后倾角会造成转向时所需转向力过大,道路感变差。过大的负后倾角会造成高速时过于敏感,车辆运行摇摆,减小转向回位能力。

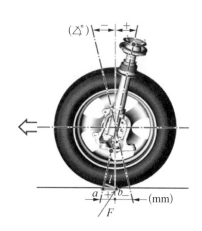

图 5-59 主销后倾角
Fig. 5-59 Kingpin caster

图 5-60 主销内倾角
Fig. 5-60 Kingpin inclination

2. 主销内倾角

主销安装到前轴上,在横向平面内,其上端略向内倾斜,称为主销内倾。在横向垂直平面内,主销轴线与垂线之间的夹角 β 叫主销内倾角,如图 5-60 所示。主销内倾后,主销轴线的延长线与地面交点到车轮中心平面与地面交线的距离 c 减小,转向时路面作用在转向轮上的阻力矩减小(因力臂 c 减小),从而可减小转向时驾驶员加在转向盘上的力,使转向操纵轻便,也可减少从转向轮传到转向盘上的冲击力;与此同时,汽车转向时,转向轮连同整个汽车前部向上抬起一个相应的高度,这样在汽车本身重力的作用下,迫使车轮自动回到原来的中间位置。由此可见,主销内倾的作用是使前轮自动回正,转向轻便。主销内倾角愈大或前轮转角愈大,则汽车前部抬起就越高,前轮的自动回正作用就越明显,但不宜过大,否则增加了轮胎与路面的摩擦阻力,这不仅使转向变得很沉重,而且加速了轮胎磨损。主销内倾角控制在 5°~8° 之间为宜。主销内倾角是由前轴制造时使主销孔轴线的上端向内倾斜而获得的。

主销后倾和主销内倾都有使汽车转向自动回正、保持直线行驶位置的作用,但主销后倾的回正作用与车速有关,而主销内倾的回正作用几乎与车速无关。因此,高速时主销后倾的回正作用起主导地位,而低速时则主要靠主销内倾起回正作用。此外,直行时前轮偶尔遇到冲击面偏转时,也主要依靠主销内倾起回正作用。

3. 车轮外倾角

前轮安装在车辆上,其旋转平面上方略向外倾斜,称为前轮外倾。前轮旋转平面与纵向垂直平面之间的夹角α称为前轮外倾角,如图 5－61 所示。车轮外倾角作用是防止车辆满载后,车桥将因承载变形,出现车轮内倾加速汽车轮胎的磨损。同时,车轮有了外倾角也可以与拱形路面相适应。现代汽车将外倾角一般设定为 1°左右,有的接近垂直,有的为负值。

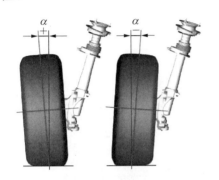

图 5－61　车轮外倾角
Fig. 5－61　Wheel camber

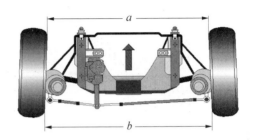

图 5－62　前轮前束
Fig. 5－62　Wheel toe-in

4. 前轮前束

汽车两个前轮安装后,在通过车轮轴线并与地面平行的平面内,两车轮前端略向内束,这种现象称为前轮前束。左右两车轮间后方距离 b 与前方距离 a 之差称为前轮前束值,如图 5－62 所示。前轮前束的作用是消除汽车行驶过程中,因前轮外倾而使两前轮前端向外张开的不利影响。

一、四轮定位测量及调整

1. 四轮定位测量

(1) 检查轮胎气压和磨损情况,各车轮气压和磨损应保持一致;

(2) 前后悬架部件应无松旷变形,减振器性能正常,无漏油现象,转向系统调整松紧适当;

群内回复关键词四轮定位的检测与调整
观看视频四轮定位的检测与调整

(3) 将需要检测汽车驾驶到举升机上,前轮应放在转盘上,并将车辆固定;

(4) 将四个测量传感器按照要求固定在汽车轮辋上,注意顺序不要放错;

(5) 打开测量软件,输入客户信息,选择相应的车型、排量及生产日期等参数;

(6) 检查四个传感器信号接收情况,如图 5－63 所示,开始测量,按照指示要求前后推动车辆,进行偏差补偿;

图 5 - 63　安装传感器并检查

Fig. 5 - 63　Install and check the sensors

（7）固定好车辆，并用专用工具将刹车踩下，如图 5 - 64 所示；

图 5 - 64　固定车辆

Fig. 5 - 64　Fix the vehicle

（8）按照软件指示要求左右转动方向盘，如图 5 - 65 所示；

图 5 - 65　按照要求转动方向盘

Fig. 5 - 65　Turn the steering wheel as required

（9）上一步骤结束后，固定车辆，将方向盘回正并用专用工具锁住方向盘，如图 5 - 66 所示；

图 5 - 66　固定方向盘

Fig. 5 - 66　Fix the steering wheel

（10）读取检测数据，并进行分析，如图 5-67 所示；

前轮数据

后轮数据

四轮外倾

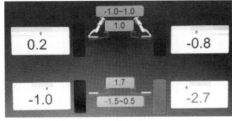

四轮前束

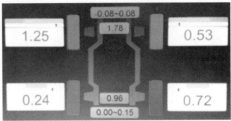

图 5-67　检测结果

Fig. 5-67　Testing result

（11）取下传感器放回原位，清洁场地，打印四轮定位数据，让顾客确认签字。

2. 车轮参数调整

主销后倾角、主销内倾角、车轮外倾角由结构设计保证，基本做成不可调式，使用中无需调整，如果参数不合格，则只能更换相关零件。前轮前束则需进行调整，有些车型前轮外倾也可以调整。

（1）前轮前束与外倾角调整。

现以宝马某车型为例，进行前轮前束与外倾角的调整。在调整前束时需用四轮定位仪辅助，如图 5-68 所示，首先旋松前束调整螺栓 1 上的锁紧螺母，转动前束调整螺栓，观察四轮定位仪上的数据，当前束值在标准范围（根据具体车型而定，参考维修手册）内时紧固锁紧螺母，另一侧按照相同的方法进行调整。

1—前束调整螺栓 Front toe adjustment bolt；
2—外倾角调整螺栓 Camber adjustment bolt。

图 5-68　前轮前束与外倾角调整

Fig. 5-68　Adjust the front wheel front toe and camber

旋松外倾角调整螺栓 2 上的锁紧螺母，转动前束调整螺栓，观察四轮定位仪上的数据，当外倾角在标准范围内时紧固锁紧螺母。另一侧按照相同的方法进行调整。

（2）后轮前束与外倾角调整。

后轮前束与外倾角的调整方法与前轮一样，但具体调整参数和前轮有区别，应根据维修手册进行调整。如图5-69所示，首先旋松前束调整螺栓4上的锁紧螺母，转动前束调整螺栓，观察四轮定位仪上的数据，当前束值在标准范围（参考维修手册）内时紧固锁紧螺母，另一侧按照相同的方法进行调整。在调整车轮外倾角时，首先旋松外倾角调整螺栓3上的锁紧螺母，转动外倾角调整螺栓，观察四轮定位仪上的数据，当外倾角在标准范围内时紧固锁紧螺母。另一侧按照相同的方法进行调整。

1—前束控制臂 Front toe control arm；
2—外倾控制臂 Camber control arm；
3—外倾角调整螺栓 Camber adjust bolt；
4—前束调整螺栓 Front toe adjust bolt。

图5-69　后轮前束与外倾角调整
Fig. 5-69　Adjust the rear wheel front toe and camber

二、车桥检查与维修

汽车的车桥种类较多，有驱动桥、转向桥、转向驱动桥和支持桥，不同型号车辆上车桥部件也不尽相同，以下仅对转向驱动桥进行检查。

1. 各部件外观检修

如图5-70所示为保时捷Panamera车型前桥，检查时应首先观察上下控制臂、转向拉杆、传动半轴、防倾杆以及副车架等各部件外观有无漏油、变形、破损和裂纹，若有上述情况应及时更换损坏的部件并找出原因。

1—上控制臂 Upper control arm；
2—减振器 Shock absorber；
3—转向拉杆 Steering tie rod；
4—下控制臂 Lower control arm；
5—传动半轴 Transmission half shaft。

图5-70　车桥外观检查
Fig. 5-70　Inspect the axle appearance

2. 车桥各部件橡胶衬套检查更换

如图 5-71 所示，衬套会发生老化和变形，使相连接处松动，这会导致车辆在行驶时产生异响和跑偏等现象，因此，需要定期检查车桥各部件连接处橡胶衬套有无老化、变形和破损现象，如图 5-71 黄色箭头所示位置，如果有损坏应及时更换衬套。

3. 转向球头检查和更换

球头经过一段时间的使用后会产生磨损，球头和球头座之间的间隙会变大，此时必须要更换。检查球头时按照图 5-72 所示的方向用力向上和向下摆动控制臂，然后用力向内和向外摆动车轮下部，在这两项检查中不能存在间隙，否则应更换球头组件。

图 5-71 衬套检查
Fig. 5-71 Inspect the Bushing

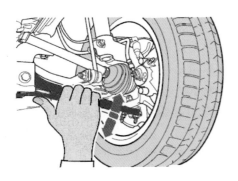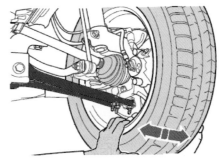

图 5-72 球头检查
Fig. 5-72 Inspect the ball head

更换方法为：拆掉车轮，松掉轮毂中的传动半轴固定螺栓，拧图 5-73(a)中的固定螺栓，拧下转向节主销固定螺母，用图 5-73(b)中的专用工具将转向节主销压出，更换新的球头组件，按照与拆卸相反的顺序将拆掉部件安装上。

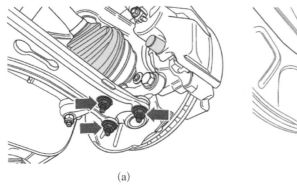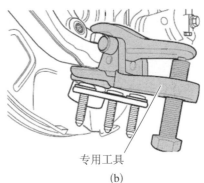

专用工具

(a)   (b)

图 5-73 更换球头
Fig. 5-73 Replace the ball head

一、选择题

1. 转向轮定位中,转向操纵轻便主要是靠_____。

　A. 主销后倾　　　　B. 主销内倾　　　　C. 前轮外倾　　　　D. 前轮前束

2. 轮胎出现单边磨损,其可能的原因是(　　)。

　A. 气压过高　　　　B. 气压过低　　　　C. 前轮外倾角失准　D. 车速太快

3. 汽车高速行驶时方向不稳、摆振的原因是_____。

　A. 前束过大　　　　　　　　　　　B. 车轮外倾角过大

　C. 主销后倾角过大　　　　　　　　D. 轮胎动不平衡

4. 前轮前束与_____配合不当时,将会造成前轮"摆头"。

　A. 主销内倾角　　　　　　　　　　B. 主销后倾角

　C. 前轮外倾角　　　　　　　　　　D. 后轮外倾角

5. 拆检轮胎,进行轮胎换位应在(　　)中进行。

　A. 日常维护　　　　B. 一级维护　　　　C. 二级维护　　　　D. 三级维护

二、判断题

1. 主销后倾角一定都是正值。　　　　　　　　　　　　　　　　　　(　　　)

2. 胎面磨损呈羽状斜面,多为前束调整不当所致。　　　　　　　　　(　　　)

3. 某些高速轿车采用超低压胎,由于轮胎气压很低,弹性大,故主销后倾角为负值。

　　　　　　　　　　　　　　　　　　　　　　　　　　　　　　　(　　　)

4. 修补轮胎通常采用胶条法。　　　　　　　　　　　　　　　　　　(　　　)

5. 前轮定位中,前束调整不当,会使汽车行驶阻力增大。　　　　　　(　　　)

三、问答题

1. 简述整体式车桥与断开式车桥各自的特点。

2. 分析转向轮定位参数各起何作用?

3. 查阅斜交胎与子午线胎在结构上有什么不同,以及各自的性能特点。

4. 简述车桥的常见耗损形式有哪些?

5. 针对某款轮胎,识别上面标记的含义。

项目六视频

悬架检修

项目
六
目

项目导入

　　悬架是汽车的车架(或承载式车身)与车桥(或车轮)之间的传力连接装置的总称,其作用是传递作用在车轮和车架之间的力和力矩,并且缓冲由不平路面传给车架或车身的冲击力,减少由此引起的振动,以保证汽车能平顺地行驶。典型的汽车悬架结构由弹性元件、减振器以及导向机构等组成,这三部分分别起缓冲、减振和力的传递作用。

　　悬架是汽车底盘系统中的一个重要总成,它把车架与车桥弹性地联系起来,涉及汽车的舒适性和操纵稳定性,因此,保持悬架系统的正常工作非常重要。

任务 1 　减振器与弹性元件检修

学习目标

1. 能够对减振器与弹性元件进行拆装;
2. 能够对减振器与弹性元件进行检修及维护;
3. 掌握悬架组成元件的结构和工作原理;
4. 熟悉悬架的功用及分类;
5. 培养良好的心理素质。

相关知识

一、悬架功用及组成

1. 悬架功用

悬架安装位置如图 6-1 所示,悬架的功用为:

（1）把路面作用于车轮上的垂直反力、纵向反力和侧向反力以及这些反力所造成的力矩传递到车架（或承载式车身）上，保证汽车的正常行驶，起传力作用；

群内回复关键词轻型车辆悬架系统
观看视频轻型车辆悬架系统

（2）利用弹性元件和减振器可以起到缓冲、减振的作用；

（3）利用悬架的某些传力构件使车轮按一定轨迹相对于车架或车身跳动，起导向和约束作用；

（4）利用悬架中的横向稳定器，防止车身在转向等行驶情况下发生过大的侧向倾斜。

1—前悬 Front suspension；
2—后悬 Rear suspension。

图 6 - 1　悬架安装位置示意图
Fig. 6 - 1　Suspension mounting position

2. 悬架的自然振动频率

悬架系统的自然振动频率与汽车的平顺性（也称舒适性）有直接关系。如果将汽车看成一个在弹性悬架上做单自由度振动的质量，则悬架固有频率为：

$$n = \frac{1}{2\pi}\sqrt{\frac{K}{M}} = \frac{1}{2\pi}\sqrt{\frac{g}{f}}$$

g—重力加速度；

f—悬架垂直变形；

M—簧载质量（悬架弹簧支撑的质量）；

K—悬架刚度（使悬架产生单位垂直压缩变形所施加于悬架上的垂直载荷，Mg/f）；

悬架频率 n 随簧载质量的变化而变化，人体所习惯的垂直方向最舒适的频率范围为 1～1.6 Hz，因此，汽车行驶过程中的振动频率最好保持在这一范围内。

通过上述公式，可以得知：

（1）在悬架所受垂直载荷一定时，悬架刚度越小，则汽车自然振动频率越低，但悬架垂直变形就越大，即车轮上下跳动所需要的空间越大。对于簧载质量大的货车，在结构上是无法保证的，故实际上货车的车身自然振动频率往往偏高，大大超过了上述理想的频率范围。

（2）当悬架刚度一定时，簧载质量越大，则悬架垂直变形越大，而自然振动频率越低，故空车行驶时的车身自然振动频率要比满载行驶时的高。簧载质量变化范围越大，则频率变化范围也越大。

为了使悬架簧载质量变化时,车身自然振动频率保持不变或变化很小,就需要将悬架刚度做成可变的,即载荷增加时,悬架刚度随之增加,如气体弹簧;有些悬架所用的弹性元件的刚度虽然是不变的,但是当安装在悬架系统上之后,可使整个悬架系统具有可变的刚度,例如空气弹簧、扭杆弹簧悬架。

3. 悬架组成

现代汽车的悬架虽有不同的结构形式,但一般都是由减振元件 1、弹性元件 2、导向机构 3 和横向稳定杆 4 组成,其基本结构如图 6-2 所示。

(1) 弹性元件——起缓冲作用;

(2) 减振元件——起减振作用;

(3) 导向机构——起传力和导向作用;

(4) 横向稳定杆——受侧向力时防止车身产生过大侧倾。

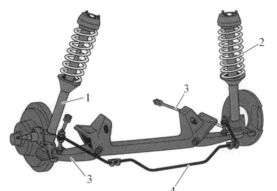

1—减振器 Shock absorber;
2—螺旋弹簧 Coil spring;
3—导向机构 Director element;
4—横向稳定杆 Stabilizer bar。

图 6-2　悬架基本结构

Fig. 6-2　Basic structure of suspension

4. 悬架的分类

汽车悬架根据不同的分类标准可分为如下类型,如图 6-3 所示。

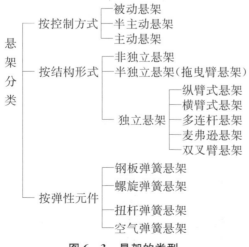

图 6-3　悬架的类型

Fig. 6-3　Types of suspension

二、减振器

汽车受到路面的冲击而产生振动时,这种振动将持续到冲击能量完全耗尽为止。为了迅速衰减车架和车身振动,在大多数悬架中装设了减振器作为减振元件。减振器和弹性元件是并联的。减振器不仅可以提高乘坐舒适性,还可以提高轮胎的方向稳定性及转向稳定性。

在汽车中广泛使用液力减振器,其基本工作原理是:当车架与车桥做往复相对运动时,减振器中的活塞在缸筒内也做往复运动,减振器壳体内的油液便反复地从一个内腔通过一些窄小的孔隙流入另一内腔。孔壁与油液间的摩擦及液体分子内的摩擦便形成对振动的阻尼力,使车身和车架的振动能量转化为热能,被油液和减振器壳体所吸收,并散到大气中。阻尼力的大小随着车架与车桥相对运动速度的增减而增减,并且与油液黏度、孔道的多少及孔道截面积等因素有关。

减振器与弹性元件承担着缓和冲击和减振的任务,阻尼力越大,振动消除得越快,但并联的弹性元件不能充分发挥作用,将使悬架弹性变小,同时过大的阻尼力会使减振器连接件损坏。因此,为调节弹性元件和减振器之间这一矛盾,对减振器性能有如下要求:

> 群内回复关键词液压减振器
> 观看视频液压减振器

在压缩行程(车桥和车架相互靠近),减振器阻尼力较小,以便充分发挥弹性元件的弹性作用,缓和冲击。这时,弹性元件起主要作用。在悬架伸张行程中(车桥和车架相互远离),减振器阻尼力增大,迅速减振。当车桥(或车轮)与车架间的相对速度过大时,要求减振器能自动加大液流量,使阻尼力始终保持在一定限度之内,以避免承受过大的冲击载荷。

减振器的分类有以下三种。

按阻尼材料:液压式减振器、气压式减振器、油气式减振器;

按内部结构:双筒式、单筒式;

按控制方式:普通机械式、连续阻尼控制式减振器(CDC 减振器)、磁流变减振器(MR 减振器)。

1. 筒式减振器

目前常用的筒式减振器是双筒式减振器,筒身是双重的构造,是汽车上最常见的减振器类型,其结构如图 6-4 所示。

在压缩行程时,指汽车车轮移近车身,减振器受压缩,此时减振器内活塞 2 向下移动。活塞下腔室的容积减少,油压升高,油液流经流通阀 3 流到活塞上面的腔室(上腔)。上腔被活塞杆占去了一部分空间,因而上腔增加的容积小于下腔减小的容积,一部分油液于是就推开压缩阀 5,流回储油缸。这些阀对油的节流形成悬架受压缩运动的阻尼力。减振器在伸张行程时,车轮相当于远离车

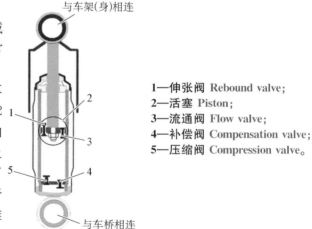

1—伸张阀 Rebound valve;
2—活塞 Piston;
3—流通阀 Flow valve;
4—补偿阀 Compensation valve;
5—压缩阀 Compression valve。

图 6-4 双筒式减振器
Fig. 6-4 Twin-tube shock absorber

身,减振器受拉伸。这时减振器的活塞向上移动。活塞上腔油压升高,流通阀 3 关闭,上腔内的油液推开伸张阀 1 流入下腔。由于活塞杆的存在,自上腔流来的油液不足以充满下腔增加的容积,使下腔产生真空度,这时储油缸中的油液推开补偿阀 4 流进下腔进行补充。

由于伸张阀弹簧的刚度和预紧力设计得大于压缩阀,在同样的压力作用下,伸张阀及相应的常通缝隙的通道截面积总和小于压缩阀及相应常通缝隙的通道截面积总和。这使得减振器的伸张行程产生的阻尼力大于压缩行程的阻尼力,达到迅速减振的要求。

2. 充气式减振器

充气式减振器结构如图 6-5 所示,其结构特点是在缸筒的下部装有一个浮动活塞,在浮动活塞与缸筒一端形成的一个密闭气室中充有高压氮气。在浮动活塞上装有大断面的 O 型密封圈,它把油和气完全分开。工作活塞上装有随其运动速度大小而改变通道截面积的压缩阀和伸张阀。

当车轮上下跳动时,减振器的工作活塞在油液中做往复运动,使工作活塞的上腔和下腔之间产生油压差,压力油便推开压缩阀和伸张阀而来回流动。由于阀对压力油产生较大的阻尼力,使振动衰减。

由于活塞杆进出而引起的缸筒容积的变化由浮动活塞的上下运动来补偿。因此,这种减振器不需储液缸筒,所以亦称单筒式减振器。

充气式减振器与双向作用筒式减振器相比具有以下优点:

① 结构大为简化,零件数约减少 15%;

② 由于减振器内充有高压气体,能有效地减少车轮受到突然冲击时产生的高频振动,且有助于消除噪声,能改善汽车的行驶平顺性和轮胎的接地性;

③ 在同样泄流的不利工作条件下,充气式减振器比双筒式减振器能更可靠地保证产生足够的阻尼力;

④ 由于内部具有高压气体和油气被浮动活塞隔开,消除了油的乳化现象。

充气式减振器对油封要求高,充气工艺复杂,不能修理,当缸筒受到外界物体的冲击而变形时,减振器就不能工作。

3. 可变阻尼式减振器

阻尼可变减振器可以自动调整悬架系统的阻尼系数,既能帮助车辆改善驾乘舒适性,又能保证车辆在行驶中的稳定性,提高车辆的主动安全性能。目前可变阻尼减振器主要有两类,一类是减振器结构可变,另一类是减振器油液可变。

(1) CDC 减振器。

CDC 减振器通过在活塞或减振器内外腔室间增加电磁阀来改变减振器动作时流体流

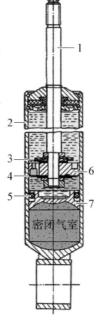

1—活塞杆 Piston rod;
2—工作缸 Operating cylinder;
3—压缩阀 Pinch valve;
4—伸张阀 Rebound valve;
5—O 型封圈 Type O ring closure;
6—工作活塞 Operating piston;
7—浮动活塞 Floating piston.

图 6-5 充气式减振器
Fig. 6-5 Gas-charged shock absorber

动的阻力,进而使减振器消耗的振动能量增加或减少,使其阻尼特性发生变化。

如图6-6所示,CDC减振器分为内外两个腔室,里面充满液压油。内外腔室的油液可以通过之间的空隙流动。而当车轮在颠簸时,减振器内的活塞会在套筒内上下移动,腔内的油液便在活塞的作用力下在内外腔室间流动。由于减振器内的油液对活塞有阻力,从而实现了减振器的减振作用。在这个过程中,内外腔室间的小孔的大小决定了减振器的阻尼特性,而CDC减振器之所以可以改变减振器的阻尼,就是通过控制两个腔室间小孔的大小

1—CDC 控制阀 CDC valve;
2—活塞腔室 Piston chamber;
3—活塞 Piston;
4—外腔室 External chamber.

图 6-6　CDC 减振器
Fig. 6-6　Continuous-damping-control shock absorber

来实现的。因为在流量一定时,小孔的大小与液压油的阻力是存在比例关系的,因此,只需通过电子控制阀门来改变孔的大小就能改变油液在内外腔室内往复的阻力,从而改变减振器的阻尼。

在实际驾驶时,CDC减振器在遇到颠簸路面时能够大大地削弱来自路面的振动和弹簧的反弹,使车身保持稳定,从理论状态来讲,CDC减振器能够做到在车轮上下剧烈抖动的时候,车身保持相对稳定。而在激烈驾驶时又能够增大悬挂的阻尼力,提供足够的支撑力,并使底盘响应更加迅速,提高车辆的操控性。

(2) MRC 减振器。

MRC(MagneRide-Controlled)减振器不同于以往依靠电磁阀体控制减振器阻尼特性的技术,它在减振器中填充的是一种叫作"磁流液"(magneto-rheological fluid)的液体,是可磁化的软铁微粒悬浮在碳氢化合物溶液中的悬浮液体,如图6-7所示。

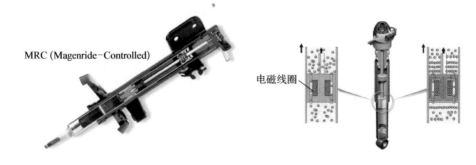

MRC (Magenride-Controlled)

电磁线圈

图 6-7　MRC 减振器
Fig. 6-7　MagneRide-controlled shock absorber

减振器活塞杆中带有电磁线圈,产生的可变磁流穿过液体。当线圈电流关闭时,磁流变液体没有磁化,软铁颗粒随机地分散在液体中,悬浮液的性能和普通的减振器油液一样。通

电后,磁场使铁颗粒沿流体方向形成纤维结构排列,悬浮液的流动性因此产生变化。结构中粒子之间结合的强度与磁场强度成正比,所以改变电流就改变阻尼性能,变化范围很宽,MRC 减振器的反馈和调整频率可以达到 1 000 次/秒。该技术广泛使用在凯迪拉克、法拉利、雪佛兰克尔维特、奥迪等品牌的高端车型、跑车及超跑车型上。

MagneRide 磁流变减振器相比传统的可变阻尼减振器具有诸多优势,首先它省去了电磁阀等多余的活动件,相对而言可靠性和耐久性更好,而且相比使用阀体机构的可变阻尼减振器,磁流变减振器的阻尼调整是无噪音的。同时,磁流变技术相比具有更宽的阻尼变化范围,在减振器活塞以很低的速度运行时,就可以提供很高的阻尼力,而且其压缩和回弹的阻尼变化范围是对称的。

三、弹性元件

为了缓和冲击,在汽车行驶系中,除了采用弹性的充气轮胎之外,在悬架中还必须装有弹性元件,使车架与车身之间形成弹性连接。

1. 钢板弹簧

钢板弹簧由若干片钢板组合在一起,由充当一个单元的金属层(称为"叶片")叠加而成。扁平长方形的钢板呈弯曲形,一端以销子安装在吊架上,另一端使用吊耳连接到大梁上,使弹簧能伸缩。钢板弹簧起初在马车上使用,直到 1985 年才在大多数美国汽车上应用,目前主要应用于一些非承载车身的硬派越野车及中大型的货车上。

钢板弹簧的种类主要有多片钢板弹簧、少片变截面弹簧、两级变刚度复式钢板弹簧、渐变刚度弹簧等。

如图 6-8 所示,钢板弹簧是由若干片等宽但不等长的合金弹簧片组合而成的一根近似等强度的弹性梁。钢板弹簧的第一片也是最长的一片为主片,其两端弯成卷耳,内装衬套,以便用弹簧销与固定在车架上的支架或吊耳做铰链连接。中心螺栓用以连接各弹簧片,并保证装配时各片的相对位置。除中心螺栓以外,还有若干个弹簧夹(亦称回弹夹)将各片弹簧连接在一起,以保证当钢板弹簧反向变形(反跳)时,各片不致互相分开,以免主片单独承载,此外,还可防止各片横向错动。弹簧夹用铆钉铆接在与之相连的最下面弹簧片的端部。钢板弹簧变形时,各片之间有相对滑动,为减少磨损,装配时各片之间需涂上较稠的润滑剂,并进行定期保养。多片式钢板弹簧可以同时起到缓冲、减振、导向和传力的作用,用于货车后悬架时可以不装减振器。

图 6-8　多片钢板弹簧
Fig. 6-8　Leaf spring

一些轻型货车和客车采用由单片或 2～3 片变厚度断面的弹簧片构成的少片变截面钢板弹簧,其弹簧片的断面尺寸沿长度方向是变化的,片宽保持不变,它可以实现汽车的轻量化。

当汽车载荷不大时,其两端上表面与铆接在车架上的副簧托架之间存在空隙而不接触,故只有主簧起作用,副簧不起作用。当汽车重载或满载时,主簧变形大,副簧与托架接触,此时主、副簧同时工作,悬架刚度随之增大。为了提高汽车的平顺性,有些轻型货车把副簧置于主簧下面,便形成渐变刚度的钢板弹簧,如图6-9所示。

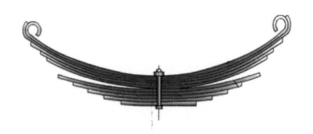

图6-9 渐变刚度钢板弹簧
Fig. 6-9 Gradual stiffness leaf spring

渐变刚度钢板弹簧的主钢板弹簧较薄,刚度小,挠度大,而副钢板弹簧较厚,刚度大,挠度小,主、副钢板弹簧通过中心螺栓叠加在一起,在两端主、副钢板弹簧之间有间隙。因此,当载荷小时,仅有主钢板弹簧起作用,而当载荷增大到一定程度时,副簧开始与主簧逐片接触,悬架刚度也随之平缓变化,从而改善了汽车行驶的平顺性。

2. 螺旋弹簧

螺旋弹簧与钢板弹簧相比,本身没有摩擦,无须润滑,不怕泥污,质量小,纵向所占空间不大,广泛应用于独立悬架。但有些轿车,其后轮非独立悬架也采用螺旋弹簧作为弹性元件。螺旋弹簧用弹簧钢棒料卷制而成,其特点是没有减振和导向功能,只能承受垂直载荷,所以在螺旋弹簧悬架中必须另外配备减振器和导向机构,前者起减振作用,后者用以传递垂直力以外的各种力和力矩,并起导向作用。

如图6-10所示,等螺距或变螺距的圆柱形或圆锥形的螺旋弹簧用弹簧钢棒卷制而成。圆柱形等螺距螺旋弹簧的刚度不可变,而圆锥形或变螺距螺旋弹簧的刚度则可以变化。

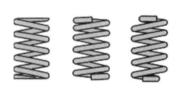   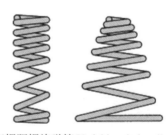

(a) 等螺距螺旋弹簧 Equal-pitch coil spring   (b) 变螺距螺旋弹簧 Variable-pitch coil spring

图6-10 螺旋弹簧
Fig. 6-10 Coil spring

3. 扭杆弹簧

如图6-11所示,扭杆弹簧本身是一根由弹簧钢制成的杆。扭杆用铬钒合金弹簧钢制成,表面经过加工后很光滑。为了保护其表面,有的采用了保护套,以防止刮伤和腐蚀。扭杆的末端有调整部件,用来调整其扭转刚度。扭杆断面通常为圆形,少数为矩形或管形。其两端形状可以做成花键、方形、六角形或带平面的圆柱形等等,以便一端固定在车架上,另一端固定在悬架的摆臂上。摆臂还与车轮相连。当车轮跳动时,摆臂便绕着扭杆轴线摆动,使扭杆产生扭转弹性变形,借以保证车轮与车架的弹性联系。

为了减少工作中所受应力,提高使用寿命,扭杆弹簧制造时预先产生一个永久变形,具有一定的预扭应力,安装时应使扭杆弹簧预先扭转的方向与工作时扭转的方向相同,因此,扭杆刻有不同的标记,左右扭杆不能互换。

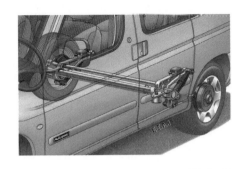
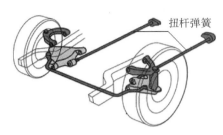

图 6-11　扭杆弹簧

Fig. 6-11　Torsion bar spring

4. 空气弹簧

空气弹簧是在一个密封的容器中充入压缩气体,利用气体可压缩性实现弹簧的作用。当作用在弹簧上的载荷增加时,容器中气压升高,弹簧刚度增大;反之,当载荷减小时,气压下降,刚度减小。空气弹簧具有理想的变刚度特性。空气弹簧只能承受垂直载荷。为了传递横向力、纵向力及其力矩,悬架中必须装横向推力杆和纵向推力杆等导向装置。

如图 6-12(左)所示,囊式空气弹簧由夹有帘线的橡胶气囊和密闭在其中的压缩空气所组成。气囊有单节和多节式,节数越多,弹性越好,但密封性越差。膜式空气弹簧如图 6-12(右)所示,膜式空气弹簧的密闭气囊由橡胶膜片和金属压制件组成。与囊式相比,其刚度较小,车身自然振动频率较低;尺寸较小,在车上便于布置,故多用于轿车。

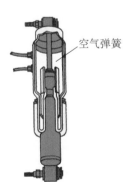

图 6-12　空气弹簧

Fig. 6-12　Air spring

5. 橡胶弹簧

橡胶弹簧利用橡胶本身的弹性起弹性元件的作用。它可以承受压缩载荷和扭转载荷,由于橡胶的内摩擦较大,橡胶弹簧还具有一定的减振能力。橡胶弹簧多用作悬架的副簧和缓冲块。

四、横向稳定杆

横向稳定杆,又称防倾杆、平衡杆,是汽车悬架中的一种辅助弹性元件,是抑制车体在转弯时产生侧倾的重要部件。如图 6 - 13 所示,横向稳定杆的两头与悬挂摇壁相连,当车体发生侧倾时横向稳定杆会顺势产生扭动,同时产生相反方向的回馈力,使车体的侧倾得到控制,因此,横向稳定杆实际上就是一根轴向扭动的杆状弹簧。

一般的量产车都会装上横向稳定杆,目的是用来达成操控与舒适的妥协。横向稳定杆通常固定在左右悬架的下臂。汽车过弯时由于离心力作用而造成车身的侧倾,导致弯内轮和弯外轮的悬架拉伸和压缩,使横向稳定杆的杆身扭转,横向稳定杆就是利用杆身被扭转而产生的反弹力来抑制车身的侧倾。

横向稳定杆

图 6 - 13　横向稳定杆
Fig. 6 - 13　Stabilizer bar

减振器会影响行车舒适性、操控性以及平顺性,刚度低时,刹车容易点头,转弯时轮胎着地性能不佳,刚度太高,舒适性较差且易损坏,进而导致车架变形,影响制动等。

一、减振器的检查

1. 检查减振器有无漏油

减振器轻微渗油属正常情况,漏油严重时,主要是由于油封磨损或损坏、沉淀破裂、压碎或螺栓松动,应更换油封、衬垫、紧固螺栓。一般减振器是不进行修理的,必须更换。

2. 检查判断减振器工作是否正常

在没有减振器性能试验台的情况下,一般凭感觉和经验来鉴别减振器的好坏。当汽车在较坏的路面上行驶一段时间后,用手触摸减振器,有温热感为正常。若不热,则表明没有阻力,已不起减振作用。如减振器发出异常的响声,则说明该减振器已经损坏,必须更换。若两个减振器温度一高一低,且相差较大,则温度低者阻力小或没有阻力,一般是缺油或阀门零件损坏等,应及时更换。

3. 减振器效能的检查

随车检查时,可以用力按下保险杠,先用力压减振器上车身部位,振动几次,松开后,若能振动两次以上,表明减振器效能未降低。拆下检查时,应固定住减振器,上下运动活塞杆时,应有一定的阻力,而且向上比向下的阻力要大一些。若阻力过大,应检查活塞杆是否弯曲;若无阻力,则表示前减振器阻尼器油液已经漏光或失效,必须更换。

二、钢板弹簧维护及检修

钢板弹簧作为载重运输车辆的弹性元件,承受着垂直载荷和抑制不平路面对车辆的冲击和振动,同时也传递着车辆纵向力和侧向力以及由此产生的力矩,保证车轮相对于车架或车身有一定的运动规律。钢板弹簧的好坏将直接影响着车辆的平顺性和操纵性,关系到燃油经济性、零件使用寿命和工作可靠性等。

车辆在不正常的使用或者是保养不完善的情况下,钢板弹簧使用时间不长,就出现损坏,属于早期损坏,主要有以下原因:

(1) 车辆经常在超载或偏载的情况下使用,钢板弹簧是根据车辆额定载重设计的,如果在车辆使用时实际载重大大地超过车辆额定载重,或者是严重偏载,钢板弹簧在工作中将产生过大的弯曲应力,使钢板弹簧的耐疲劳强度大大降低,造成钢板弹簧的早期损坏。

(2) 车辆行驶速度过高,特别是在不好的路面上高速行驶,会使钢板弹簧的变形幅度增加,频率提高,导致钢板弹簧加速疲劳而损坏。为延长钢板弹簧的使用寿命,车辆应尽量以经济车速行驶,在不好的路面上应低速行驶。

(3) 车辆经常使用紧急制动,车辆在行驶中使用紧急制动时,由于惯性的作用,使钢板弹簧尤其是前钢板弹簧承受过大弯曲应力和拉应力,当超过允许应力时就会造成钢板弹簧的折断。车辆在运行中应以中速行驶,多采用发动机的排气制动,少用紧急制动。

(4) 车辆在转弯时,车速过高。汽车转弯过急,会产生过大的离心力,会大幅度地增加外侧钢板弹簧的负荷,加速钢板弹簧的损坏。为延长钢板弹簧的使用寿命,转弯时应注意减速。

(5) 钢板弹簧的U型螺栓松动或中心螺栓松动,会使钢板弹簧主片的负荷加大,造成早期损坏。

(6) 钢板弹簧的润滑不良,减振器失效,都会造成钢板弹簧的早期损坏。平时应多注意保养、润滑。减振器失效应修理,如损坏应及时更换。

正确的维护保养方法可以提高钢板弹簧的使用寿命,避免和减少钢板弹簧早期损坏。

(1) 注重钢板弹簧的润滑。钢板弹簧在车辆的行驶过程中,钢片与钢片之间会产生强烈摩擦,造成钢板弹簧温度升高,出现表面拉伤,呈现出细小的裂纹,长久下去会造成单片或整副断裂。良好的润滑起到减少摩擦、分散应力、防止钢片表面拉伤的作用。正确的做法是车辆行驶5万公里或夏、冬两季各进行一次,将钢板弹簧拆卸润滑,加注石墨润滑脂,装复后使两个摩擦表面之间形成油膜。

(2) 平时保养时应注意U型螺栓、中心螺栓的紧固,如果损坏应及时更换,如果发现钢板弹簧断裂应该及时更换相同规格质量可靠的产品,切勿随意拼凑。

(3) 避免超载、偏载,路面状况不好时应控制车速平稳行使,转弯时要减慢车速,转弯不要过急,在行驶过程中多采用发动机的排气制动,少用紧急制动。

载重运输车辆驾驶员和维修人员应在驾驶过程中和对车辆实施维修时注意钢板弹簧,以尽量避免由于弹簧钢板的折断给车辆造成不必要的损失。

钢板弹簧装配时,应注意以下问题:

(1) 装配前,应将钢板弹簧上的污泥、铁锈等清除干净,并在各片间涂抹石墨润滑脂。

(2) 有中心孔的,其中心螺栓应按规定的力矩拧紧。

（3）钢板弹簧固定卡应按规定数量配齐。卡子内侧与钢板弹簧两侧的间隙为 0.7～1 mm，卡子套管与钢板弹簧顶面的距离为 1～3 mm，以保证各片弹簧可以自由伸张。

任务 2　被动悬架检修

1. 能够对典型悬架进行拆装；
2. 能够对典型悬架进行维护及检修；
3. 掌握不同类型悬架的性能及特点；
4. 熟悉各类悬架的应用情况；
5. 树立良好的自信心。

一、独立悬架

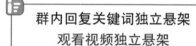
群内回复关键词独立悬架
观看视频独立悬架

1. 麦弗逊式独立悬架

麦弗逊悬架是现在非常常见的一种独立悬挂形式，大多应用在车辆的前轮。麦弗逊式悬挂的主要结构即是由螺旋弹簧加上减振器以及 A 字下摆臂组成，如图 6-14 所示。减振器可以避免螺旋弹簧受力时向前、后、左、右偏移的现象，限制弹簧只能做上下方向的振动，并且可以通过调校减振器的行程、阻尼以及搭配不同硬度的螺旋弹簧对悬挂性能进行调校。麦弗逊悬挂最大的特点就是体积比较小，有利于对比较紧凑的发动机舱进行布局。不过也正是由于结构简单，对侧向不能提供足够的支撑力，因此，转向侧倾以及刹车点头现象比较明显。

1—螺旋弹簧 Coil spring;
2—减振器 Shock absorber;
3—A 字型下控制臂 A-shaped lower control arm。

图 6-14　麦弗逊式独立悬架
Fig. 6-14　Mcpherson suspension

在麦弗逊式独立悬架中，支柱式减振器除具备减振效果外，还要担负起支撑车身的作用,所以它的结构必须紧凑且刚度足够,并且套上螺旋弹簧后还要能减振,而弹簧与减振器一起,构成了一个可以上下运动的滑柱。A字型下摆臂的作用是为车轮提供横向支撑力,并能承受来自前后方向的预应力。车辆在运动过程中,车轮所承受的所有方向的冲击力量就要靠支柱减振器和A字型下摆臂这两个部件承担。

麦弗逊式悬架在实际应用过程中,结构会做适当的演变。比如凯迪拉克XTS采用的是HiperStrut(High Performance Strut)前悬架,在不改变安装位置的前提下,HiperStrut悬挂能够替换麦弗逊式悬挂,减少了主销偏距及主销内倾角,从而使车辆转向沉稳,过弯道时轮胎附着力更好。HiperStrut前悬挂与麦弗逊式前悬挂最大的不同是轭型构件的加入,如图6-15所示。轭型构件连接了下摆臂和吸振筒芯,使得吸振筒芯不再单独承受车轮传来的侧向力,从而使整个悬挂系统拥有更好的侧向支撑能力。由于该悬架结构简单,因而在获得更好的侧向支撑及操控性能的同时也能获得类似麦弗逊式前悬挂那样的高响应性。

双球节弹簧减振支柱悬架结构也属于麦弗逊式的一个变种,相比于传统的麦弗逊悬架,宝马将其下摆臂更换成了两根独立的控制臂(双球节/双球铰)。如图6-16所示,为宝马X3前悬,其下摆臂采用了双球节设计,两根下摆臂构成了一个虚拟的主销下铰点,在转向时会跟随角度移动,从而改变主销角度,这种特性能够带来较好的转向回正力度,同时对于操控性也会有一定的提升。双球节麦弗逊式悬架的导向机构对车轮定位参数的控制更加精确,在合理的布置杆系角度后可以更好地承载侧向力。这种悬架结构良好地继承了标准版麦弗逊悬挂体积小、质量轻的优势。

图6-15　凯迪拉克 XTS HiperStrut 悬架
Fig. 6-15　HiperStrut suspension

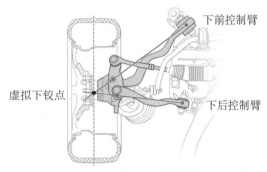

图6-16　宝马 X3 双球节弹簧减振支柱悬架
Fig. 6-16　Double ball joint suspension

2. 多连杆式独立悬架

多连杆式悬架是指由三根或三根以上连杆构成的悬挂结构,以提供多个方向的控制力,使车轮具有更加可靠的行驶轨迹。常见的有三连杆、四连杆、五连杆等。目前常用的多连杆式悬架为四连杆式或五连杆式,这两种悬架结构通常应用于前轮或者后轮。其中前悬架一般为三连杆或四连杆式,后悬架则一般为四连杆或五连杆式。

其结构如图6-17所示,主要由主控制臂、前置定位臂、后置定位臂、上臂和下臂组成,它们分别从各个方向产生作用力。当车辆进行转弯时,后车轮的位移方向正好与前转向轮相反,如果位移过大则会使车身失去稳定性,摇摆不定。此时,前后置定位臂的作用就开始显现,它们主要对后轮的前束角进行约束,使其在可控范围内;相反,由于后轮的前束角被约束在可控范围内,如果后轮外倾角过大则会使车辆的横向稳定性降低,所以在多连杆悬架中增加了对车轮上下进行约束的控制臂,一方面是更好地使车轮定位,另一方面则使悬架的可靠性和韧性进一步提高。

同时,多连杆悬挂结构能通过前后置定位臂和上下控制臂有效控制车轮的外倾角。当车轮驶过坑洼路面时,首先上下控制臂开始在可控范围摆动,以及时准确地给予车轮足够的弹跳行程,如果路面继续不平,同时车辆的速度加快,此时前后置定位臂的作用就是把车轮始终固定在一个行程范围内,同时液压减振器也会伴随上下控制臂的摆动吸收振动,而主控制臂的工作就是上下摆动配合上下控制臂使车轮保持自由弹跳,令车身始终处于相对平稳的状态。

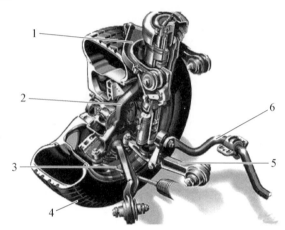

1—上控制臂 Upper control arm;
2—定位臂 Access arm;
3—转向拉杆 Tie Rod;
4—前控制臂 Front control arm;
5—下控制臂 Lower control arm;
6—稳定杆 Stabilizer bar。

图 6 - 17　多连杆式独立悬架
Fig. 6 - 17　Multi-link Suspension

因多连杆悬架具备多根连杆,并且连杆可对车轮进行多个方面作用力控制,在做车轮定位时可对车轮进行单独调整,并且多连杆悬架有很大的调校空间及改装可能性。不过多连杆悬挂由于结构复杂、成本高、零件多、组装费时,并且要达到非独立悬架的耐用度,始终需要保持连杆不变形、不移位,在材料使用和结构优化上要求更高。所以多连杆悬架是以追求优异的操控性和行驶舒适性为主要目的,并非适合所有情况。

3. 双叉臂式独立悬架

双叉臂式悬挂又称双 A 型臂式独立悬挂,如图 6 - 18 所示,其拥有上下两个叉型控制臂,横向力由两个叉臂同时吸收,支柱只承载车身重量,因此,横向刚度大。同时,上下两个 A 字形叉臂可以精确定位前轮的各种参数,前轮转弯时,上下两个叉臂能同时吸收轮胎所受的横向力,加上两叉臂的横向刚度较大,所以转弯的侧倾较小。双叉臂式悬挂通常采用上下不等长叉臂(上短下长),让车轮在上下运动时能自动改变外倾角并且减小轮距变化,减小轮胎磨损,并且能自适应路面,轮胎接地面积大,贴地性好。双叉臂式悬挂运动性出色,为法拉利、玛莎拉蒂等超级跑车所运用。

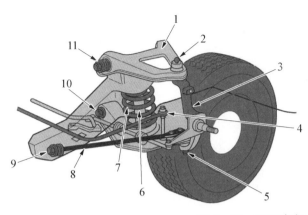

1—上控制臂 Upper control arm;
2—上球节 Upper ball joint;
3—转向节 Knuckle;
4—横向稳定杆 Stabilizer bar;
5—下球节 Lower ball joint;
6—减振器 Shock absorber;
7—螺旋弹簧 Coil spring;
8—加强杆 Strut rod;
9—加强杆衬套 Strut rod and bushing;
10—下控制臂衬套 Lower control arm;
11—上控制臂轴及衬套 Upper control arm shaft and bushings。

图 6-18　双叉臂式独立悬架
Fig. 6-18　Double wishbone suspension

优点:横向刚度大、抗侧倾性能优异、抓地性能好、路感清晰。对于定位参数的精确控制,让车轮能够很好地紧贴地面,较强的横向刚性又提供了很好的侧向支撑,对于车辆的操控性能来说,这种结构的优越性是显而易见的,广泛应用于法拉利、兰博基尼、玛莎拉蒂等超级跑车,甚至现今的 F1 赛车所使用的悬挂结构就类似于双叉臂式悬架。该结构两根三角形结构的摇臂还拥有出色的抗扭强度和横向刚性,因此,SUV 或者皮卡,如大切诺基、丰田普拉多和大众途锐等,前悬都用了双叉臂的悬挂结构。

缺点:制造成本高、悬架定位参数设定复杂,同时维修保养时的复杂程度高,在定位悬架及四轮定位时,参数也较难确定。相对于麦弗逊悬挂,它的结构更复杂,占用空间较大,成本较高,因此,并不适用于小型车前悬挂。此外,定位参数的确定需要精确计算和调校,对于制造商的技术实力要求也比较高。

图 6-19　CLS AMG 双叉臂悬架
Fig. 6-19　CLS AMG double Wishbone Suspension

图 6-20　BMW 5 系双叉臂悬架
Fig. 6-20　BMW 5 series sedan double Wishbone Suspension

二、非独立悬架

1. 钢板弹簧式非独立悬架

图 6-21 所示为钢板弹簧式非独立悬架,其结构主要由钢板弹簧和减振器组成。钢板弹簧兼起导向机构的作用,使得悬架系统大为简化,这种悬架广泛用于货车的前、后悬架。

它中部用 U 形螺栓将钢板弹簧固定在车桥上。悬架前端为固定铰链,也叫死吊耳,它由钢板弹簧销钉将钢板弹簧前端卷耳部与钢板弹簧前支架连接在一起。后端卷耳通过吊耳销与后端吊耳、吊耳架相连,后端可以自由摆动,形成活动吊耳。

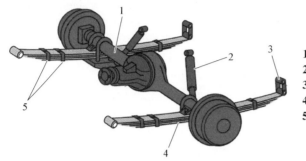

1—车桥 Axle;
2—减振器 Shock absorber;
3—吊耳 Shackle;
4—钢板弹簧 Leaf spring;
5—弹簧夹 Rebound clip。

图 6 - 21　钢板弹簧非独立悬架
Fig. 6 - 21　Leaf spring suspension

（1）一般钢板弹簧非独立悬架。

如图 6 - 22 所示,钢板弹簧中部用两个 U 形螺栓固定在前桥上。钢板弹簧的前端卷耳用钢板弹簧销与前支架相连,形成固定式铰接支点,起传力和导向作用;后端卷耳则用吊耳销与可在车架上摆动的吊耳相连,形成摆动式铰接支点。这种连接方式能使钢板弹簧变形时,两端卷耳中心线间的距离做相应改变。

为了延长弹簧的使用寿命,在两端卷耳内压入衬套,使其与钢板弹簧销滑动配合,销上钻有径向和轴向油道,通过油嘴将润滑脂注入衬套进行润滑。减振器的上下两个吊环通过橡胶衬套和连接销分别与车架上的上支架和车桥上的下支架相连接。

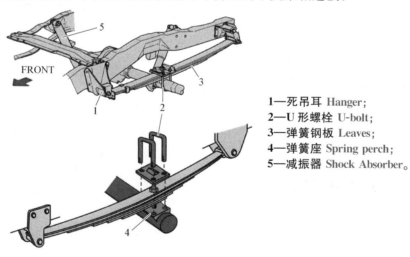

1—死吊耳 Hanger;
2—U 形螺栓 U-bolt;
3—弹簧钢板 Leaves;
4—弹簧座 Spring perch;
5—减振器 Shock Absorber。

图 6 - 22　钢板弹簧悬架
Fig. 6 - 22　Leaf spring suspension

（2）变刚度钢板弹簧非独立悬架。

如图 6 - 23 所示,为变刚度钢板弹簧非独立悬架,由主、副钢板弹簧叠合而成,是中型货车后悬架常用的结构形式。其工作过程如下:空载或装载质量小时,主簧单独工作,悬架刚度小;重载或满载时,车架相对车桥下移,使车架上副簧滑板式支座与副簧接触,主、副簧同时参加工作,悬架刚度大,保证车身振动频率不致因载荷增大而变化过大。

当货车载重较轻时,只需要使用主板簧,副簧不参与,既能满足承载需要,又能保持一定的舒适性;而当车型装载重量到了一定程度时,副簧加入工作,增加车辆的承载性能,同时也能保持轻载时的舒适性,因此,在一般的中轻卡上都会设置副板簧,如图 6‑23 所示。

1—副钢板弹簧 Auxiliary leaf;
2—U 形螺栓 U-bolt;
3—主钢板弹簧 Main leaf。

图 6‑23　变刚度钢板弹簧非独立悬架
Fig. 6‑23　Variable stiffness leaf spring suspension

目前常见的副板簧都是上置式的,如图 6‑24 所示。也有采用副簧下置式弹簧的悬架,如图 6‑25 所示,该类型悬架副簧与主簧是逐渐接触的过程,相比于普通的上置式副簧,接触过程更加柔和,相对而言,舒适性更佳。普通的副簧上置式悬架,开始时仅主簧起作用,当货物重量达到某一程度时副簧与主簧共同起作用,悬架瞬间变硬,承载性变强。

图 6‑24　副簧上置式悬架
Fig. 6‑24　upper-slung type suspension

图 6‑25　副簧下置式悬架
Fig. 6‑25　Under-slung type suspension

（3）渐变刚度钢板弹簧非独立悬架。

为了提高行驶平顺性,有的汽车采用渐变刚度钢板弹簧,其特点是副簧置于主簧的下面,渐变刚度钢板弹簧的主钢板弹簧较薄,刚度小,挠度大,而副钢板弹簧较厚,刚度大,挠度小,主、副钢板弹簧通过中心螺栓叠加在一起,在两端主、副钢板弹簧之间有间隙。因此,当载荷小时,仅有主钢板弹簧起作用,而当载荷增大到一定程度时,副簧开始与主簧逐片接触,悬架刚度也随之平缓变化,从而改善了汽车行驶的平顺性。

在使用过程中,主簧与副簧之间易存积泥垢,对悬架刚度的逐渐变化有一定影响。若在主、副簧外装上护套,则可消除此缺点。南京依维柯汽车和广州标致 504PU 型汽车的后悬架均采用此类渐变刚度钢板弹簧。

连接钢板弹簧与车桥的两个 U 形螺栓之间的距离应尽可能小,以便增加钢板弹簧的有效长度,减小弹簧应力。为此,在有的汽车悬架中将两个 U 形螺栓安装成倾斜的,使两者上端距离小于下端距离,以增加上部几片弹簧的有效工作长度。

三、半独立悬架

1. 瓦特连杆式半独立悬架

"瓦特连杆"最初是由英国发明家兼工程师詹姆斯·瓦特所发明。别克威朗采用这种结构用于扭力梁悬架上,以此来减少后轮侧向力对车轮前束的影响,也减少了在转弯时侧向力产生的离心力,使两侧车轮受力始终与路面保持最适宜的接触,达到最佳的附着力,提高了车辆的驾乘舒适性,也加强了车辆循迹性。

如图 6-26 所示,为奔驰 B 级轿车后悬瓦特连杆式半独立悬架。

瓦特连杆:这个由一套三链杆组成的连杆装置被安置在一个铝制方形封盖后方,当推力杆被从左边推动,它就向右边拉动,反之亦然。这样的话,车子的动力就在左右轮中得到了很好的平衡。当汽车在转向的时候,离心力会作用在车轮上。瓦特连杆的作用就是平衡两边车轮上的这些离心力,将这些力反转到另一边。这样,两边车轮就能始终与路面保持最适宜的接触,而汽车在转向时也就能变得更加灵活。

推力杆:在瓦特连杆机构与车轮之间起到了固定连接的作用。

扭力梁:图 6-26 中扭力梁的具体名称为"单铰接点弧形刚性桥",其保证了汽车在转向时,垂直作用力能够被平均地分配作用到两个后轮。这是通过轮轴的轻微扭曲(扭矩)来完成的,其自身的特性让这个过程成为可能。

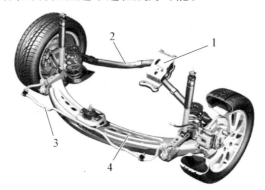

1—瓦特连杆 Watts link;
2—推力杆 Thrust link;
3—横向稳定杆 Stabilizer bar;
4—扭力梁 Axle beam。

图 6-26 瓦特连杆式半独立悬架
Fig. 6-26 Watts link suspension

弹簧与减振器:弹簧与减振器相互分离。这样的设计不仅提供了更紧凑的结构,而且还创造出额外的空间,为日后诸如安装电力驱动所用的电池留出了空隙。

配备了瓦特连杆之后,从实际的操控效果来看,完全不亚于配备普通独立悬挂的后轴车型。

2. 扭力梁式半独立悬架

扭力梁式悬挂是汽车后悬挂类型的一种,如图 6-27 所示,是通过一个扭力梁来平衡左右车轮的上下跳动,以减小车辆的摇晃,保持车辆的平稳,是半独立悬挂的一种。

其工作原理是将非独立悬挂的车轮装在一个扭力梁的两端,当一边车轮上下跳动时,会使扭力梁绕轴线跳动,从而带动另一侧车轮也相应地跳动,减小整个车身的倾斜或摇晃。由于其自身具有一定的扭转刚度,可以起到与横向稳定杆相同的作用,可增加车辆的侧倾刚度,提高车辆的侧倾稳定性。

采取这种悬挂系统的汽车一般平稳性和舒适性较差,但由于其构造较简单,承载力大,该悬挂多用于载重汽车、普通客车、小型车和一些其他特种车辆上。扭力梁式后悬架常见于发动机前置前轮驱动(FF)的车型。其外观与作动方式类似于拖曳臂式,只是在连接左右轮的下支架中间以一根粗大的梁连接,而梁的两侧拖曳臂用于为前后方向定位,整个悬架系统以拖曳臂的前端与车身连接,在梁的上方有用来作为横向定位的连杆,看起来就像 H 形。因为拖曳臂的刚性大,通常不用配置横向连

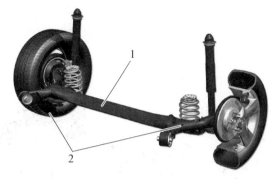

1—扭力梁 Axle beam; 2—拖曳臂 Trailing arm。

图 6-27 扭力梁式半独立悬架

Fig. 6-27 Torsion beam type suspension

杆。而在车身倾斜时由于扭力梁车轴的扭曲,会影响车轮倾角的变化。其缺陷便在于左右两侧在弹跳时会产生互相牵制,剧烈转向时甚至会发生举脚的状况,而且因为无法调整定位角度,影响了汽车的操控性。由于扭力梁式后悬架的结构简单,制造成本低,容易维修且占用车底空间较小,可降低车底盘的高度,从而增加车内空间,因而常用于小型车。

任务实施

一、悬架常见故障分析

1. 非独立悬架常见故障分析

以钢板弹簧式非独立悬架为例,其故障现象主要有钢板弹簧弹力衰退、断片和减振器失效。除增加汽车零件的冲击载荷,破坏汽车的减振性能之外,还会产生"前轮定位效应",影响汽车的操纵性能、制动过程中方向的稳定性,加剧轮胎的磨耗。

(1)钢板弹簧折断

钢板弹簧折断,尤其是主片折断,会因弹力不足等原因,使车身歪斜。前钢板弹簧一侧第一片折断时,车身在横向平面内倾斜;后钢板弹簧一侧第一片折断时,车身在纵向平面内倾斜。

(2)钢板弹簧弹力过小或刚度不一致

当某一侧的钢板弹簧由于疲劳导致弹力下降,或者更换的钢板弹簧,与原弹簧刚度不一致时,会使车身倾斜。

(3)钢板弹簧销、衬套和吊耳磨损过量

此时,会出现以下故障现象:车身倾斜(不严重);行驶跑偏;汽车行驶摆振;异响。

(4)U形螺栓松动或折断(或钢板弹簧第一片折断),此时,会由于车辆移位倾斜,导致汽车跑偏。

2. 独立悬架常见故障分析

独立悬架总成主要由螺旋弹簧、上下摆臂、横向稳定杆及减振器等组成,总成铰接点多。其常见的故障现象:异响,尤其在不平路面上转弯时;车身倾斜,如在转弯时车身过度倾斜;前轮定位参数改变;轮胎异常磨损;车辆摆振及行驶不稳等。故障原因主要有螺旋弹簧损坏或弹力不足,如图 6-28 所示;各铰接点磨损、松旷,如图 6-29 所示;减振器故障,如图 6-30 所示;稳定杆和上、下摆臂变形等。

图 6-28　螺旋弹簧损坏　　　　图 6-29　球头衬套磨损　　　　图 6-30　减振器损坏
Fig. 6-28　The damaged Spring　Fig. 6-29　Bushing wear　Fig. 6-30　Damaged rod seal

二、悬架维修

1. 转向节与轮毂的拆卸

转向节及轮毂的拆卸如图 6-31、图 6-32 所示。

(1) 将车轮固定螺母稍微拧松,从车轮前部卸下车轮固定螺母及前轮,撬起半轴螺母上的锁片,然后卸下半轴螺母,卸下制动软管螺栓。

> 群内回复关键词悬架的拆装
> 观看视频悬架的拆装

(2) 卸下卡钳紧固螺栓,将卡钳总成挂在一转向节上,拆下轮速传感器。

图 6-31　拆卸车轮　　　　　　　图 6-32　拆卸转向节
Fig. 6-31　Remove the wheel assembly　Fig. 6-32　Remove the steering knuckle

(3) 卸下制动盘固定螺栓并将制动盘顶离轮毂。从转向节上拆下制动盘。检查前轮毂是否损坏或有裂纹,从球头防护套螺母上拆下开口销并卸下螺母。将六角螺栓安装到球头节螺纹上。用专用工具使球头防护套轴从转向节臂上松开。

(4) 从球头防护套端部卸下螺母并将球头防护套从转向/悬架横臂中拉出。从下横臂球头槽形螺母上卸下开口销并拆下螺母。用专用工具从转向节上拆下球头防护套。将转向节拉出，用塑料锤轻轻敲传动轴端部，从转向节上拆下传动轴外接头，然后拆下转向节。

（5）使用专用工具与液压机将轮毂与转向节分离，从转向节上拆下簧环和防溅板。使用专用工具与液压机将车轮轴承从转向节中压出。将车轮轴承内圈从轮毂上拆下。

（6）按照拆卸的相反顺序进行安装。

2. 减振器总成的拆装及更换

（1）减振器总成的拆卸。

① 升起车辆前部，并且确认其被稳固地支撑，拆下车辆前轮，将减振器支柱总成和转向节分离，如图 6-33 所示；

② 放下汽车，拆下减振器支柱紧固螺母，如图 6-34 所示，取下减振器支柱总成，如图 6-35 所示；

图 6-33 分离减振器支柱和转向节
Fig. 6-33 Separate the strut from the steering knuckle

图 6-34 拆除上减振器支柱紧固螺栓
Fig. 6-34 Remove the upper strut retaining fasteners

③ 安装减振器支柱总成于弹簧压缩器上，如图 6-36 所示，压缩弹簧直到弹簧与上盖分离，拆除上盖螺母，如图 6-37 所示；

④ 分离减振器与弹簧，如图 6-38 所示。

图 6-35 取下减振器支柱总成
Fig. 6-35 Remove the strut assembly

图 6-36 将减振器支柱总成安装在弹簧压缩器上
Fig. 6-35 Install the assembly into a strut compressor

图 6-37　拆除弹簧压紧螺母

Fig. 6-37　Remove the strut retaining nut

图 6-38　取下减振器

Fig. 6-38　Remove the shock absorber

2. 减振器总成的安装

(1) 将减振器安装在支柱弹簧压缩器上;

(2) 除减振器紧固垫圈与自锁螺母外,将其他部件按照拆卸时的相反顺序进行组装,将减振器弹簧下底座对准;

(3) 将减振器基座装到减振器装置上,用弹簧压缩器对螺旋弹簧进行压缩;

(4) 安装减振器紧固橡胶件、减振器紧固垫圈和新的自锁螺母;

(5) 固定住减振器轴,然后拧紧自锁螺母。

注　意

自锁螺母拧紧力矩为 35 N·m,减振器支承上的螺母拧紧力矩为 60~70 N·m(桑塔纳 2 000 GS 轿车后减振器)。

3. 横向稳定杆(防倾杆/平衡杆)故障

横向稳定杆故障现象如下:

(1) 车辆在坑洼路面行驶,有"咯叽咯叽"的声音。

(2) 单边轮胎过减速带的时候有一下明显的"咯噔"声。

(3) 平坦路面行驶正常。

故障分析:根据异响出现时间分析,故障应该是出现在悬架运动不一致的时候,初步判断是横向稳定杆故障,经检查,发现其中间与车架固定的橡胶衬套老化磨损严重,松动。两端与悬挂连接的拉杆球头老化漏油松旷。

拆除一侧悬架上的球头拉杆,如图 6-39 所示,

STABILIZER BAR LINK

STABILIZER BAR

图 6-39　横向稳定杆的拆装与更换

Fig. 6-39　Replacement of stabilizer bar

进行进一步的故障确认。经路试,异响消失,确定异响来自横向稳定杆。更换拉杆球头、连接衬套,故障解决。

一、半主动悬架 SAS

半主动悬架就是通过传感器感知路面平坦情况的参数，调整悬挂系统的阻尼，稳定行车状态的装置。目前采用的半主动悬架主要是通过可调阻尼减振器实现悬架刚度的可变，其控制方法有的和主动悬架类似，是实时闭环控制的。

如图 6-40 所示，电控半主动悬架的一般工作原理是：利用传感器把汽车行驶时路面的状况和车身的状态进行检测，检测到的信号经输入接口电路处理后，传输给计算机进行处理，再通过驱动电路控制悬架系统的执行器动作，完成悬架特性参数的调整。

这种悬架系统可以通过驾驶员根据汽车行驶的路面状况来控制悬架的特性参数变化。

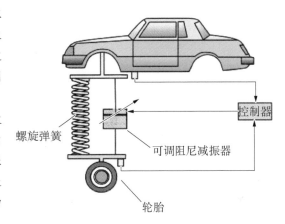

图 6-40　电控半主动悬架
Fig. 6-40　Semi-Active suspension

悬架系统性能控制的特性参数包括：减振器的阻尼力、横向稳定杆的刚度。

1. CDC 悬架系统

CDC 全称为 Continuous Damping Control，就是连续阻尼控制系统，该系统是一种半主动悬架系统，通过对每个独立车辆施加优化的阻尼力，显著提升、改善车辆的操纵稳定性、舒适性和安全性能。其系统构成如图 6-41 所示。

ZF 公司的 CDC 连续减振控制系统在奥迪、宝马、别克、凯迪拉克等品牌上都有使用，该系统根据车辆上的车身加速度传感器、车轮加速度传感器以及横向加速度传感器等传感器的数据判断车辆行驶状态（每秒钟至少可监测 100 次），由中央控制单元 ECU 进行运算，随后 ECU 对减振器上的 CDC 控制阀发出相应的指令，控制阀门的开度来提供适应当前状态的阻尼，也可以在车内由驾驶者选择预设的模式（响应特性曲线）来工作。这类系统通过使用高精度的电磁阀可以实现不同的性能要求，每秒钟反馈/调整 100 次至每秒反馈/调整 1 000 次。

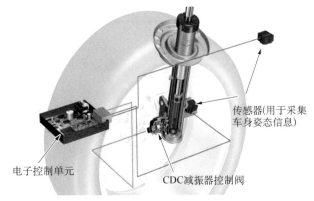

传感器(用于采集车身姿态信息)

电子控制单元

CDC减振器控制阀

图 6-41　CDC 悬架控制系统
Fig. 6-41　CDC suspension system

CDC 半主动悬架系统主要具有以下三大优势：

（1）高速切弯稳定性。CDC 系统能有效提高轮胎与地面的附着力，减少轮胎反弹，即使高速切弯，也能保持车身稳定。

（2）坑洼路面轻松行驶。在坑洼路面上，CDC 系统可自动降低悬挂刚度，吸收来自路面的振动，保持轮胎和地面有效贴合，减轻振感，确保舒适驾乘。

（3）起动更快，刹车更灵。CDC 系统能提高悬挂阻尼，能有效控制车身摆动，让车辆加速时更快地起动，同时刹车也更灵敏。

2. MRC 悬架系统

MRC 主动电磁感应悬挂系统是通用汽车率先为同级别车辆开发出的系统，它利用电极来改变减振筒内磁性粒子液体的排列形状，控制感测电脑可在一秒内连续反应 1 000 次，动作反应要比传统通过液压或者气压阀门的设计更为快速，堪称全球动作最快最先进的阻尼控制悬挂系统。如图 6-42 所示，为凯迪拉克 MRC 悬架结构。

MRC 由车载控制单元、车轮位移传感器、电磁液压杆和直筒减振器组成，在每个车轮和车身连接处都有一个车轮位移传感器，传感器与车载控制单元相连，控制单元与电磁液压杆和直筒减振器相连。

图 6-42 凯迪拉克 MRC 悬架
Fig. 6-42 Cadillac MRC suspension

当车辆行驶在崎岖不平的路面上时，车轮位移传感器会以最高每秒 1 000 次的频率探测路面，并实时将信号传送至车载控制系统，该控制系统基于 Skyhook 算法，会实时发出指令至各个减振器内的电磁线圈，通过改变电流改变磁场，电流越大，磁场越强，阻尼越大。

电磁线圈位于直筒减振器的活塞中，第三代 MRC 共有两组电磁线圈，它们产生的可变磁流将穿过磁流变液并使其产生形态变化。当电磁线圈不通电时，磁流变液不发生变化，减振器内类似"液态铁颗粒"会随机分布在液体之中，此时该液体充当的作用相当于一般减振器中的油液。

 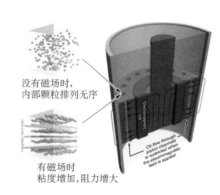

没有磁场时，
内部颗粒排列无序

有磁场时
粘度增加，阻力增大

图 6-43 MRC 悬架工作原理
Fig. 6-43 The working principles of MRC suspension

当电磁线圈通电时，在磁场的作用下，磁流变液中原本随机分布的"液态铁颗粒"会沿磁流方向相互结合，进行纤维结构排列，磁流变液因此不再保持液体状态。由于电磁线圈产生的磁场强度与"液态铁颗粒"相互之间的结合紧密度成正比，因此，通过电流的改变，可以改变磁场，进而改变磁流变液中"液态铁"的结合紧密度，最终达到改变减振器阻尼的目的，如图 6-43 所示。

二、主动悬架 ASS

装备电子控制主动悬架系统的汽车能够根据本身的负载情况、行驶状态和路面情况等，主动地调节包括悬架系统的阻尼力、汽车车身高度和行驶姿势、弹性元件的刚度在内的多项参数。这类悬架系统大多采用空气弹簧作为弹性元件，通过改变弹簧的空气压力或油液压力的方式来调节弹簧的刚度，使汽车的相关性能始终处于最佳状态。

1. 主动悬架系统的组成

如图 6-44 所示，该系统主要由空气弹簧、电子控制单元、车速传感器、G 传感器、转角传感器、节气门位置传感器、高度传感器、阻尼力转换执行器、电磁阀、空气压缩机、储气筒、空气管路和继电器等组成。

2. 主动悬架系统实现的功能

（1）减振器的阻尼力调节。主动悬架能根据汽车行驶速度和转向角度，使减振力和弹簧刚度转换为"坚硬"状态，抑制转弯期间的侧倾（使汽车转向时的姿势变化尽量小），改善汽车的操纵性。这种控制持续时间大约为 2s，然后恢复到最初减振力和弹簧刚度。

防栽头控制，主动悬架能根据汽车行驶速度、制动开关信号和汽车高度的变化，将减振力和弹簧刚度转换为"坚硬"状态，使汽车制动时的姿势变化尽量小，抑制制动期间的栽头现象。

防后坐控制，主动悬架能根据汽车速度、节气门开启角度和速度的变化，将减振力和弹簧刚度转换为"坚硬"状态，用来抑制汽车起步和急加速时汽车后部下坐。在 2 s 后或当汽车速度达到一定水平时，恢复最初的状态。

高速控制，当汽车行驶速度超过一定设置水平时，主动悬架使弹簧刚度变成"坚硬"状态，减振力变成"中等"状态，以提高汽车高速行驶时的直线行驶稳定性和操纵性能。

不平道路控制，根据道路的不平整性，主动悬架使弹簧刚度和减振力转换为"中等"或"坚硬"状态，以抑制汽车车身在悬架上下垂，从而改善汽车在不平道路上行驶时的乘坐舒适性（抑制汽车在不平道路上行驶时的颠簸，抑制汽车在不平道路上行驶时的上下跳动）。实施不平道路控制时，能分别精确地对前、后轮发令执行，当汽车行驶速度低于 10 km/h 时，不能进行调整。

（2）弹性元件刚度的调节。影响汽车乘坐的舒适性和行驶的安全性的另一个主要因素就是汽车悬架弹性元件的刚度，悬架弹性元件的刚度将直接影响车身的振动强度和对路况及车速的感应程度。

目前，中、高档汽车倾向于利用可调刚度的空气弹簧或油气弹簧，通过调节这些元件的空气压力的办法来调整弹性元件的刚度。

（3）车身高度的控制。自动高度控制，不管乘客和行李质量如何，使汽车高度始终保持一个恒定的高度。操作高度控制开关能使汽车的 H 标高度变为"正常"或"高"的状态。

高速控制，当汽车在良好路面高速行驶时，若汽车高度控制开关选择在"HIGH"上，汽车高度将自动转换为"NORM"，以提高汽车行驶时的稳定性和减少空气阻力。

点火开关 OFF 控制，当点火开关断开后，随乘客质量和行李质量变化而使汽车高度变为高于目标高度时，能使汽车高度降低到目标高度，即能改善汽车驻车时的姿势（汽车高度降低），减小空间占据量，使其更加安全。

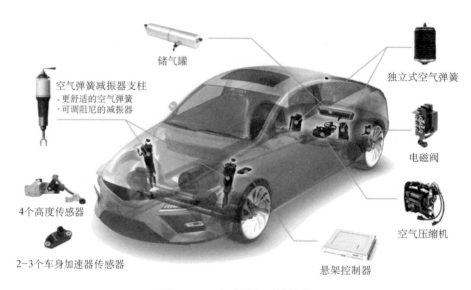

图 6 – 44　主动悬架系统结构
Fig. 6 – 44　ASS suspension

一、选择题

1. 以下弹簧中,哪一个带有减振功能(　　　)。

A. 螺旋弹簧　　　　B. 扭杆弹簧　　　　C. 钢板弹簧　　　　D. 空气弹簧

2. 安装(　　　)可使悬架的刚度成为可变的。

A. 钢板弹簧　　　　　　　　　　　B. 等螺距的螺旋弹簧

C. 空气弹簧　　　　　　　　　　　D. 扭杆弹簧

3. 下列(　　　)悬架是车轮沿主销移动的悬架。

A. 双横臂式　　　　B. 双纵臂式　　　　C. 扭力梁式　　　　D. 麦弗逊式

4. 轿车通常采用(　　　)悬架。

A. 独立　　　　　　B. 非独立　　　　　C. 平衡　　　　　　D. 非平衡

5. 独立悬架与(　　　)车桥配合。

A. 断开式　　　　　B. 整体式　　　　　C. A,B 均可　　　　D. A,B 均不可

二、判断题

1. 当悬架刚度一定时,簧载质量越大,则悬架的垂直变形越大,固有频率越高。(　　　)

2. 扭杆弹簧在安装时,其扭转的方向应与预紧力的方向相反。(　　　)

3. 减振器与弹性元件是串联安装的。(　　　)

4. 减振器在汽车行驶中变热是不正常的。(　　　)

5. 减振器在伸张行程时,阻力应尽可能小,以充分发挥弹性元件的缓冲作用。(　　　)

三、问答题

1. 分析独立悬架和非独立悬架各自的特点和应用场合。
2. 半主动电控悬架的控制机理及主要类型？
3. 分析一款车型的悬架配备情况及其特点。
4. 瓦特连杆式悬架是属于什么类型的悬架？其性能特点如何？
5. 简述钢板弹簧的维护要点。

转向系统检修

项目七视频

项目导入

汽车转向系统的功用是保证汽车能按照驾驶员的意志改变和保持汽车的行驶方向。

当汽车需要改变行驶方向时,必须使转向轮偏转一定角度,直到新的行驶方向符合驾驶员的要求时,再将转向轮恢复到直线行驶位置。这种由驾驶员操纵、转向轮偏转和回位的一整套机构,称为汽车转向系统。汽车转向系统对汽车的行驶安全至关重要,因此,出现问题要及时进行检查和维修,维修操作有严格的规范要求。

任务 1　转向器检修

学习目标

1. 能够对转向器进行检查、装配与调整;
2. 能够对转向器零件进行修复;
3. 掌握常见转向器的工作原理和结构;
4. 了解转向器分类和应用场合;
5. 培养集体荣誉感。

相关知识

一、转向系统组成及工作过程

汽车转向系按转向动力源的不同,分为机械转向系和动力转向系两大类。

148

1. 机械转向系

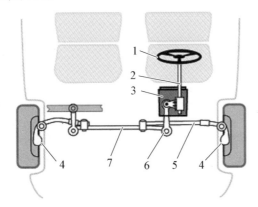

1—转向盘 Steering wheel;
2—转向柱 Steering column;
3—转向器 Steering gear;
4—转向节臂 Steering arm;
5—横拉杆 Tie rod;
6—转向摇臂 Pitman arm;
7—转向直拉杆 Drag link。

图 7－1 机械转向系
Fig. 7－1 Mechanical steering system

以驾驶员的体力作为转向动力源的转向系,由转向操纵机构、转向器和转向传动机构三大部分组成,图 7－1 为其一般布置情况示意图。

汽车转向时,驾驶员转动转向盘 1,通过转向柱 2,将转向力矩输入转向器 3。从转向盘到转向柱这一系列部件即属于转向操纵机构。经转向器减速后的运动和增大后的力矩传到转向摇臂 6,再通过转向直拉杆 7、横拉杆 5 传给固定于转向节上的转向节臂 4,使转向节及装于其上的转向轮绕主销偏转,实现汽车转向。转向摇臂、转向横拉杆、拉杆以及转向节臂总称为转向传动机构,它们之间均为球铰链连接,并形成转向梯形,其作用是在汽车转向时,使内、外转向轮按一定的规律进行偏转。

2. 动力转向系

动力转向系是兼用驾驶员体力和发动机动力作为转向动力源的转向系。动力转向系是在机械转向系的基础上加设一套转向加力装置,图 7－2 为一种液压式动力转向系示意图。其中,转向油罐 8、转向油泵 7、整体动力转向器 6 以及油管等构成转向加力的各部件。

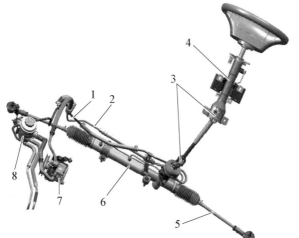

1—回油管 Return rose;
2—进油管 Pressure rose;
3—万向节 U-joint;
4—转向柱 Steering column;
5—转向横拉杆 Tie rod;
6—动力转向器 Power steering gear;
7—转向油泵 Steering pump;
8—转向油罐 Pump reservoir。

图 7－2 动力转向系
Fig. 7－2 Power steering system

驾驶员转动转向盘时,传力给转向器,与此同时,转向器输入轴还带动转向器内部的转向控制阀转动,使转向器内动力缸产生液压作用力,帮助驾驶员转向操纵,使驾驶员需要施加于转向盘上的转向力矩大大减小。在动力转向失效时,还能由驾驶员独立承担汽车转向任务。

3. 转向时车轮运动理想关系式

汽车转向时,内侧车轮和外侧车轮偏转角是不相等的。如果两轮偏转角不符合要求,会引起车轮沿路面边滚动边滑动,致使转向时的行驶阻力增大,轮胎磨损增加。为了避免这种现象,要求转向系能保证在汽车转向时,所有车轮均做纯滚动。显然,这只有在转向时,所有车轮的轴线都交于一点方能实现,此交点 O 称为汽车的转向中心(如图 7-3)。由图可见,汽车转向时内侧转向轮偏转角 β 大于外侧转向轮偏转角 α,β 与 α 的关系是:

$$\cot \alpha = \cot \beta + B/L$$

式中:B——两侧主销轴线与地面相交点之间的距离;

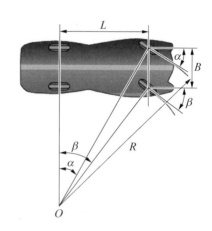

图 7-3 双轴汽车转向示意图
Fig. 7-3 Automotive steering track

L——汽车轴距。

上式也称为转向梯形理论特性关系式,这一关系是由转向梯形保证的。迄今为止,所有汽车转向梯形的设计实际上都只能保证在一定的车轮偏转角范围内,使两侧车轮偏转角大体上接近以上关系式。从转向中心 O 到外侧转向轮与地面接触点的距离 A 称为汽车转弯半径 R。转弯半径 R 愈小,汽车的机动性愈好。从图 7-3 可以看出,当外侧转向轮偏转角 α 达到最大值时,转弯半径 R 最小。轿车的最小转弯半径一般约为 7~11 m。

二、转向器

1. 转向器功用及分类

转向器是转向系中的减速增力传动装置,一般有 1~2 级减速传动副。其作用是增大由转向盘传到转向节的力,并改变力的传递方向。转向器的种类较多,一般是按转向器中传动副的结构形式分类,目前应用较广泛的有循环球式、曲柄指销式和齿轮齿条式等。

2. 转向器的构造和工作原理

(1)循环球式转向器。循环球式转向器结构的主要特点是有两级传动副,第一级是螺杆—螺母传动副,第二级是齿条—齿扇传动副。

> **群内回复关键词循环球式转向器**
> **观看视频循环球式转向器**

图 7-4 为一种循环球式转向器,转向螺杆 8 支承在两个推力球轴承 9 上,轴承的预紧度可用调整垫片 3 调整。在转向螺杆上松套着转向螺母 7。为了减少它们之间的摩擦,二者的螺纹并不直接接触,其间装有许多钢球 1,以实现滚动摩擦。螺杆和螺母的螺纹都加工成截面近似为半圆形的螺旋槽,二者的槽相配

合即形成截面近似为圆形的螺旋管状通道。螺母外有两根钢球导管 2,每根导管的两端分别插入螺母侧面的一对通孔中。导管内也装满钢球。这样,两根导管和螺母内的螺旋通道组合成两条各自独立的封闭的钢球"流道"。当转动转向螺杆时,通过钢球将力传给转向螺母,使螺母沿螺杆轴向移动。同时,由于摩擦力的作用,所有钢球使在螺杆和螺母之间的螺旋通道内滚动。钢球在螺旋通道内绕行两周后,流出螺母而进入导管的一端,再由导管的另一端流回螺母内。故在转向器工作时,两列钢球只在各自的封闭流道内循环流动而不会脱出。

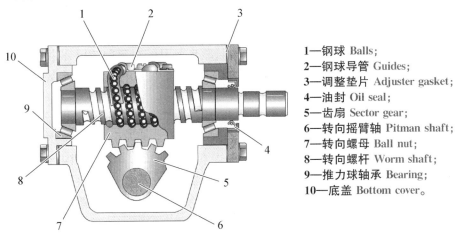

1—钢球 Balls;
2—钢球导管 Guides;
3—调整垫片 Adjuster gasket;
4—油封 Oil seal;
5—齿扇 Sector gear;
6—转向摇臂轴 Pitman shaft;
7—转向螺母 Ball nut;
8—转向螺杆 Worm shaft;
9—推力球轴承 Bearing;
10—底盖 Bottom cover。

图 7‐4 循环球式转向器
Fig. 7‐4 Recirculating ball steering gear

转向螺母下平面上加工出的齿条是倾斜的,与之相啮合的是变齿厚齿扇 5。只要使摇臂轴 6 相对于齿条做轴向移动,便可调整二者的啮合间隙。转向器的第一级传动副(转向螺杆—转向螺母)因结构所限,不能进行啮合间隙的调整,零件磨损严重时,只能更换零件。

循环球式转向器传动效率高(正效率最高可达 90%～95%),故操纵轻便,转向结束后自动回正能力强,使用寿命长。但因其逆效率也很高,故容易将路面冲击传给转向盘,不过,随着道路条件的改善,这个缺点并不明显。因此,循环球式转向器广泛用于各类各级汽车。

(2)蜗杆双指销式转向器。图 7‐5 所示为蜗杆双指销式转向器,壳体内装有传动副,其主动件是转向蜗杆 2,从动件是装在摇臂轴曲柄端部的指销 4。具有梯形截面螺纹的转向蜗杆支承在转向器壳体两端的两个向心推力球轴承 8 上。转向器下盖 6 上装有调整螺塞 5,用以调整向心推力轴承的预紧度,调整后用螺母 7 锁死。

蜗杆与两个锥形的指销相啮合,构成传动副。两个指销均用双列圆锥滚子轴承支承在曲柄上,其中靠近指销头部的一列轴承无内座,滚子直接与指销轴颈接触。装在滚动轴承上的指销可绕自身轴线旋转,以减轻蜗杆与指销啮合传动时的磨损,提高传动效率。指销轴承预紧度可以调整,以使指销能自由转动而无明显轴向间隙为宜,调整后用螺母固定,用销片将螺母锁住。

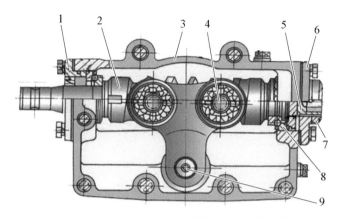

1—上盖 Bottom cover;
2—转向蜗杆 Steering worm;
3—转向器壳体 Steering gear housing;
4—指销 Pin;
5—调整螺塞 Adjuster plug;
6—下盖 Bottom cover;
7—螺母 Nut;
8—向心推力球轴承 Bearing;
9—调整螺钉 Adjuster bolt。

图 7 - 5 蜗杆双指销式转向器
Fig. 7 - 5 Crank pin steering gear

转向器侧盖上装有调整螺钉9,旋入螺钉可改变摇臂轴的轴向位置,以调整指销与蜗杆的啮合间隙,从而调整了转向盘自由行程。调整后用螺母锁紧。

转向时,转向盘带动转向蜗杆(主动件)转动,与其相啮合的指销(从动件)一边自转,一边以曲柄为半径绕摇臂轴轴线在蜗杆的螺纹槽内做圆弧运动,从而带动曲柄,进而带动转向摇臂摆动,实现汽车转向。

(3)齿轮齿条式转向器。图 7 - 6 所示为齿轮齿条式转向器,它通过转向器壳体的两端用螺栓固定在车身(车架)上。

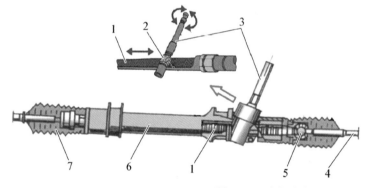

1—转向齿条 Rack;
2—转向齿轮 Pinion;
3—齿轮轴 Input shaft;
4—转向横拉杆 Tie rod;
5—球头销 Rod end;
6—转向器壳体 Steering gear housing;
7—防尘罩 Boot。

图 7 - 6 齿轮齿条式转向器
Fig. 7 - 6 Rack and pinion steering gear

齿轮轴3通过轴承垂直安装在壳体中,其上端通过花键与转向轴上的万向节相连,其下部是与轴制成一体的转向齿轮。转向齿轮2是转向器的主动件,与它相啮合的从动件转向齿条1水平布置。齿条背

群内回复关键词齿轮齿条式转向器
观看视频齿轮齿条式转向器

面装有压簧垫块,在压簧的作用下,压簧垫块将齿条压靠在齿轮上,保证二者无间隙啮合。转向齿条的两端(有的是齿条中部)与左、右转向横拉杆4连接。转动转向盘时,转向齿轮带动转向齿条沿轴向移动,从而使左、右转向横拉杆带动转向节转动,使转向轮偏转,实现汽车转向。

齿轮齿条式转向器结构简单,传动效率高,操纵轻便,质量轻;由于不需要转向摇臂和转

向直拉杆,还使转向传动机构得以简化,特别适合与前轮为烛式和麦弗逊式的独立悬架配用,因此,在轿车和轻型、微型货车上获得了广泛应用。

一、循环球转向器检修

参见图 7-7 结构。

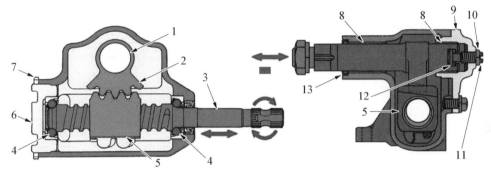

1—摇臂轴 Pitman shaft;	2—齿扇 Sector gear;	3—转向螺杆 Worm shaft;
4—螺杆轴承 Bearing;	5—转向螺母 Ball nut;	6—调整盖板 Adjuster plug;
7—调整盖板锁止螺母 Adjuster locknut;	8—衬套 Bushing;	9—侧盖 Side cover;
10—锁紧螺母 Locknut;	11—调整螺钉 Lash adjustment bolt;	12—止推垫片 Shim;
13—摇臂轴油封 Seal。		

图 7-7　循环球式转向器装配图

Fig. 7-7　Recirculating ball steering gear

1. 循环球转向器拆解

循环球式转向器除因故障、发卡或零件有损坏等原因需拆散检查外,一般不需要解体。当行驶一定里程后,需进行正常维护或因故障而需拆检时,可按以下程序进行。

(1) 在车上拆下转向器的转向摇臂和万向节叉的锁紧螺栓,将转向器总成从车上拆下,并卸下通气塞,放泄转向器内的润滑油。

(2) 将摇臂轴转到中间位置(即将转向螺杆拧到底后,再回拧 3.5 圈)。拧下侧盖的 4 个紧固螺栓,用软质锤或铜棒轻轻敲打摇臂轴端头,取出侧盖和摇臂轴(如图 7-8),应注意不要损坏油封。

图 7-8　拆下侧盖和转向臂轴

Fig. 7-8　Remove the side cover and pitman shaft

(3) 拧下转向器调整盖板锁止螺母 7 和调整盖板 6,用铜棒轻轻敲打转向螺杆的一侧,从壳体中取出转向螺杆及转向螺母总成。注意取出时别碰伤油封。

(4) 螺杆及螺母总成如无异常情况,尽量不要解体。必须解体时,先拧下 3 个固定导管夹的螺钉,拆下导管(如图 7 - 9),握住螺母,慢慢转动螺杆,排出全部钢球(如图 7 - 10)。

(a) 拆导管夹螺钉

(b) 拆下导管

图 7 - 9 拆下导管
Fig. 7 - 9 Remove the guides

图 7 - 10 排出钢球
Fig. 7 - 10 Remove the steel balls

注　意

　　两个循环道夹中的钢球不要混在一起,不要丢失。每个循环道钢球数量固定,如果螺母内留有一个钢球,螺母也不能拆下。

　　2. 循环球转向器主要零件检修

　　(1) 转向器壳体检修。

　　① 检查壳体、侧盖是否有裂纹,测量二者结合平面的平面度公差,不超过 0.10 mm。

　　② 测量摇臂轴轴承孔的公共轴线对于转向螺杆两轴承孔公共轴线的垂直度,不超过 0.06 mm,两轴线的轴心距不超过规定值 0.1 mm。修整变形时,先修整结合平面,然后更换摇臂轴衬套,在专用设备上镗削摇臂轴衬套。镗削后,检查与摇臂轴的配合间隙,不超过规定值 0.05 mm,与使用的滚针轴承的配合间隙不得大于 0.10 mm。

　　③ 壳体变形符合要求,检查摇臂轴与衬套的配合间隙,使用限度:轿车为 0.15 mm,载货汽车为 0.20 mm,如配合间隙逾限,应更换衬套,衬套与轴承孔的过盈配合为 0.051~0.110 mm。

　　(2) 转向螺杆与转向螺母检修。

　　① 检查转向螺杆与转向螺母的钢球滚道,应无疲劳磨损、划痕或压坑等耗损,钢球与滚道的配合间隙不得大于 0.10 mm。检查钢球与滚道配合间隙的方法有两种:一种是把转向螺母夹持固定后,把转向螺杆旋转到一端止点,然后检验转向螺杆另一端的摆动量,其摆动量不得大于 0.10 mm,转向螺杆的轴向窜动量也不得大于 0.10 mm。另一种是将转向螺杆和转向螺母配合副清洗干净后,把转向螺杆垂直提起,如转向螺母在重力作用下,能平稳地旋转下落,说明配合副的传动间隙合格。检测钢球直径差不得大于 0.01 mm,若钢球磨损、配合间隙超标或钢球剥落破碎,则钢球一律更换。若无其他损耗,传动副组件一般不进行拆检。

　　② 检查转向螺杆的隐伤,若产生隐伤、滚道疲劳剥落、三角键有台阶形磨损或扭曲,应更换。

　　③ 检查转向螺杆的支承轴颈,若产生疲劳磨损,会引起明显的转向盘沉重、转向迟钝,可按原厂的规定进行锥角磨削修整轴颈,然后刷镀修复。实践证明,其耐久性可达100 000 km以上。

（3）摇臂轴检修。

① 总成大修时，进行磁力探伤检验，如有裂纹应更换，不许焊修。

② 检查轴端花键，出现台阶形磨损、扭曲变形，应更换。检查端部螺纹损伤，不得超过两牙，否则进行修理或更换。

③ 检查支承轴颈磨损，如果逾限但无其他耗损可进行刷镀修复或喷焊修复。

3．循环球转向器装配与调整

（1）安装转向螺杆组件。

① 将清洗干净的转向螺母套在干净的转向螺杆上，将螺母放在螺杆滚道的一端，并将螺母滚道孔对准螺杆滚道，再将钢球由螺母滚道孔中放入（如图7-11），每个滚道约放36个钢球（如果总数为96个）。

> 群内回复关键词循环球式
> 转向器的拆装
> 观看视频循环球式转向器的拆装

② 将其余的24个钢球分装入两个导管内（如图7-12），并将导管两端涂以少量润滑脂后插入螺母的导管孔中（如图7-13），同时用木槌轻轻敲打导管，使之到位，然后用导管夹把导管压在转向螺母上，并用3个紧固螺钉紧固。

图7-11　装入钢球
Fig. 7-11　Install the steel balls

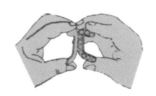

图7-12　安放钢球在导管
Fig. 7-12　Install steel bolts to the guide

③ 装配后的螺杆、螺母总成，轴向和径向间隙应不大于0.10 mm，否则应成组更换直径较大的钢球。更换的钢球装好后，用手转动螺杆，应保证螺母在螺杆滚道全长范围内转动灵活，无发卡现象。当螺杆、螺母总成处于垂直位置时，螺母应能从螺杆上端自由匀速地下落（如图7-14）。

图7-13　安装装满钢球的导管
Fig. 7-13　Install the guides

图7-14　检查配合间隙
Fig. 7-14　Check the fit clearance

④ 把向心推力球轴承外圈压入壳体轴承孔和调整盖板6孔中；同时，将轴承内圈总成压到转向螺杆的两端。

⑤ 将螺杆螺母总成放入壳体中，安装调整盖板6后，螺杆应能转动自如，无轴向间隙感觉。检查螺杆转动力矩，不带螺杆油封时，应为0.7 N·m～1.2 N·m，可以通过调整盖板6

旋入或旋出进行调整,调整完毕后用锁止螺母 7 紧固。

(2)安装摇臂轴组件。

① 调整螺栓端头放入摇臂轴 T 形槽内(如图 7-15),用厚薄规或卡尺测量其间隙,根据测得的数值,选择一个与测量值相差不大于 0.12 mm 的止推垫片放在调整螺栓上,并将调整螺栓放入 T 形槽内,然后将侧盖拧上调整螺栓。

② 摇臂衬套 8 预润滑之后,将摇臂装入壳体内;装入时,需将转向螺母放在转向螺杆滚道中间,摇臂轴齿扇的中间齿对准转向螺母的中间齿,再将摇臂轴推进壳体中,然后用螺栓将侧盖固定在壳体上。

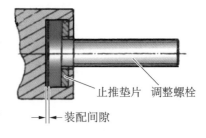

图 7-15　摇臂轴端部结构
Fig. 7-15　Pitman shaft end

③ 用专用工具装入摇臂轴油封 13。

(3)调整转向器转向间隙。

① 使转向器的传动副处于中间位置(直行位置)。

② 通过调整螺钉 11,调整转向器传动副的啮合间隙,在直行位置上应无间隙啮合。

③ 中间位置上,转向器转动力矩应为 1.7～2.3 N·m。转向器转动力矩调整合格后,按规定转矩锁紧调整螺钉。

④ 从加油孔加入齿轮油,然后拧紧通气塞。

注　意

安装摇臂时,应注意摇臂与摇臂轴二者的装配记号对正,应特别注意摇臂固定螺母应确实做到紧固、锁止可靠。装配完成后按原厂规定加注润滑油。

二、齿轮齿条式转向器检修

1. 拆卸与检修

如图 7-16 所示,拆卸分解时,应先在转向齿条端头与横拉杆连接处打上安装标记,然后,拆卸转向齿条端头,但不能碰伤转向齿条的外表面;拆下转向齿条预紧力组件后,拉住转向齿条,使齿对准转向齿轮,再拆卸转向齿轮;最后抽出转向齿条。抽出时,注意不能让转向齿条转动,防止碰伤齿面。

(1)零件出现裂纹应更换,横拉杆、齿条如在总成修理则还需进行隐伤检验;

(2)转向齿条的直线度误差不得大于 0.30 mm;

(3)齿面上无疲劳剥落及严重的磨损,若出现左右大转角转向沉重,又无法调整时应更换;

(4)更换转向齿轮轴承及油封。

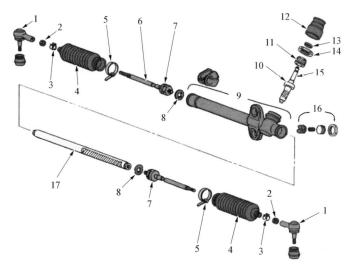

1—横拉杆外球铰接头 Outer tie rod end; 　2—锁紧螺母 Lock nut; 　3—引导夹 Boot clamp;

4—齿条防尘罩 Boot; 　5—箍带 Boot clamp; 　6—横拉杆 Tie rod;

7—横拉杆内球铰接头 Inner tie rod end; 　8—垫带夹子 Tab washer; 　9—齿条壳体 Steering gear housing;

10—轴承 Bearing; 　11—调整螺塞 Top cover; 　12—防尘罩 U-joint shield extension;

13—油封 Oil seal; 　14—固定螺母 Lock nut; 　15—转向齿轮轴 Input shaft;

16—预紧力组件 Pre-tightening force components; 　17—转向齿条 Rack。

图 7－16　齿轮齿条式机械转向器分解图

Fig. 7－16　Rack and pinion steering gear

2. 齿轮齿条式转向器装配与调整

（1）安装转向齿轮。

① 将轴承 10 压在转向齿轮轴颈上。

② 把油封 13 压入调整螺塞 11，轴承内座圈与齿端之间应装好隔圈。

> 群内回复关键词齿轮齿条式转向器拆装
> 观看视频齿轮齿条式转向器拆装

③ 将转向齿轮与轴承一起压入齿条壳体 9。

④ 装上调整螺塞及油封，并调整转向齿轮轴承紧度。齿轮的转动力矩符合原厂规定，一般约为 0.5 N·m。

⑤ 按原厂规定扭矩拧紧固定螺母 14，并装好防尘罩 12。

（2）装入转向齿条 17，安装齿条衬套，转向齿条与衬套的配合间隙不得大于 0.15 mm。

（3）装入调整齿轮齿条间隙的预紧力组件 16。

（4）调整转向齿条与转向齿轮的啮合间隙，也称为"转向齿条的预紧力"，因结构的差异，调整方法也有所不同。如图 7－17 所示的调整机构，先旋转调整螺塞 4，压缩弹簧 2，使调整螺塞与导块 1 接触，再将调整螺塞旋出 30°～60°之后，检查转向齿轮轴的转动力矩，如此重复操作，直至转向齿轮的转动力矩符合原厂规定（一般为 29.4 N·m～58.8 N·m），最后紧固锁紧螺母。

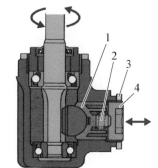

1—导块 Rack support;

2—导块压紧弹簧 Rack support sping;

3—锁紧螺母 Lock nut;

4—调整螺塞 Rack support cover。

图 7－17　预紧力调整机构

Fig. 7－17　Pinion torque adjusting device

任务2 转向传动机构与操纵机构检修

1. 能够对转向传动与操纵机构进行检查、装配与调整；
2. 能够对转向传动与操纵机构零件进行修复；
3. 掌握转向传动与操纵机构工作原理和结构；
4. 了解转向传动与操纵机构分类和应用场合；
5. 培养互帮互助精神。

一、转向传动机构

转向传动机构的作用是将转向器输出的力和运动传给转向轮，使两侧转向轮偏转以实现汽车转向。

1. 转向梯形

转向时要求内侧车轮转动角度一定要比外侧车轮的转动角度大，即要始终满足转向理想关系式。这是通过转向梯形来保证的，如图7-18所示，转向梯形的两梯形臂的延长线必须交于后轴中心上（差速器附近），但是由于轮胎的侧滑现象和悬架的弹性变形等使得实际情况偏离理想状态。

2. 与非独立悬架配用的转向传动机构

与非独立悬架配用的转向传动机构如图7-19所示，各杆件之间都采用球形铰链连接，并设有防止松脱、缓冲吸振、自动消除磨损后的间隙等的结构。当前桥仅为转向桥时，由左、右梯形臂5和转向横拉杆6组成的转向梯形一般布置在前桥之后（如图7-19(a)），称为后置式。这种布置简单方便，且后置的横拉杆6有前面的车桥做保护，以避免直接与路面障碍物相碰撞而损坏。当发动机位置较低或前桥为转向驱动桥时，往往将转向梯形布置在前桥之前（如图7-19(b)），称为前置式。若转向摇臂2不是在汽车纵向平面内前后摆动，而是在与路面平行的平面内左右摆动，则可将转向直拉杆3横向布置，并借球头销直接带动转向横拉杆6，从而使左右梯形臂5转动（如图7-19(c)）。

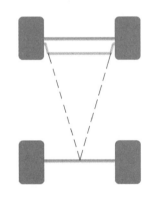

图7-18 转向梯形
Fig. 7-18 The steering trapezoid

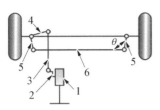

(a) 转向梯形在前桥之后

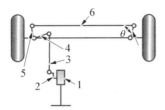

(b) 转向梯形在前桥之前

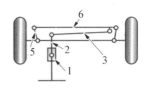

(c) 转向直拉杆横置

1—转向器 Steering gear;　　　2—转向摇臂 Pitman arm;　　　3—转向直拉杆 Drag link;
4—转向节臂 Idle arm;　　　　5—梯形臂 Steering arm;　　　　6—转向横拉杆 Tie rod。

图 7－19　与非独立悬架配用的转向传动机构示意图
Fig. 7－19　Steering transmission mechanism

（1）转向摇臂。

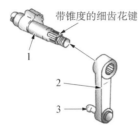

带锥度的细齿花键

1—摇臂轴 Pitman shaft;
2—摇臂 Pitman arm;
3—球头销 Ball stud。

图 7－20　转向摇臂
Fig. 7－20　Pitman arm

转向摇臂是转向器传动副与转向直拉杆之间的传动件。如图 7－20 所示,转向摇臂 2 大端具有三角细花键锥形孔,用以与转向摇臂轴 1 外端相连接,并用螺母固定;其小端带有球头销,以便与转向直拉杆做空间铰链连接。转向摇臂安装后从中间位置向两边摆动的角度应大致相等,故在把转向摇臂安装到摇臂轴上时,二者有位置要求。为此,常在摇臂大孔外端面上和摇臂轴的外端面上各刻有标记线,装配时应将标记对齐。

（2）转向直拉杆。

如图 7－21 所示,直拉杆体由两端扩大了的钢管制成,两端装有由球头销 7、球头座 2、弹簧座 4、压缩弹簧 3 和端部螺塞 1 等组成的球铰链。球头销的锥形部分与外座连接,并用螺母固定;其球头部分的两侧与两个球头座配合,在弹簧的作用下两个球头座将球头紧紧夹持住。为保证球头与座的润滑,可从油嘴注入润滑脂。

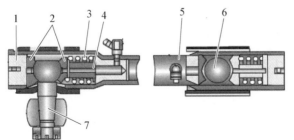

1—端部螺塞 Nut;
2—球头座 Socket;
3—压缩弹簧 Spring;
4—弹簧座 Spring seat;
5—直拉杆体 Drag link;
6—转向摇臂球头销 Ball stud;
7—球头销 Ball stud。

图 7－21　转向直拉杆
Fig. 7－21　Drag link

压缩弹簧 6 能自动消除因球头与座磨损而产生的间隙,并可缓和由转向轮经转向节臂球头销传来的向右的冲击。弹簧座的小端与球头座之间留有不大的间隙,作为弹簧缓冲的余地,并可限制缓冲时弹簧的压缩量(防止弹簧过载)。此外,当弹簧折断时此间隙可保证球头销不致从管孔中脱出。端部螺塞 1 可以调整此间隙,调整间隙的同时也调整了前弹簧的预紧度,调好后用开口销固定螺塞的位置,以防松动。

为了使转向直拉杆在受到向右或向前的冲击力时,都有一个弹簧起缓冲作用,两端的压缩弹簧应装在各自球头销的同一侧。当球头销受到向左的冲击力时,冲击力依次经前球头座、前端部螺塞、直拉杆体和后端部螺塞传给后压缩弹簧。

(3) 转向横拉杆。

图 7-22 所示,横拉杆体用钢管制成,其两端切有螺纹,一端为右旋,一端为左旋,与横拉杆接头 3 旋装连接。接头的螺纹孔壁上开有轴向切口,故具有弹性,旋

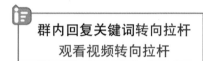

装到杆体上后可用螺栓夹紧。两端接头结构相同,如图 7-22 所示。由于横拉杆体两端是正、反螺纹,因此,在旋松夹紧螺栓以后,转动横拉杆体,即可改变转向横拉杆的总长度,从而调整转向轮前束。

在横拉杆两端的接头上都装有由球头销等零件组成的球形铰链。球头销的球头部分被夹在上、下球头座内,球头座 4 用聚甲醛制成,有较好的耐磨性,装配时上、下球头座凹凸部分互相嵌合。

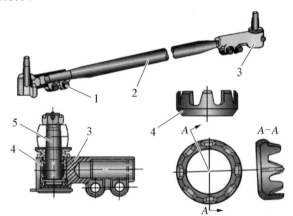

1—夹紧螺栓 Bolt;
2—横拉杆体 Tie rod;
3—横拉杆接头 Tie rod joint;
4—球头座 Socket;
5—球头销 Ball stud。

图 7-22 汽车转向横拉杆
Fig. 7-22 Tie rod

3. 与独立悬架配用的转向传动机构

当转向轮采用独立悬架时,由于每个转向轮都需要相对于车架(或车身)做独立运动,所以转向桥必须是断开式的,如图 7-23 所示。与此相应,转向传动机构中的转向梯形也必须分成两段或三段,相关连接部件均为杆件和球铰链结构。

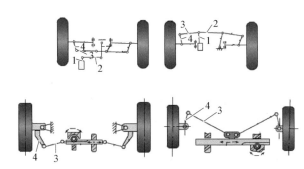

1—转向摇臂 Pitman arm；
2—转向直拉杆 Drag link；
3—转向横拉杆 Tie rod；
4—梯形臂 Steering arm。

图 7-23 与独立悬架配用的转向传动机构示意图
Fig. 7-23 Steering transmission mechanism

二、转向操纵机构

1. 转向操纵机构组成

如图 7-24 所示，为宝马轿车转向操纵机构，主要作用是操纵转向器和转向传动机构，使转向轮偏转。为了保证驾驶员的安全，同时也为了更加舒适、可靠地操纵转向系，在转向操纵机构上增设相应的安全、调节和锁止装置，这些装置主要反映在转向轴和转向柱管的结构上。为了叙述方便，将转向轴和转向柱管统称为转向柱。

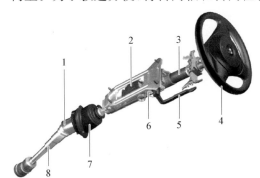

1—万向传动装置 U-joint；
2—电子转向锁 ELV；
3—安全转向柱管 Crash element；
4—转向盘 Steering wheel；
5—调节手柄 Adjusting lever；
6—转向盘调节装置 Catch for steering wheel adjustment；
7—车厢密封套 Steering sleeve；
8—转向轴 Steering shaft。

图 7-24 轿车转向操纵机构
Fig. 7-24 Steering control mechanism

2. 转向操纵机构部件

（1）转向盘。

转向盘在驾驶室内的位置与各国交通法规规定车辆靠道路的左侧还是右侧行驶有关，包括我国在内的大多数国家规定车辆右侧通行，相应地将转向盘安置在驾驶室左侧。这样，驾驶员的左方视野较广阔，有利于车辆安全交会。

转向盘组成如图 7-25 所示，轮毂孔具有细牙内花键，以此与转向轴

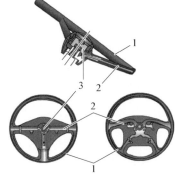

1—轮圈 Rims；
2—轮辐 Spokes；
3—轮毂 Wheel hub。

图 7-25 转向盘构造
Fig. 7-25 Steering wheel

相联。转向盘内部由成形的金属骨架构成,骨架外面一般包有柔软的合成橡胶、树脂或皮革,这样可有良好的手感,并防止打滑。

转向盘上还安装有汽车喇叭开关按钮及控制转向灯等开关以方便驾驶员操作,安全气囊通常装在转向盘中央。

转向盘在驾驶员正前方,在受冲击时非常容易与驾驶员发生猛烈碰撞。因此,在受到冲击时,转向盘内芯可变形,以吸收冲击所产生的能量,保护驾驶员。

(2)安全式转向柱管。

安全式转向柱是在转向柱上设置能量吸收装置,当汽车紧急制动或发生撞车事故时,吸收冲击能量,减轻或防止冲击对驾驶员的伤害。

群内回复关键词转向柱
观看视频转向柱

① 钢球连接式。图 7 - 26 所示为一种用钢球连接的分开式转向柱。转向轴分为上转向轴 1 和套在轴上的下转向轴 6 两部分,二者用塑料销钉 5 连成一体。转向柱管也分为上柱管 2 和下柱管 4 两部分,上、下柱管之间装有钢球,下柱管的外径与上柱管的内径之间的间隙比钢球直径稍小。上、下柱管连同柱管托架通过特制橡胶垫固定在车身上,橡胶垫则利用塑料销与断开式固定架连接。

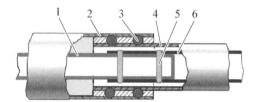

1—上转向轴 Upper steering shaft;
2—上柱管 Upper column;
3—钢球 Ball;
4—下柱管 Lower column;
5—塑料销 Plastic pin;
6—下转向轴 Lower steering shaft。

图 7 - 26 球式能量吸收机构
Fig. 7 - 26 Collapsible steering column

当汽车发生碰接时,转向器总成对转向柱施加轴向冲击力(第一次冲击),将连接上、下转向轴的塑料销钉 5 切断,下转向轴便套在上转向轴上向上滑动。在这一过程中,上转向轴和上柱管的空间位置没有因冲击而上移,故可使驾驶员免受伤害。如果驾驶员的身体因惯性撞向转向盘(第二次冲击),则固定架脱离橡胶垫,即上转向轴和上转向柱管连同转向盘、固定架一起,相对于下转向轴和下转向柱管向下滑动,从而减缓了对驾驶员胸部的冲击。在上述两次冲击过程中,上、下转向柱管之间均产生相对滑动。因为钢球的直径稍大于上、下柱管之间的间隙,所以滑动中带有对钢球的挤压,冲击能量就在这种边滑动边挤压的过程中被吸收。

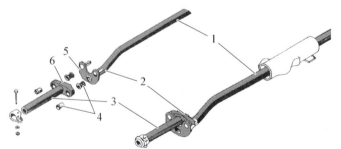

1—上转向轴 Upper steering shaft;
2—销子 Pin;
3—下转向轴 Lower steering shaft;
4—衬套 Bushing;
5—上凸缘盘 Upper flange plate;
6—下凸缘盘 Lower flange plate。

图 7 - 27 销钉式吸能装置示意图
Fig. 7 - 27 Collapsible steering column

② 销钉连接式。图 7-27 所示为一种轿车转向轴的吸能装置。转向轴分为上、下两段,中间用柔性联轴节连接。联轴节的上、下凸缘盘 5、6 靠两个销子 2 与销孔扣合在一起。销子通过衬套与销孔扣合在一起。当发生猛烈撞车时,在惯性作用下驾驶员人体向前冲,致使转向轴上的上、下凸缘盘的销子与销孔脱开,从而缓和冲击,吸收了冲击能量,减轻驾驶员的受伤程度。

③ 网格状转向柱管。如图 7-28 所示为网格状转向柱管吸能装置,当发生猛烈撞击时,冲击力超过允许值时,网格部分将被压缩,产生塑性变形,吸收冲击能量。

图 7-28 网格状转向柱吸能装置
Fig. 7-28 Collapsible steering column

（3）可调节式转向柱。

驾驶员不同的驾驶姿势和身材对转向盘的最佳操纵位置有不同的要求,而且转向盘位置也限制了驾驶员进、出汽车的方便性。为此,汽车装设了可调节式转向盘,使驾驶员可以调节转向盘倾斜角度和轴向位置。图 7-29 所示为一种转向倾斜角度调整机构,给出了两个调节的极限位置。

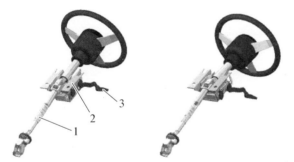

1—可伸缩管柱 Scalable columns;
2—调节装置 Tilt mechanism;
3—调整手柄 Tilt lever。

图 7-29 转向轴倾斜调整机构
Fig. 7-29 Steering wheel adjusting mechanism

一、转向传动机构部件检修

（1）用探伤法检查横、直拉杆,转向摇臂,转向节臂及球头销是否有裂纹,若发现裂纹一律更换。

（2）检查直拉杆,应无明显变形,用百分表检测直拉杆的弯曲度应符合技术标准,一般为 2.00 mm,若弯曲变形超标,应进行冷压校正。

（3）检查球头销座无剥落、裂纹现象,注塑球座无明显磨损现象,螺纹损伤不大于 2 牙,球头销锥颈小端应低于锥孔上端 1～2 mm。否则,应予更换。

（4）检查转向摇臂的花键，应无明显扭曲或金属剥落现象，转向摇臂装在摇臂轴上后，其端面应高出摇臂轴花键端面 2～5 mm。

（5）检查横拉杆应无明显变形，用百分表检测横拉杆的弯曲度大于 2.00 mm 时，应进行冷压校正。弹簧失效或折断、螺塞损坏，一律更换。

二、转向传动机构拆装

转向传动机构的拆装应按照维修手册的步骤要求进行。需要注意的是，直拉杆出现弯曲、裂纹应予更换，在拆卸拉杆球头销时，应使用专用拉器拉下球销，不得用锤子猛烈敲打，以免损坏零件。在安装横、直拉杆的球头销时，应注意加足润滑脂，将螺塞旋到底后再退回 1/4～1/2 圈。装合后球头销应转动灵活，不松旷，不卡死，达到球节转动稍有阻力，然后上好开口销。

三、前束检查与调整

前束能够补偿由于前轮外倾和行驶阻力所引起的不良后果，使两前轮运动时接近平行滚动。前束过大或过小，均会使行驶阻力增大并加速轮胎的磨损。

检查前束值一般在四轮定位仪上进行，也可利用简易工具进行检测，如前束尺和卷尺。用卷尺测量方法如下：

（1）将汽车停放在水平且硬实的路面上。

（2）使前轮处于直线行驶的位置，并向前滚动 2 m 以上。

（3）为使调整可靠准确，事先应将轮毂轴承调整好，两前轮轮胎气压应一致。

（4）将前轮架起使其正好离开地面（两轮同等高度），能转动车轮。用划针在规定的前束测量处（胎面中心线上）做上标记，两边标记离地面的高度为车前轮中心水平高度（为缩小测量误差，记号应做得精确），量出标记间的距离，再将车轮转过半圈，标记转到后面（离地面的高度同前），再量出其距离，用后边的数减去前边的数值即为前束。

调整前束值时，因汽车结构不同，其方法也不同。部分汽车可先把横拉杆两端螺母松开，用管钳旋转横拉杆进行调整。而有的汽车前束调整是通过装置在横拉杆左端的调整管进行的。

四、转向盘自由间隙检查与调整

转向盘自由间隙是指处于直线行驶位置的前轮不发生偏转的情况下，转向盘所能转过的角度。一般汽车转向盘左右自由转动量不超过 30°。如果超过这个范围，将使汽车在行驶中转向盘左右偏摆晃动。

1. 转向盘自由间隙检查

首先将汽车停在平坦的地面上，使前轮保持直线位置，将图 7－30 所示测量仪安装于转向盘上，接好电源，按下"角测"按钮。驾驶员向一个方向缓慢转动转向盘直至车轮开始摆动，停止转动转向盘，这时仪器显示出转向盘的自由转动角度，再将转向盘回正，然后再测出另一个

图 7－30　转向参数测试仪
Fig. 7－30　Steering parameter tester

方向的自由转动角度,即可得出总自由行程。

也可采用简易法,用直尺进行测量,如图 7－31 所示,操作步骤与上述基本相同。

2. **转向盘自由间隙调整**

(1) 首先检查转向盘紧固螺母,若松动,应予以紧固。再检查转向装置滑动花键部的磨损情况,若磨损过大,应更换转向传动滑动叉。

(2) 检查转向器齿轮啮合间隙是否过大,过大应予调整(参考转向器的调整内容)。

(3) 检查转向器内平面轴承或衬套间隙是否符合要求,超出则需要更换。

(4) 如图 7－32 所示,用手检查其他直、横拉杆以及转向节等连接球头,不得有松动等缺陷。

图 7－31 用直尺测量转向盘自由间隙

Fig. 7－31 Check for freeplay in the steering

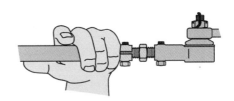

图 7－32 检查部件松动情况

Fig. 7－32 All joints should be checked

五、转向柱拆装与检查

如图 7－33 所示操纵机构,进行任务实施。

1. **转向柱拆卸**

转向柱上装有一套组合开关,包括点火开关、前风窗刮水及清洗开关、转向灯开关及远近光变光开关,因此,在拆卸前必须将蓄电池电源线断开,将转向指示灯开关放在中间位置,并使车轮处在直线行驶位置,然后按下列拆卸步骤进行。

(1) 向下按橡皮边缘,撬出喇叭盖板,拆卸喇叭按钮、安全气囊及有关接线。

(2) 拆下转向盘紧固螺母,用拉器将转向盘取下。

(3) 拆下组合开关上的螺栓,取下开关。

(4) 拆下转向柱管的固定螺钉,拆下转向柱管。

(5) 松开万向节轴与转向器轴的夹紧螺栓,使转向轴与转向器脱离。

(6) 拆下趾板和减振套,取下转向柱。

2. **转向柱检查**

检查转向柱有无弯曲、安全联轴节有无磨损或损坏、弹簧弹性是否失效,如有则应修理或更换新件。

3. **转向柱的安装**

安装应基本按拆卸的相反顺序进行,但同时应注意以下几点:

（1）车轮应处于直线行驶位置，转向灯开关应处在中间位置，才可装转向盘，否则在安装转向盘时，当分离爪齿通过螺旋线圈上的簧片时，有可能造成损坏；

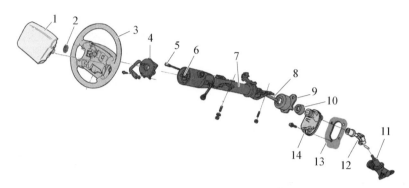

1—喇叭按钮盖板 Cover plate；　　　2—锁紧螺母 Steering wheel nut；　　　3—转向盘 Steering wheel；
4—螺旋线圈 Spiral cable；　　　5—开关手柄 Switch lever；　　　6—上转向轴 Upper steering shaft；
7—转向柱管 Column jacket；　　　8—下转向轴 Lower steering shaft；　　　9—减振座 Silencer；
10—密封圈 Seal；　　　11—转向器 Steering gear；　　　12—万向节 U-joint；
13—车厢底板 Hole in floor；　　　14—趾板 Toe plate。

图 7 - 33　轿车转向操纵机构
Fig. 7 - 33　Car steering mechanism

（2）转向柱管的固定螺栓装配时，应将螺栓拧紧至规定力矩；
（3）应更换所有的自锁螺母和螺栓，转向柱支架如有损坏，不能焊接修理，应整体更换。

汽车转向特性

　　汽车高速行驶开始转向时，因受汽车向前行驶的惯性作用，汽车会对转向产生瞬时抵抗，便产生了轮胎侧偏角，即汽车行驶方向与车轮朝向所成的夹角。车轮的侧偏角除了由轮胎的侧偏特性造成外，还由悬架的结构因素所造成，例如，悬架的刚度和几何特性等。由于侧偏角的作用，在实际转向中，驾驶员将转向盘转过一定角度后固定，保持汽车以某一稳定车速开始转向，就出现了以下的各种转向特性。

　　（1）不足转向：前轮侧偏角比后轮大，汽车偏离圆周轨迹向外运动，且转弯半径越来越大，如图7-34中的轨迹 a；

　　（2）过多转向：后轮侧偏角比前轮大，汽车偏离圆周轨迹向内运动，且转弯半径越来越小，如图7-34轨迹中的 d；

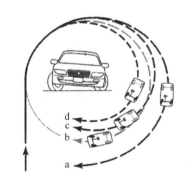

图 7 - 34　汽车转向特性示意图
Fig. 7 - 34　steering characteristics

　　（3）中性转向：前后轮侧偏角相等，汽车沿着圆周轨迹运动，如图7-34中的轨迹 b；

(4)交变转向：最初偏离轨迹向外运动，过一段时间后突然开始向内运动，如图7-34中的轨迹c。

对于不足转向，汽车转弯半径越来越大，侧向力减弱，这种运动状态和人的运动感觉一致，汽车具有自动恢复直线行驶的良好稳定性，操纵容易。因此，一般都将汽车设计成具有轻微的不足转向，在这种情况下，制动甩偏的发生会使汽车回到原来直驶的路线。中性转向虽然能较好地利用侧向力（与车轮前进方向垂直的分量），达到最大的转向速度，但却削弱了驾驶者对汽车稳定的主观感觉，无法预计汽车的制动甩尾。对于过多转向，转弯半径越来越小，这和人的运动感觉不一致，转弯时驾驶员重心向内倾斜，使驾驶员难以往回打转向盘；转向半径的急剧减少使汽车发生激转，致使操纵困难或失去操纵，甚至导致事故。但是赛车就要采用过度转向的设计，以求获得最短的转弯时间。交变转向特性只极少地应用于后置发动机式汽车。

任务3　动力转向系统检修

学习目标

1. 能够对动力转向系统的故障进行检查与排除；
2. 能够对动力转向系统的零部件进行修复；
3. 掌握动力转向系统的工作原理和结构；
4. 了解动力转向系统的分类和应用场合；
5. 培养岗位责任心。

相关知识

一、动力转向分类

动力转向系根据助力能源形式的不同可以分为液压助力、气压助力和电动助力三种类型。

电动助力转向系统是利用汽车上的直流电源驱动电动机对转向系统实施助力的。气压助力转向系统主要应用于前轴轴载质量较大并采用气压制动系统的货车和客车。特大型货车也不宜采用气压助力转向系统，因为气压系统的工作压力较低（一般不高于0.7 MPa），用于这种重型汽车上时，其部件尺寸将过于庞大。液压助力转向系统的工作压力可高达10 MPa以上，故其部件尺寸很小。液压系统工作时无噪声，工作滞后时间短，而且能吸收来自不平路面的冲击。因此，液压助力转向系统已在各类各级汽车上获得广泛应用。

二、液压助力转向系统组成与工作原理

液压转向系统由机械转向器、转向控制阀、转向动力缸、转向油泵及转向油罐等组成。按照系统内部的压力状态不同,液压助力转向系统可分为常压式和常流式两种。

常压式转向系统工作过程为汽车直线行驶时,转向控制阀处于关闭状态,转向油泵输出的高压油液充入储能器,当储能器压力增长到规定值后,油泵自动卸载空转,使储能器压力限制在规定值以下。驾驶员转动转向

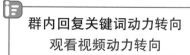

盘时,操纵转向控制阀,使之转入某一工作位置,使储能器内的高压油液流入转向动力缸,对转向施加助力。转向盘停在某一位置不动,转向控制阀便随之回到中间位置,于是转向助力终止。

常流式转向系统工作过程为汽车不转向时,转向控制阀保持开启状态,转向油泵输出的高压油液通过控制阀流入动力缸,但转向动力缸都与低压回路相通,因而不起助力作用,油泵实际上处于空转状态。当驾驶员转动转向盘时,操纵转向控制阀,使其处于相应的工作位置,转向动力缸油液流向发生变化,产生转向力。转向盘停在某位置不动,转向控制阀随即回到中间位置,使动力缸停止工作。

上述两种液压动力转向系统相比,常压式的特点在于有储能器积累液压能,因此,可以使用流量较小的转向油泵,另外,此系统在油泵不运转的情况下仍能靠储能器保持一定的转向助力作用。其缺点是元件多,结构复杂,对零件的密封性要求较高,故目前只有少数重型汽车采用。常流式的特点是结构较简单,油泵寿命较长,泄漏较少,功率消耗也较小,因此,被广泛应用于各种型式的汽车上。

三、转向控制阀

按照阀体的运动方式不同,转向控制阀分为滑阀式和转阀式两种。

1. 滑阀式转向控制阀

阀体沿轴向移动来控制油液流量的转向控制阀,称为滑阀。如图7-35所示,常流式液压助力转向系统中的滑阀,当阀芯3处于中间位置时,其两个凸棱边与阀套2的环槽形成四条缝隙。高压腔、动力缸、回油道全部相通,无助力。当阀体向右移动时,右凸棱将右外侧的缝隙堵住,左凸棱将中间的左缝隙堵住,则来自油泵的高压油经中间的右缝隙流入右转动力缸;而左转动力缸的低压油被活塞推出,经由左凸棱外侧的缝隙流回储油罐。实际上阀体移动并未将缝隙完全堵住时,一侧缝隙增大,另一侧缝隙减小,就可以在动力缸活塞两侧形成压力差,并实现助力作用。此压力差随阀体与阀套进一步的相对移动将变大。图中所示常压式液压助力转向系统中的滑阀结构,与常流式相比,它的凸棱较宽,阀芯3处于中间位置时,通向动力缸的油道都被关闭,但工作原理基本相同。

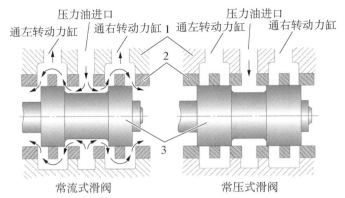

1—壳体 Gear housing;
2—阀套 Valve body;
3—阀芯 Valve piston。

常流式滑阀　　　　　　　常压式滑阀

图 7 - 35　滑阀的结构和原理
Fig. 7 - 35　Structure and principle of slide valve

2. 转阀式转向控制阀

阀体绕其轴线转动来控制油液流量的转向控制阀,称为转阀,如图 7 - 36 所示。该转阀具有 3 个互相连通的进油口,与左、右动力缸连接的通道,阀芯 2 的回油孔与储油罐相连。直行时,阀芯居中,左右动力缸均与储油罐相通,压力油短路,直接回到储油罐,因而不起助力作用;右转向时,阀体顺时针转过一个很小的角度时,来自油泵的压力油与回油孔断开,直接进入右转动力缸,产生助力;同时,左转动力缸与压力油通道断开,与回油孔保持接通,油液在活塞的推动下流回储油罐。反之,左转向,高压油进入左转动力缸,起到反方向的助力作用。

直行时　　　　　　　右转向时　　　　　　　左转向时

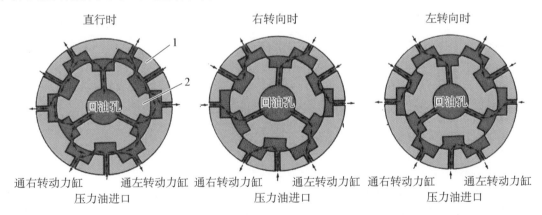

通右转动力缸　　　通左转动力缸　　通右转动力缸　　通左转动力缸　　通右转动力缸　　通左转动力缸
压力油进口　　　　　　　压力油进口　　　　　　　压力油进口

1—阀套 Valve body;　　　2—阀芯 Valve piston。
图 7 - 36　转阀工作位置示意图
Fig. 7 - 36　Structure and principle of rotary valve

四、液压动力转向系统部件

1. 整体式动力转向器

整体式动力转向器的布置方案因其结构紧凑、管路短而得到广泛应用。图 7 - 37 所示为轿车的常流式液压助力转向系统示意图,齿轮齿条式机械转向器、转向动力缸和转阀式控制阀设计成一体,构成整体式动力转向器。转向动力缸活塞 4 与转向齿条 6 制成一体,活塞将转向动力缸 5 分成左右两腔。

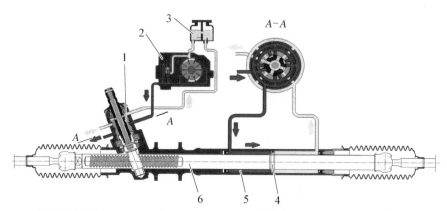

1—转向控制阀 Steering control valve;   2—转向油泵 Power steering pump;
3—转向油罐 Reservoir;   4—动力缸活塞 Piston;
5—动力缸 Working cylinder;   6—转向齿条 Rack。

图 7－37　轿车液压动力转向系统
Fig. 7－37　Hydraulic power steering system

转阀的构造如图 7－38 所示。扭杆 4 的前端用销 1 与转向齿轮连接,后端用销 5 与阀芯 3 连接,而阀芯又与转向轴的末端固定在一起,因而转向轴可通过扭杆带动转向齿轮转动。转向控制阀处于中立位置时,来自转向油泵的压力油由转阀进油口进入阀腔。由于动力缸的两腔相通,则油液经回油管路流回转向油罐,动力转向不起作用。

开始转动转向盘时,转向轴连同阀芯被顺时针转动,因为转向阻力,动力缸活塞和转向齿条暂时都不能运动,所以转向齿轮暂时也不能随转向轴转动。这样,由转向轴传来的转矩只能使扭杆产生少许扭转变形,使转向轴带动阀芯得以相对转向齿轮(即阀套)转过不大的角度,从而转阀开始工作并使动力缸右腔成为高压的进油腔,左腔则成为低压的回油腔(参见图 7－36)。作用在动力缸活塞上的向右的液压作用力帮助转向齿轮使转向齿条开始右移,转向轮开始向右偏转,同时,转向齿轮也得以与转向轴同向转动,以实现转向。

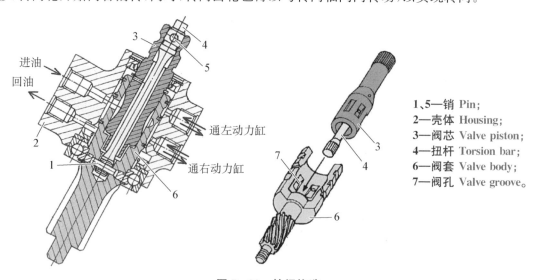

1、5—销 Pin;
2—壳体 Housing;
3—阀芯 Valve piston;
4—扭杆 Torsion bar;
6—阀套 Valve body;
7—阀孔 Valve groove。

图 7－38　转阀构造
Fig. 7－38　The rotary valve

在转动过程中,若转向盘转动的速度快,则阀体与阀芯的相对角位移量也大,左、右动力腔的油压差也相应增大,车轮偏转速度加快;若转向盘的转动速度慢,则车轮偏转的速度也慢;若转向盘转到某一位置不动,对应着车轮也转到某一相应位置上不动。这就是转向控制阀的"渐进随动原理"。

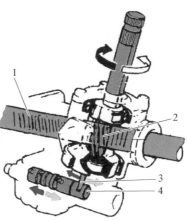

群内回复关键词动力转向工作原理
观看视频动力转向工作原理

1—转向齿条 Rack;
2—转向齿轮 Pinion;
3—滑阀拨销 Pin;
4—滑阀 Slide valve。

转向后需要回正时,只要驾驶员放松转向盘,阀芯回到中间位置,失去了助力作用,此时车轮在回正力矩的作用下自动回位,若驾驶员同时回转转向盘,转向助力器起作用,帮助车轮回正。若汽车行驶偶遇外界阻力使车轮发生偏转,则阻力矩通过转向传动机构、转向齿条齿轮作用在阀套上,使阀套阀芯产生相对角位移,动力缸产生与车轮偏转方向相反的助力作用。在此力的作用下,车轮迅速回正,保证了汽车直线行驶的稳定性。如果液压助力装置失效,该动力转向器即变成机械转向器,不过这时转向盘自由行程加大,转向沉重。

图 7 - 39　滑阀式动力转向器
Fig. 7 - 39　The power steering gear with slide valve

上述动力转向器,若转向盘逆时针转动,则扭杆、转阀阀芯的转动方向以及动力缸活塞移动的方向均与前述相反,结果转向轮向左偏转。

图 7 - 39 为滑阀式整体动力转向器,汽车转向时,利用转向齿轮轴的旋转反作用力,通过拨销 3 使滑阀左右运动。滑阀有两个槽,滑阀在油缸内运动,以决定转向油泵与动力缸、动力缸与储油罐油路的通断,使动力活塞两端产生油压差,推动动力活塞运动,起到同方向的助力作用。

2. 转向油泵

转向油泵是液压式动力转向装置的动力源,一般由发动机驱动,其作用是将输入的机械能转换为液压能输出。转向油泵有齿轮式、叶片式、转子式和柱塞式等几种形式。叶片式转向油泵具有结构紧凑、泵油压力脉动小、输油量均匀、运转平稳、性能稳定、使用寿命长等优点,现代汽车采用较多,故以下仅介绍叶片式转向油泵。

(1)叶片式转向泵的基本结构和工作原理。

图 7 - 40 所示为双作用叶片泵工作原理图,为容积式液压泵。转子 3 上开有均布槽,叶片 4 安装在转子槽内,并可在槽内滑动。定子 2 内表面由两段大半径尺寸的圆弧、两段小半径的圆弧和过渡圆弧组成腰形结构。转子和定子同圆心。转子在传动轴的带动下旋转,叶片在离心力和动压作用下紧贴定子表面,并在槽内做往复运动。相邻的叶片之间形成密封腔,其容积随转子由小到大、由大到小周期变化,当容积由小变大时形成一定真空度吸油;当容积由大变小时,压缩油液,由压油口向外供油。转子每旋转一周,每个工作腔各自吸压油两次,称双作用。双作用式叶片泵两个吸油区、两个排油区对称布置,所以作用在转子上的

油压作用力互相平衡,转子轴不受附加载荷。

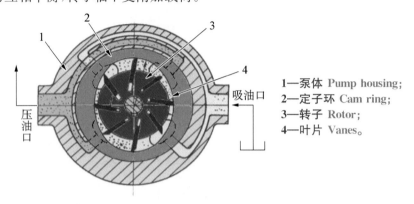

1—泵体 Pump housing;
2—定子环 Cam ring;
3—转子 Rotor;
4—叶片 Vanes。

图 7-40 双作用叶片泵工作原理
Fig. 7-40 Vane-type pump

(2) 安全阀与流量控制阀。转向油泵的输出油量随转子旋转速度(从而随发动机转速)的升高面增大。转向油泵设计时一般需保证即使在发动机怠速运转状态下,油泵的输出油量也能满足快速转向所需的动力。这样,当发动机转速高时,油泵的输出油量将过大,导致油泵消耗的功率过大和油温过高。油泵的输出油压取决于液压系统的负荷(即动力缸活塞所受的运动阻力)。输出油压过高,将导致动力缸和油泵超载而损坏其零件。为此,转向油泵装有流量控制阀和压力安全阀。

图 7-41 是一种安全-流量组合阀。

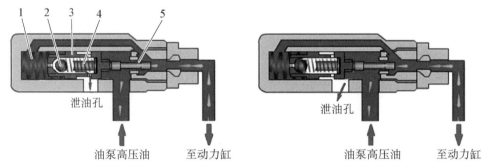

泄油孔   泄油孔

油泵高压油   至动力缸   油泵高压油   至动力缸

1—流量阀弹簧 Fluid flow limitation valve spring;   2—安全阀球阀门 Ball;
3—流量阀柱塞 Fluid flow limitation valve plunger;   4—安全阀弹簧 Pressure-limiting valve spring;
5—节流孔 Orifice。

图 7-41 安全-流量组合阀
Fig. 7-41 Fluid flow limitation valve and pressure-limiting valve

安全阀安装在流量控制阀内部,球阀门 2 及弹簧 4 所处的流量阀柱塞 3 内腔与油泵进油腔相通,球阀门左侧油腔经泵体内的油道通向节流孔外的出油口。油泵输出压力升高到规定的最高值时,球阀开启,将出油口与油泵进油腔接通,使出油口压力降低。

压差式的流量控制阀装在油泵进油腔和出油腔之间,流量控制阀柱塞 3 在弹簧 1 的作用下处于右侧极限位置。当油液以一定速度流过节流孔时,由于节流作用,节流孔右侧的出油口压力低于左侧的出油腔压力。油泵流量越大(即通过节流孔的流速越高),则节流孔内外压力差越大。当油泵流量增大到规定值时,柱塞两端压力差的作用力足以克服弹簧 1 的预紧力,并进一步压缩弹簧,将柱塞推到左侧,露出泄油孔,油液回流至油泵进油腔,因而经节流孔输出的流量便减小。流量减小到一定值以下时,节流孔内外两侧的压力差不足以平衡弹簧弹力,阀体便被弹簧推下,重新切断进油腔到出油腔的通路。这样,转向油泵的流量便被限制在规定的范围内。

3. 转向油罐

转向油罐的作用是储存、滤清并冷却液压助力转向系统的工作油液(一般是锭子油或透平油)。图 7－42 表示转向油罐的构造。由转向控制阀和转向动力缸流回来的油液,通过中心油管 5 的径向油孔流入滤芯 4 内部的空腔,经滤清后进入储液腔,准备供入转向油泵。滤芯弹簧 3 的预紧力不大,故当滤芯堵塞而回油压力略有增高时,滤芯便在液压作用下升起,让油液不经过滤清便进入储液腔,以免油泵进油不足。

1—油尺盖 Oil dipstick;
2—过滤网 Wire mesh;
3—弹簧 Spring;
4—滤芯 Filter;
5—中心油管 Tubing。

图 7－42　转向油罐
Fig. 7－42　Oil reservoir

任务实施

一、动力转向系拆检与装配

1. 动力转向器的拆卸

动力转向器从车上拆下的流程根据车型有所不同,但基本上按照以下步骤进行。

(1) 吊起车辆,排放转向液压油(ATF 润滑油)。

(2) 拆下固定横拉杆的螺母,以及转向器固定螺栓。

(3) 松开在转向控制阀外壳上的高压油管。

(4) 把车辆放下,拆卸紧固齿条与转向横拉杆的螺栓。

(5) 拆卸仪表板侧边下盖、通风管和踏板盖。

(6) 拆卸紧固转向小齿轮与转向轴的螺栓,并使各轴分开。

(7) 拆卸控制阀外壳上回油软管的泄放螺栓,拆卸后侧的转向器固定螺母。

(8) 拆下转向器。

2. 转向机构零件检修

(1) 如图 7－43 所示,动力转向器解体后各密封圈及自锁螺栓、螺母必须更换新件,不可对转向机构进行焊接和校正修复。动力缸活塞及缸筒磨损严重,皮碗损坏等,均应更换。

(2) 转向柱直线度误差应不大于 1.00 mm,横拉杆直线度误差应不大于 1.50 mm,否则更换。

(3) 接触环弹簧及横拉杆球头销弹簧失效,各橡胶、塑料衬套及防尘套老化、破裂或磨损严重,横拉杆螺纹损伤超过 2 牙,球头销磨损严重或出现裂纹等,均应更换。

(4) 转向支架变形或出现裂纹,转向器壳体破裂,主动齿轮及齿条齿面磨损严重或出现疲劳剥落,支承衬套、轴承及轴颈表面磨损严重,齿条发生弯曲变形或出现裂纹,均应更换。

(5) 阀芯与阀套都是精密零件,其公差约 0.0025 mm,并且经过严格的平衡,在拆卸中不得磕碰,以防止损伤零件表面,拆下应合理地堆放在清洁处。如果阀芯与阀套的定位孔出现裂纹、明显的磨损,阀芯在套内发卡,应更换阀体组件。动力转向器在修理时,必须更换所有的橡胶类密封元件。

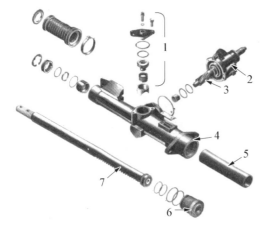

1—预紧力调整组件 Pre-tightening force components;
2—转阀 Rotary valve;
3—齿轮 Pinion;
4—转向器壳 Steering gear housing;
5—缸筒 Cylinder;
6—密封挡圈 Sealing ring;
7—齿条 Rack。

图 7 - 43 动力转向器结构
Fig. 7 - 43 Hydraulic power steering gear

3. 转向油泵检修

图 7 - 44 为油泵分解图。

① 拆解后应更换油封和橡胶类密封圈。

② 叶片与转子上的滑槽表面应无划痕、烧灼以及疲劳磨损;其配合间隙一般应不大于 0.035 mm;叶片磨损后的高度与厚度不得小于原厂规定的使用限度,否则更换叶片或总成。

③ 转子轴径向配合间隙约为 0.03～0.05 mm,间隙过大,应视情况更换轴承。

④ 转子与凸轮环的配合间隙约 0.06 mm。工作面上应光滑,无疲劳磨损和划痕等缺陷。转子与凸轮环一般为非互换性配合,若间隙过大,通常更换组件。

群内回复关键词动力转向油泵的拆装
观看视频动力转向油泵的拆装

⑤ 流量阀弹簧的弹力或自由长度应符合原厂规定,并应检修流量阀球阀的密封性,检验时,先堵塞进液孔,然后从旁通孔通入 0.39～0.49 MPa 的压缩空气,其出孔处不得漏气,否则更换流量阀。

4. 转向机构装配

转向机构的装配可按拆卸的相反顺序进行,应注意以下问题:

(1) 动力转向器安装时齿条表面应涂专用润滑脂,安装其啮合间隙补偿装置时,应使压块的槽孔对准中间顶盖,并使密封压座的厚面朝上;转向器螺杆轴承预紧力矩为 1.0～1.8 N·m。

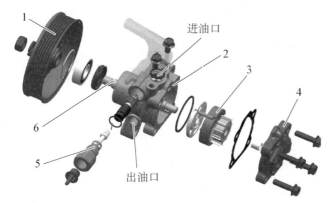

1—皮带轮 Pulley；
2—泵体 Pump housing；
3—泵油叶片组件 Vane component；
4—盖板 Cover；
5—安全流量阀 Flow and pressure valve；
6—泵轴 Shaft。

进油口

出油口

图 7－44　叶片式转向油泵
Fig. 7－44　Vane-type pump

（2）安装好转向器后，应调整齿轮齿条啮合间隙，确保无间隙啮合。调整时，车轮直行且着地，先松开补偿装置调整螺钉的锁紧螺母，然后向里拧动调整螺钉，直至齿轮与齿条的啮合间隙完全消除且转动转向盘不费力为止。最后稳定住调整螺钉，将锁紧螺母锁紧。

二、动力转向系统检查

1. 密封性检查

如果发现储油罐中缺少油液时，应检查转向系统的密封性是否完好。密封性的检查，应在热车时进行。将转向盘快速朝左、右两侧转至极限位置，并保持不动，此时可产生最佳管内压力。目测检查转向控制阀、齿条密封（松开波纹管软管夹箍，再将波纹管推至一旁）、叶轮泵、油管接头是否有漏油现象，如有渗漏应更换密封件。当转向器主动齿轮不密封时，必须更换阀体中的密封环和中间盖板上的圆形绳环。如果转向器罩壳中的齿轮齿条密封件不密封，油液可能流入波纹管套里，此时，应拆开转向机构，更换所有密封环。如油管接头漏油，应查找原因并重新接好。

2. 油液量检查与排气

（1）架起转向桥。

（2）起动发动机，直到油液温度达到正常工作时，关闭发动机，保持储油罐充满油液。把转向盘打到最左端，再到最右端，反复几次，使转向油液循环，继续添加油液直至油罐"Max"标记处。

（3）降下汽车前部，再次起动发动机，使其怠速运转，观察油液在油罐内的位置。若需要，则添加油液至"Max"处。左、右反复转动转向盘到极限位置，直至储油罐内乳白色泡沫冒出并消除乳化现象，这样可把系统中空气基本排除干净，保持油罐中充满油液。

3. 油压检查

（1）油泵工作压力检查　如图 7－45 所示，先将量程为 15 MPa 的压力表 2 接于阀体与高压软管之间，检测阀 1 保持开启，然后起动发动机，至热车正常温度，关闭检测阀，压力表的读数应在 6.8～8.2 MPa 范围内（检查时，检测阀的关闭时间不超过 5 s，以防止长时间承受高压造成漏油和损坏液压泵）。否则，应检查安全阀与流量控制阀的密封性及泵体内壁的磨损程度，并进行相应的更换。

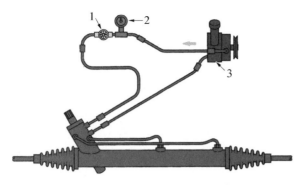

1—检测阀 Valve；
2—压力表 Pressure gauge；
3—液压泵 Pump。

图 7 - 45　动力转向系油压检查
Fig. 7 - 45　Measure both pressure and volume

（2）系统压力检查　在发动机怠速运转时，开启检测阀 1，转动转向盘到左右极限位置，压力表的读数应符合上述标准，表面系统工作压力正常。在排除液压泵的原因后，油压过低可能是系统管路有泄漏，过高可能是某部位油路发生堵塞。

4. 转向油泵皮带张紧力检查和调整

皮带轮有缺损或其他原因而丧失平衡性能之后，应更换。皮带安装后，使用如图 7 - 46 所示的皮带张紧度测量仪进行测量。

（1）完全按下手柄（球体），让挂钩咬合到皮带上。

（2）测量仪必须与皮带垂直，支脚压到皮带边上，然后释放手柄。

（3）读取指针刻度盘上的张力数值，确认张力是否正常，红色为过紧或过松区域，白色为旧皮带区域，黑色为正常使用区域，绿色为新皮带区域。

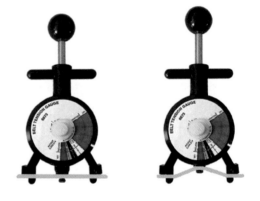

图 7 - 46　皮带张紧度测量
Fig. 7 - 46　Measure the belt tensioning

（4）测量后，按下手柄，取下测量仪。根据要求，利用张紧轮调整皮带张紧力。

或者在没有测量仪器的情况下，用手以约 100 N 的力从皮带的中间位置按下，皮带应有一定的挠度，一般新皮带的挠度约为 7～9 mm，在用皮带挠度约为 10～12 mm。

一、转向操纵力特性

汽车转向时地面对转向轮的反向阻力矩随汽车速度而变化，车速越高，转向阻力矩越小。相应地，需要驾驶员施加于转向盘的操纵力矩也随车速的升高而减小（图 7 - 47 中曲线 1）。动力转向系以固定倍率放大转向力矩，其转向操纵力-车速特性的变化趋势与机械转向系基本相同,只是所需操纵力矩大幅降低(曲线2)。

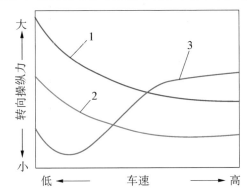

1—机械转向系操纵特性 Mechanical steering;
2—动力转向系操纵特性 Power steering;
3—理想转向操纵特性 Ideal steering characteristics。

图 7 – 47　转向操纵力-车速特性
Fig. 7 – 47　Steering characteristics of automobile

　　理想的转向操纵力特性应同时满足以下要求:汽车静止或低速行驶时,转向所需操纵力小,轻便省力;汽车中高速行驶时,所需转向操纵力稍大,增加驾驶员的"路感",提高操纵稳定性,保证高速行车时的安全(曲线3)。

　　从图中的三条曲线可以看出,一般动力转向系一定程度上解决了汽车低速转向轻便的问题,但无法保证高速时的操纵稳定性,甚至使高速转向时路感变差;同时,为了兼顾高速转向的稳定性,动力转向系又无法在汽车低速转向时提供足够的助力。

　　电子控制动力转向系根据理想的转向操纵力特性(曲线3),对动力转向系的助力进行控制,使之在停车转向时提供足够的助力,使汽车原地转向容易,随车速的增大助力逐渐减小,高速时无助力甚至适当增加转向阻力。这样就可同时保证了转向轻便和操纵稳定性的要求。

　　电子控制动力转向系主要有电控液力转向系(EHPS)和电控电动转向系(EPS)两大类。

二、电控液力转向系统

　　电控液力转向系统(EHPS)是在液力转向系的基础上,增加了一套电子控制装置的动力转向系。如图7-48所示,为速腾轿车的电控液力转向系统,在汽车直线行驶时,电动液压泵以很低的速度运转,大部分油液经转向阀流回储油罐;当转动转向盘时,转向控制单元ECU根据检测到的转角及角速度、车速、发动机转速等反馈信号,判断汽车行驶状态、转向状态,决定提供助力的大小,同时向驱动单元发出控制指令,使电动机产生相应的转速以驱动油泵,进而输出相应流量和压力的高压油。高压油经转向控制阀进入动力缸,协助驾驶员进行转向,从而获得理想的转向效果。

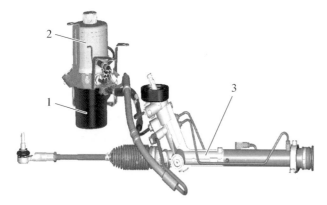

1—电动液压泵 Electrically operated pump；
2—储油罐 Reservoir；
3—转向器 Rack and pinion steering gear。

图 7 - 48　电控液力转向系(EHPS)
Fig. 7 - 48　Electro-hydraulic power steering system

三、电控电动转向系统

　　电动式动力转向系统(EPS)是一种直接依靠电机提供辅助扭矩的电动助力式转向系统。该系统仅需要控制电机电流的方向和幅值,不需要复杂的控制机构。另外,该系统由于利用微机控制,为转向系统提供了较高的自由度,同时还降低了成本和减少了质量。其基本组成为扭矩传感器、车速传感器、控制元件、电动机和减速机等。电机助力位置有转向柱助力(如图 7 - 49)和齿条助力(如图 7 - 50)。

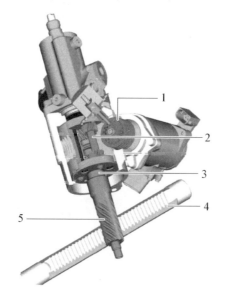

1—转向电机 Electric motor；
2—减速装置 Reduction gear；
3—转向轴 Steering shaft；
4—转向齿条 Rack；
5—转向齿轮 Pinion。

图 7 - 49　转向柱助力转向系统
Fig. 7 - 49　The electrical servo unit is installed on the steering column

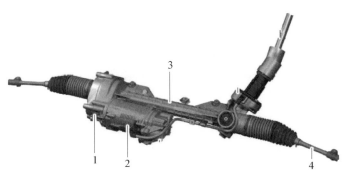

1—减速装置 Reduction gear;
2—转向电机 Electric motor;
3—齿轮齿条转向器 Steering gear;
4—横拉杆 Tie rod。

图 7-50 转向齿条助力转向系统
Fig. 7-50 The electrical servo unit is installed on the gear rack

电控电动转向系的控制原理为在操纵转向盘时,扭矩传感器根据输入力的大小产生相应的电压信号,由此检测出操纵力的大小,同时根据车速传感器产生的脉冲信号又可测出车速,再控制电动机的电流,形成适当的转向助力。同时,也可以实现更多转向功能的精确控制,如图 7-51 所示为电动转向控制框图。

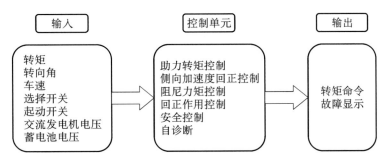

图 7-51 电动助力转向系统控制图
Fig. 7-51 Steering control system

四、四轮转向控制系统

汽车通常是通过转向盘使前轮偏转以实现转向功能,而四轮转向(4WS)则是对后轮也进行转向操纵以配合前轮转向。前后转向轮的转向控制有同向和逆向两种模式(如图 7-52),后轮的转向与前轮的转向方向相反,称为逆向控制模式,在低速转弯时,可以减小转弯半径,提高汽车的机动灵活性;后轮的转向与前轮的转向方向相同,称为同向控制模式,通常在高速转弯时实现,提高行车稳定性。

时速<60 km/h时,前后轮方向相反,转向更加灵活轻便。

时速>60 km/h时,前后轮方向相同,提高稳定性和安全性。

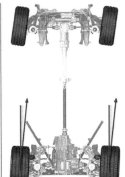

图 7-52 四轮转向系统
图 7-52 Four-wheel steering system

一、选择题

1. 汽车在转向时,受轮胎侧偏刚度的影响,前轮所形成的侧偏角会产生(　　　)的趋势。

A. 不足转向　　　　　　　　　　　B. 过度转向

C. 中性转向　　　　　　　　　　　D. 瞬时转向中心维持不变

2. 以下哪个是导致转向沉重的主要原因?(　　　)

A. 前束太小　　　B. 外倾角太大　　　C. 主销后倾角太大　D. 转向半径不正确

3. 当转动转向盘时,动力转向系统发出不正常的啸叫声,其可能原因是(　　　)。

A. 油泵失效　　　　　　　　　　　B. 油泵进油管密封不良

C. 安全阀失效　　　　　　　　　　D. 流量控制阀失效

4. 液压动力转向系统的高压油液的压力能达到(　　　)。

A. 2～4 MPa　　　B. 4～6 MPa　　　C. 8～10 MPa　　　D. 10～100 MPa

5. 电控动力转向系统不需要使用的传感器是(　　　)。

A. 车速传感器　　　B. 轮速传感器　　　C. 转向角传感器　　　D. 转向轴扭矩传感器

二、判断题

1. 机械转向系统连接部位的松动会造成转向沉重。　　　　　　　　　　　　　　　(　　　)

2. 汽车转向器的啮合间隙调整要适当,过大会影响转向力,过小会加速传动副磨损。

(　　　)

3. 转向时,油泵处出现噪声,可能是储油罐中油量不够所致。　　　　　　　　　　(　　　)

4. 电控电动式齿轮齿条转向系在发动机熄火时还能提供转向助力。　　　　　　　(　　　)

5. 四轮转向系统汽车当后轮与前轮同相位转向时,可以改善高速行驶时的操纵稳定性。　　　　　　　　　　　　　　　　　　　　　　　　　　　　　　　　　　　(　　　)

三、问答题

1. 液压动力转向系统的主要维护项目有哪些?

2. 循环球转向器装配时需要调整的内容有哪些? 如何调整?

3. 转向盘自由行程过大或过小对汽车转向操纵性能会有何影响? 国家标准规定是多少?

4. 总结电子控制动力转向系统的类型。

5. 查阅一种车型电控液压动力转向系统,并对其组成和工作原理进行说明。

制动系统检修

项目 八

项目导入

汽车常规制动系统的功用是按照需要使汽车减速或在最短距离内停车;下坡行驶时限制车速;使汽车可靠地停放在原地并保持不动。

汽车的制动性能直接影响着行车安全,制动系统的技术状况则决定了制动性能的好坏。对于一定结构的汽车,需要正常的维护以保持制动系统良好的技术状况,在行车过程中发现制动系统有故障或存在隐患,要及时查明原因并排除,以保证行车安全。

任务1 液压制动系统操纵机构检修

学习目标

1. 能够对制动系统排空气;
2. 能够对制动踏板高度进行正确检查与调整;
3. 能对制动主缸和轮缸进行检修;
4. 能对真空助力器进行检修;
5. 掌握液压制动系统的结构组成及工作原理;
6. 培养逻辑思维能力。

相关知识

一、制动系统分类及工作要求

1. 制动系统分类

制动系统按功用进行分类:

(1)行车制动系统:使行驶中的汽车降低速度甚至停车的一套专门装置。它是在行车过程中经常使用的制动装置,通常由驾驶员用脚操纵,俗称脚刹。

（2）驻车制动系统：使已停驶的汽车驻留在原地不动的一套装置。它通常由驾驶员用手进行操纵，俗称手刹。

（3）第二制动系统：在行车制动系统失效的情况下保证汽车仍能实现减速或停车的一套装置。

（4）辅助制动系统：在汽车下长坡时用以稳定车速的一套装置。

行车制动装置和驻车制动装置是每一辆汽车的制动系统都必须具备的两套独立的制动装置。

制动系统按制动能源进行分类：

（1）人力制动系统：以驾驶员的肌体作为唯一制动能源的制动系统。

（2）动力制动系统：完全依靠发动机动力转化成的气压或液压进行制动的制动系统。

（3）伺服制动系统：兼用人力和发动机动力进行制动的制动系统。按伺服能量的形式又可分为真空伺服式、气压伺服式和液压伺服式三种，其伺服能量分别为真空能（负气压能）、气压能和液压能。

按制动能源的传递方式，制动系统又可分为机械式、液压式、气压式和电磁式等。同时采用两种传能方式的制动系统可称为组合式制动系统，如气顶液制动系统。

2. 制动系统基本要求

为了保证汽车行驶安全，发挥高速行驶的能力，制动系统必须满足下列要求：

（1）制动效能好（制动距离短、制动减速度快、制动时间短）。

（2）制动时，前后车轮制动力分配合理，左右车轮上的制动力应基本相等，方向稳定性好，不跑偏、不侧滑。

（3）制动平顺性好。制动时应柔和、平稳，解除时应迅速、彻底。

（4）散热性好、操纵轻便、调整方便。这要求制动蹄摩擦片抗高温能力强，潮湿后恢复能力快，磨损后间隙能够调整，并能够防尘、防油。

二、制动系统组成及工作原理

1. 制动系统组成

制动系统的组成如图 8-1 所示，主要包含以下几个部分：

（1）供能装置：包括供给、调节制动所需能量以及改善传能介质状态的各种部件，其中产生制动能量的部分称为制动能源。人的肌体也可作为制动能源。

（2）控制装置：包括产生制动动作和控制制动效果的各种部件，如制动踏板、制动阀等。

（3）传动装置：包括将制动能量传输到制动器的各个部件，如制动主缸和制动轮缸等。

（4）制动器：产生阻碍车辆的运动或运动趋势的力（制动力）的部件。除竞赛汽车上用的缓速装置外，一般制动器均为摩擦式制动器，即利用固定元件与旋转元件工作表面的摩擦而产生的制动力矩来完成制动。

（5）附加装置：可包括制动力调节装置、报警装置、压力保护装置等。

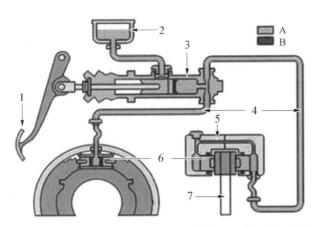

图 8 - 1　制动系统的组成
Fig. 8 - 1　Structure of braking system

1—制动踏板 Brake pedal；
2—储液罐 Fluid reservoir；
3—制动主缸 Brake master cylinder；
4—液压管道 Hydraulic pipe；
5—制动钳 Brake caliper；
6—活塞 Piston；
7—制动盘 Brake disc；
A—制动液 Brake fluid；
B—橡胶密封件 Rubber seal。

2. 制动系统工作原理

如图 8-2 所示，踩下制动踏板，制动主缸推杆向右移动，主缸活塞随之右移，活塞前端制动液被压缩进入制动分缸，两分缸活塞推动两制动蹄上端向两边张开，消除制动间隙，利用制动蹄摩擦片和制动鼓之间的摩擦作用产生制动力，阻止车轮转动，最终使汽车停下来。

群内回复关键词液压制动
系统工作原理
观看视频液压制动系统工作原理

松开制动踏板，踏板、制动主缸推杆在回位弹簧的作用下回位，主缸活塞、两制动蹄在回位弹簧的作用下也回位，压缩分缸两活塞回位，制动液回到储液罐，制动力解除。

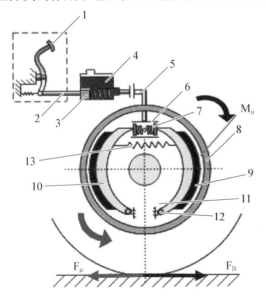

1—制动踏板 Brake pedal；
2—推杆 Push rod；
3—主缸活塞 Master cylinder piston；
4—制动主缸 Brake master cylinder；
5—油管 Oil pipe；
6—制动轮缸 Brake wheel cylinder；
7—轮缸活塞 Wheel cylinder piston；
8—制动鼓 Brake drum；
9—摩擦片 Friction disk；
10—制动蹄 Brake shoe；
11—制动底板 Brake bottom plate；
12—支承销 Lever pivot；
13—复位弹簧 Return spring；
M_μ—制动器制动力矩 Brake torque；
F_μ—车轮对地面的力 Wheel to ground force；
F_B—地面对车轮的制动力 Ground to wheel force。

图 8 - 2　制动系统的工作原理
Fig. 8 - 2　Working principle of braking system

三、液压制动传动装置管路布置形式

为了确保行车安全，现代所有汽车的行车制动系统均采用双管路制动系统。双管路液压制动传动装置利用彼此独立的双腔制动主缸,通过两套独立管路,分别控制两桥或三桥的车轮制动器。其特点是若其中一套管路发生故障而失效时,另一套管路仍能继续起制动作用,从而提高了汽车制动的可靠性和行车安全性。

双管路液压制动传动装置的布置形式有如下几种:

1. 一轴对一轴型(Ⅱ型)(如图8-3(a))

前轮制动器与后轮制动器各有一套管路,这种布置形式最为简单,可与单轮缸鼓式制动器配合使用。这种形式是发动机前置,后轮驱动汽车广泛采用的一种布置形式,但缺点是某一管路失效时,前后轴制动力分配的比值被破坏。

2. 交叉型(X型)(如图8-3(b))

前后轮对角线方向上的两个车轮共用一套管路,在任一管路失效时,剩余总制动力都能保持在正常值的50%,且前后轴制动力分配比值保持不变,有利于提高制动稳定性。这种布置形式多用于发动机前置前轮驱动的轿车上。

3. 一轴半对半轴型(HI型)(如图8-3(c))

要求每个前轮制动器有两个轮缸,每个前轮制动器的一个轮缸和全部后轮制动器的轮缸属于一套管路,其余的前轮轮缸属于另一套管路。

4. 半轴一轮对半轴一轮型(LL型)(如图8-3(d))

要求每个前轮制动器有两个轮缸,两套管路分别对每个前轮制动器的一个轮缸和一个后轮制动器轮缸起作用。任一套管路失效时,前后轮制动力比值均与正常情况相同,剩余总制动力可达正常值的80%。

5. 双半轴对双半轴型(HH型)(如图8-3(e))

要求每个制动器有两个轮缸,每套制动管路各控制每个制动器的一个轮缸。任一套管路失效时,前后轮制动力比值均与正常情况相同,剩余总制动力可达正常值的50%。

以上五种布置形式,由于HI、LL、HH型布置形式复杂,应用较少。应用最为广泛的是Ⅱ型和X型。

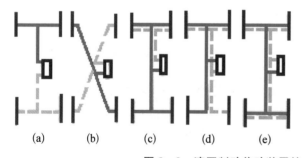

(a) 一轴对一轴型 Ⅱ - type;
(b) 交叉型 X - type;
(c) 一轴半对半轴型 HI - type;
(d) 半轴一轮对半轴一轮型 LL - type;
(e) 双半轴对双半轴型 HH - type。

图8-3 液压制动传动装置的管路布置形式
Fig. 8-3 Pipeline layout of hydraulic braking transmission device

四、真空助力液压制动系统工作原理

如图8-4所示,驾驶员踩下制动踏板时,在真空助力器的加力作用下,制动主缸的制动液经加压后沿图中实线管路先进入右前、左后制动器,随后,再经虚线管路进入左前、右后制动器,使各车轮制动器工作,产生制动力,使汽车减速甚至停车。

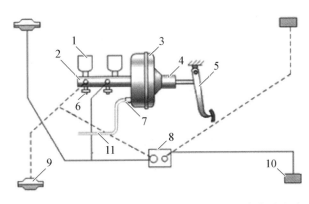

1—储液罐 Fluid reservoir;
2—制动主缸 Brake master cylinder;
3—真空助力器 Vacuum booster;
4—控制阀 Control valve;
5—制动踏板 Brake pedal;
6—制动信号灯液压开关 Brake signal lamp hydraulic switch;
7—真空单向阀 Vacuum one-way valve;
8—感载比例阀 Load sensing valve;
9—左前轮缸 Left front wheel cylinder;
10—左后轮缸 Left rear wheel cylinder;
11—真空供能管路 Vacuum energy supply pipeline。

图 8 - 4 真空助力液压制动系统示意图
Fig. 8 - 4 Diagram of vacuum assisted hydraulic braking system

五、真空助力液压制动系统部件

真空助力液压制动系统主要部件有真空助力器、串列双腔制动主缸、制动轮缸等,如图 8-5 所示。

1—真空助力器 Vacuum booster;
2—储液罐 Fluid reservoir;
3—制动主缸 Brake master cylinder。

图 8 - 5 液压制动系统主要部件图
Fig. 8 - 5 Main parts of hydraulic braking system

1. 真空助力器

真空助力器位于制动踏板与制动主缸之间,它的主要作用是帮助驾驶员制动,使制动省力。

制动前,A 腔、B 腔都是真空状态,空气阀座与橡胶阀门始终接触密封;制动时,控制阀推杆左移,到一定位置时,橡胶阀门与空气阀座分离,与膜片座接触,阀门上端还是密封,下端形成间隙,大气从图 8-6 所示位置进入 B 腔,与 A 腔真空形成气压差,最终,制动主缸推杆在气压差、橡胶反作用盘、膜片、膜片座的共同作用下前移,起真空助力作用。

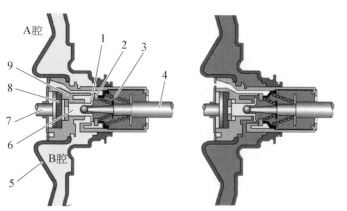

1—空气阀座 Air valve seat;
2—橡胶阀门 Rubber valves;
3—弹簧 Spring;
4—控制阀推杆 Control valve push rod;
5—膜片 Diaphragm;
6—控制阀柱塞 Control valve plunger;
7—制动主缸推杆 Brake master cylinder push rod;
8—橡胶反作用盘 Rubber reaction plate;
9—膜片室 Diaphragm chamber。

图 8-6　真空助力器工作原理图

Fig. 8-6　Working principle of vacuum booster booster

2. 串列双腔制动主缸

现代汽车行车制动都采用双回路制动系统,为了满足管路的布置要求,液压制动系统常采用串列双腔式制动主缸,当一个回路失效时,制动主缸必须保证另一个回路仍能工作。

群内回复关键词制动主缸的工作过程

观看视频制动主缸的工作过程

如图 8-7 所示,串联双腔制动主缸缸体内包含两个活塞组件,每个活塞的前面都有回位弹簧和密封用的皮碗 4、7,后部也有相应的密封件。每个活塞上方各有旁通孔 1 和补偿孔 3,在不制动时,活塞头部皮碗挡不住旁通孔 1。每个活塞有独立的制动液输出口。正常情况下进行制动时,后腔活塞向前移动,同时,后腔活塞弹簧力和液压力的合力使前腔活塞向前移动。活塞向前移动过程中,当两个活塞的皮碗挡住各自的旁通孔后,液压力开始升高,通过各自的输出油口将动力传递到所控制的前后轮制动轮缸,实施制动。

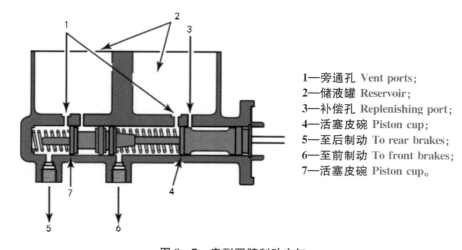

1—旁通孔 Vent ports;
2—储液罐 Reservoir;
3—补偿孔 Replenishing port;
4—活塞皮碗 Piston cup;
5—至后制动 To rear brakes;
6—至前制动 To front brakes;
7—活塞皮碗 Piston cup。

图 8-7　串列双腔制动主缸

Fig. 8-7　Brake master cylinder booster

如果前腔液压回路有故障,制动时,除了前腔活塞回位弹簧力外,没有其他阻力阻止两个活塞向前移动,在前腔活塞抵达缸体端部之前,后腔的前部(包括其所属液压回路)不能形成制动液压力;只有当前腔活塞抵住缸体的端部(不再向前移动)之后,后腔的前部才有可能建立起高的液压力去控制其所属回路的制动轮缸工作。制动踏板会出现自由行程加大的现象。

如果后腔液压回路有故障,制动时,后腔活塞开始向前移动,但不能形成高的液压力,对前腔活塞的作用力只是后腔活塞回位弹簧很小的弹力。直到后腔活塞的前端接触到前腔活塞,将推杆力直接传递到前腔活塞,在前腔才能产生高的液压力来控制其所属回路的制动轮缸工作。同样,制动踏板也会出现自由行程加大的现象。

3. 制动轮缸

制动轮缸的作用是把制动主缸传递过来的液压力转变为轮缸活塞的推力。当来自主缸的油液进入后,推动活塞,促使制动蹄压靠在制动

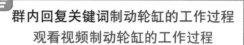

群内回复关键词制动轮缸的工作过程
观看视频制动轮缸的工作过程

鼓上(鼓式制动器)或是推动制动块压靠在制动盘上(钳盘式制动器),产生制动作用。对于鼓式制动器来说,制动轮缸主要有单活塞和双活塞,图8-8为双活塞基本结构,其中放气阀是制动系统的必备部件,用以排除制动管路中混入的空气。钳盘式制动器所用制动轮缸都是单活塞的。

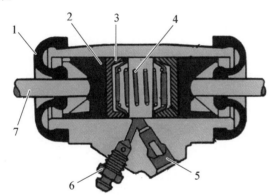

1—防尘罩 Rubber boot;
2—活塞 Piston;
3—皮碗 Piston cup;
4—弹簧 Spring;
5—进油口 Inlet port;
6—放气阀 Bleeder valve;
7—制动蹄 Break shoe。

图8-8　制动轮缸
Fig. 8-8　Bake wheel cylinder

任务实施

一、制动管路检查

(1) 将车辆停放在举升机位,并做好车辆的安全防护。

(2) 将车辆举升至合适高度,一般在轮胎与手臂齐平的高度。

(3) 举升机安全锁止。注意一定要安全锁止,经确认后才能作业。

(4) 检查制动管路管接头处,如图8-9所示。用手摸并观察,有无泄漏、损坏。

(5) 检查制动管路,如图8-10所示。用手摸并观察,检查有无裂纹、损坏、压痕,检查安装是否牢固,有无干涉。

(6) 降下车辆,整理现场。

图 8 - 9　检查制动软管
Fig. 8 - 9　Check the brake hose

图 8 - 10　检查制动管路
Fig. 8 - 10　Check the brake pipe

二、更换制动液及制动系统排空气

（1）打开引擎盖，并置于维修位置。

（2）拧开储液罐壶盖，将排气装置连接到储液罐，如图 8 - 11 所示。打开排气装置，设置排气压力。

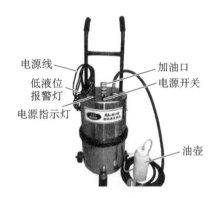

电源线　　加油口
低液位　　电源开关
报警灯
电源指示灯
油壶

图 8 - 11　将排气装置（左）连接到储液罐（右）
Fig. 8 - 11　Connect the exhaust（left）to the tank（right）

（3）拧松各制动轮缸排气阀，使用透明软管和收集瓶检查溢出的制动液是否干净、无气泡，并确定使用的制动液量。

（4）排空每个制动卡钳上端两个排气阀处的制动液。

（5）按规定的紧固扭矩拧紧放气阀，然后拆下放气软管。

（6）关闭排气装置，然后拆下储液罐上的转接器。

（7）对制动液液位执行目视检查，并在必要时校正制动液液位。制动液液位必须位于"MIN"（最低）和"MAX"（最高）标记之间，如图 8 - 12 所示。

图 8 - 12　储液罐盖制动液刻度线标记
Fig. 8 - 12　Check the brake fluid tick marks

注　意

（1）在观察制动液颜色变化时,应随时观察储液罐液面;

（2）排放空气过程中应及时添加制动液,防止空气从制动主缸进入液压系统;

（3）排放各车轮空气时,应先排放后轮,再排放前轮,即"由远及近"原则。

三、制动主缸和轮缸检查

（1）对制动主缸进行直观检查,如图 8－13 所示,检查是否泄漏、生锈和损坏。

（2）检查储液罐盖通气孔是否堵塞。

（3）检查储液罐密封情况,检查密封圈是否损坏和劣化。

（4）检查滤网是否有积污。

（5）对制动轮缸进行检查,如图 8－14 所示。拉开制动器轮缸防尘罩,检查轮缸是否泄漏。少量制动液是正常的,如果有大量制动液,则表明制动液通过活塞密封圈泄漏,应进行仔细检查,彻底检修或更换产生泄露的轮缸。

群内回复关键词制动主缸的拆装
观看视频制动主缸的拆装

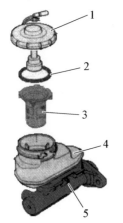

1—储液罐盖 Tank cover;
2—密封圈 Seal ring;
3—滤网 Filter;
4—储液罐 Liquid storage tank;
5—主缸 Master cylinder。

图 8－13　对制动主缸进行检查
Fig. 8－13　Inspect the brake master cylinder

轮缸防尘套

图 8－14　对制动轮缸进行检查
Fig. 8－14　Inspect the brake wheel cylinder

四、制动踏板高度检查与调整

（1）进入驾驶室,关闭发动机踩几次制动器,检查制动踏板是否出现变形等损伤。踩下制动踏板数次,释放真空助力器中残余的真空度。制动踏板应确保反应灵敏、无异常噪声及过度松动等。

（2）取出制动踏板下方的底板垫。

（3）使用直板钢尺测量制动踏板高度。

测量时,将直板尺垂直于地板面,观察踏板上平面在直板尺上的显示数值,该数值即为踏板高度。

若制动踏板高度不在规定范围内,将会直接影响制动系统的制动力。

（4）使用直板钢尺测量制动踏板自由行程。

测量时，将直板钢尺保持与地板垂直，踏板处于自然状态，确认此时的踏板高度值后，用手稍用力下压踏板。当感觉阻力增大时，停止下压，观察踏板上平面在直板钢尺上显示的数值，计算得出两个数据的差值，即为制动踏板的自由行程。

如果测量数值不在规定范围内，将会影响制动系统正常工作性能。如果测量值过大，系统产生的制动力变小，车辆制动距离增加；如果测量值过小，会出现制动拖滞，导致制动器过热，制动效能下降。

（5）使用直板钢尺测量制动踏板行程。

起动发动机并怠速运转，测量时，首先将直板钢尺垂直于地面，然后确认制动踏板自由状态下的高度值，用力踩下制动踏板至止动位置，观察此时直板钢尺所显示的踏板高度，两高度之差即为制动踏板行程。

（6）制动踏板高度调整。

分离制动开关连接器，拧松制动开关锁紧螺母A，用钳子向内、外扭转推杆，直到踏板距离地面的高度达到标准值位置，如图 8 - 15 所示。调整后，牢固地拧紧锁紧螺母。压下推杆时，禁止调整踏板高度。

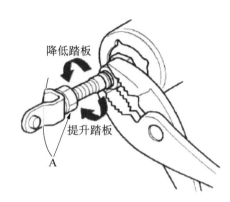

图 8 - 15　制动踏板高度调整
Fig. 8 - 15　Adjust the brake pedal height

五、真空助力器检查

（1）起动发动机运转 1～2 min 后停止运转。

如果制动踏板第一次可以完全踩下，但接下来踩下时，每次制动踏板的高度逐渐上升，说明制动助力器正常；如果踏板高度无变化，说明制动助力器已坏。

（2）在发动机停止运转状态下，数次踩动制动踏板。然后，在踩下制动踏板的状态下，起动发动机。这时，如果制动踏板稍微向下移动，说明制动助力器工作正常，如果没有变化，说明已经损坏。

（3）发动机运转状态下，踩下制动踏板后停止发动机，踩下制动踏板 30 s。如果踏板高度不变化，说明助力器处于良好状态。

任务 2　车轮制动器检修

1. 能够对鼓式制动器进行拆装、检查、更换与调整；
2. 能够对盘式制动器进行拆装、检查、更换与调整；
3. 掌握鼓式制动器的基本组成及工作原理；
4. 掌握盘式制动器的基本组成及工作原理；
5. 培养积极进取的精神。

制动器是制动系统用以产生制动力矩的部件。

根据摩擦副中旋转元件的结构形式,制动器可分为鼓式和盘式两大类;按安装位置可分为车轮制动器和中央制动器。车轮制动器旋转元件固装在车轮或半轴上,即制动力矩直接分别作用于两侧车轮上。

车轮制动器一般用于行车制动,也兼做驻车制动和第二制动。而中央制动器的旋转元件固装在变速器输出轴或分动器输出轴、主减速器主动齿轮轴上,只用于驻车制动和缓速制动。

一、鼓式制动器

1. 鼓式制动器作用和优缺点

鼓式制动器过去用于汽车的所有车轮上,在现在的小型车辆上,鼓式制动器通常用于后轮。其优点是可以与简单的驻车制动机构结合在一起;比盘式制动器的噪声要小;可以实现自增力,当制动蹄一端与鼓接触后,就能像杠杆作用一样促使制动力的自动增加。

鼓式制动器的缺点是散热性能差,抗衰变能力较低,有很大的侧滑和制动咬死的倾向,并且需要有专门的连接杆件才能进行制动器间隙的自动调整。

> 群内回复关键词鼓式制动器工作原理
> 观看视频鼓式制动器工作原理

2. 鼓式制动器部件组成

鼓式制动器的主要零部件有:制动蹄、制动鼓、制动轮缸、制动底板、调整器、回位弹簧和张紧弹簧等,如图8-16所示。

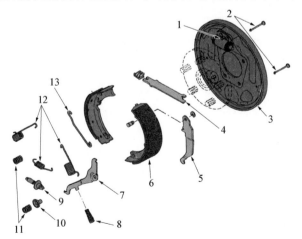

1—轮缸 Wheel cylinder;
2—张紧销 Hold down pins;
3—制动底板 Backing plate;
4—驻车制动撑杆 Parking brake strut;
5—驻车制动杆 Parking brake rod;
6—制动蹄 Brake shoe;
7—调整杆 Adjusting lever;
8—回位弹簧杆 Lever return spring;
9—调整接头 Adjusting link;
10—支承销 Lever pivot;
11—张紧弹簧 Hold down springs;
12—回位弹簧 Return springs;
13—调整杆 Adjusting lever link。

图8-16　鼓式制动器内部构造

Fig. 8-16　The Structure of drum brake

制动蹄固定在制动器底板上,在实施制动之前,回位弹簧的拉紧张力使制动蹄脱离制动鼓。

制动时,主缸传送到轮缸的制动液压力使制动蹄片张开顶压在旋转的制动鼓上,制动蹄片与鼓之间产生的摩擦力使制动鼓减速,安装在制动鼓上的车轮随之减速直至停止转动。

当解除制动时,轮缸上的制动液压力消失,回位弹簧力拉动制动蹄片脱离制动鼓内表面返回原位。

由于制动蹄片被制动鼓包围,很难将产生的热量在较短的时间内散发掉,因此,鼓式制动器抗热衰退性较差。

(1)制动蹄。当把制动液施加到轮缸上时,轮缸活塞推动两侧的制动蹄片外张至制动鼓内圆表面,如图 8 - 17 所示,在左右蹄片上产生不同的摩擦力。

摩擦力会使左制动蹄的蹄片沿旋转方向贴紧制动鼓;相反,右制动蹄的蹄片受到旋转制动鼓的排斥。

因贴紧制动鼓而增加制动蹄摩擦力作用称为增势作用,具有增势作用的制动蹄片叫作领蹄;因受制动鼓排斥而减小制动蹄摩擦力作用称为减势作用,具有减势作用的制动蹄片叫作从蹄。

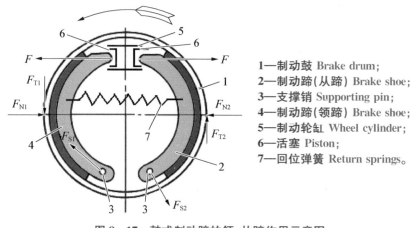

1—制动鼓 Brake drum;
2—制动蹄(从蹄) Brake shoe;
3—支撑销 Supporting pin;
4—制动蹄(领蹄) Brake shoe;
5—制动轮缸 Wheel cylinder;
6—活塞 Piston;
7—回位弹簧 Return springs。

图 8 - 17 鼓式制动蹄的领、从蹄作用示意图
Fig. 8 - 17 Diagram of interaction between the brake shoes

(2)制动鼓。制动鼓是鼓式制动器的旋转件,制动时它与制动蹄上的摩擦衬片相接触,产生摩擦力。制动鼓是由铸铁或者铸铁和钢的复合材料制成。由于制动过程中的磨损和发热等原因,摩擦面一定要是铁质的。

实心铸铁制动鼓是个一体式铁铸体,具有非常好的摩擦特性。这种制动鼓加工容易,吸热和散热效果很好,但实心式铸铁鼓质量大,且易碎,过热易导致制动鼓破裂。

钢与铁质制动鼓被称为复合制动鼓,制动鼓质量轻,而且制造价格便宜。然而,制动鼓吸热和散热的能力较弱,防制动衰变的能力较差,这种制动鼓常用于一些小型车的后轮制动器。

3. 鼓式制动器分类

鼓式制动器的旋转元件是制动鼓,固定元件是制动蹄,制动时制动蹄在促动装置作用下向外旋转,按制动蹄促动装置的不同,鼓式制动器可分为轮缸式制动器、凸轮制动器和楔块

制动器三种。

按制动时两制动蹄对制动鼓的径向作用力之间的关系,鼓式车轮制动器又可分为简单非平衡式、平衡式和自增力式制动器。

(1)轮缸式制动器。

① 领从蹄式制动器。领从蹄式制动器如图8-18所示,其特点是两个制动蹄各有一个支点,领蹄轮缸促动力作用下张开时的旋转方向与制动鼓的旋转方向一致,从蹄张开时的旋转方向与制动鼓的旋转方向相反。

轮缸中的两活塞直径相同,因此,制动时两活塞对两个制动蹄所施加的促动力永远是相等的。凡两蹄所受促动力相等的领从蹄制动器都可称为等促动力制动器。

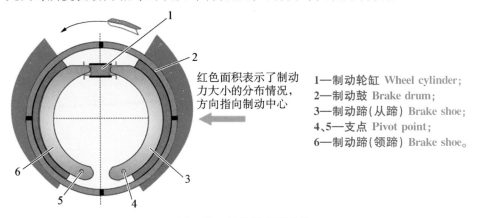

红色面积表示了制动力大小的分布情况,方向指向制动中心

1—制动轮缸 Wheel cylinder;
2—制动鼓 Brake drum;
3—制动蹄(从蹄) Brake shoe;
4、5—支点 Pivot point;
6—制动蹄(领蹄) Brake shoe。

图8-18 领从蹄式制动器
Fig. 8-18 Leading trailing shoe brake

② 双领蹄式和双从蹄式制动器。汽车前进时两个制动蹄均为领蹄的制动器称为双领蹄式制动器,如图8-19所示。双领蹄式制动器的结构特点是每一制动蹄都用一个单活塞制动轮缸促动,两个轮缸用连接油管连通,使其中油压相等。该种制动器在前进制动时效能得到提高,但也必须看到,在倒车制动时,两蹄将都变成从蹄。因该种制动器固定元件的结构布置是中心对称式,故制动鼓所受来自两蹄的法向力可以互相平衡,属平衡式制动器。

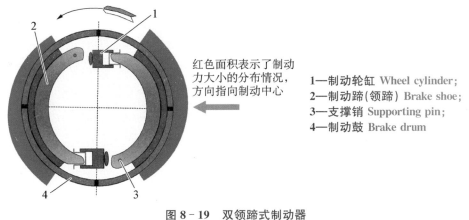

红色面积表示了制动力大小的分布情况,方向指向制动中心

1—制动轮缸 Wheel cylinder;
2—制动蹄(领蹄) Brake shoe;
3—支撑销 Supporting pin;
4—制动鼓 Brake drum

图8-19 双领蹄式制动器
Fig. 8-19 Two leading shoe brake

③ 双向双领蹄式制动器。双向双领蹄式制动器使用了两个双活塞轮缸,无论汽车前进

还是倒车,两个制动蹄都是领蹄。因是完全对称结构,故是平衡式制动器。

④ 单向和双向自增力式制动器。单向自增力式制动器的特点是两个制动蹄只用一个单活塞的制动轮缸促动,第二制动蹄的促动力来自第一制动蹄对顶杆的推力,两个制动蹄在汽车前进时均为领蹄,但倒车时能产生的制动力很小。

双向自增力式制动器如图8-20所示,其特点是在两个制动蹄的上方有一个双活塞制动轮缸,轮缸的上方还有一个制动蹄支承销,两制动蹄的下方用顶杆相连。无论汽车前进还是倒车,都与自增力式制动器相当,故称双向自增力式制动器。

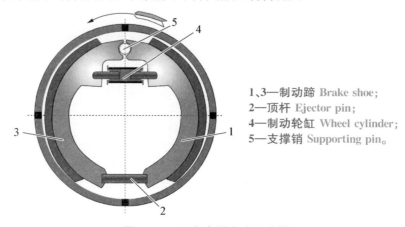

1、3—制动蹄 Brake shoe;
2—顶杆 Ejector pin;
4—制动轮缸 Wheel cylinder;
5—支撑销 Supporting pin。

图8-20　双向自增力式制动器
Fig. 8-20　Two-way self-boosting brake

(2)凸轮式制动器。凸轮式制动器(如图8-21)是用凸轮取代制动轮缸对两制动蹄起促动作用,通常利用气压使凸轮转动。凸轮制动器制动调整臂的内部为蜗轮蜗杆传动,蜗轮通过花键与凸轮轴相连。正常制动时,制动调整臂体带动蜗杆绕蜗轮轴线转动,蜗杆又带动蜗轮转动,从而使凸轮旋转,张开制动蹄起制动作用。

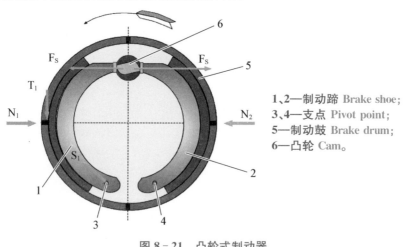

1、2—制动蹄 Brake shoe;
3、4—支点 Pivot point;
5—制动鼓 Brake drum;
6—凸轮 Cam。

图8-21　凸轮式制动器
Fig. 8-21　Cam brake

二、盘式制动器

盘式制动器的工作方式是利用制动片与制动盘之间的摩擦力来使车辆减速或停止,实施制动时,汽车的动能会转化成大量的热能。

为了有效地降低制动时制动盘的温升,很多制动盘上都开有通风槽,这样就可以利用汽车行驶时的自然风散热。很多轿车的前轮采用了通风式制动盘设计,后轮采用了非通风式制动盘设计,这多数是基于降低成本的考虑,因为通风式制动盘的制造工艺相对复杂,价格也相对较高。

图 8-22　通风式制动盘
Fig. 8-22　Ventilated brake disc

通风盘可以分为:平面式制动盘、打孔式制动盘以及划线式制动盘,如图 8-22 所示。相对而言,平面式制动盘散热能力较低,打孔式制动盘的散热能力优于平面式制动盘。

群内回复关键词盘式制动器工作原理
观看视频盘式制动器工作原理

盘式制动器的主要零部件有:制动盘、卡钳(包括制动轮缸)、制动片等,如图 8-23 所示。

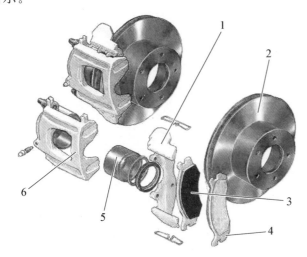

1—制动钳安装支架 Mounting bracket;
2—制动盘 Brake disc;
3—摩擦片 Brake pads;
4—制动衬块 Brake linings;
5—制动钳活塞 Brake piston;
6—制动钳 Brake caliper。

图 8-23　盘式制动器结构组成
Fig. 8-23　The structure of disc brake

制动系统不工作时,制动盘与制动钳之间有间隙,车轮和制动盘可自由旋转;驾驶员要汽车减速,脚踏下制动器踏板,通过推杆和主缸活塞使主缸油液在一定压力下流入轮缸,并通过两轮缸活塞的推力使制动蹄片抱紧制动盘,使制动盘停止旋转;当松开制动踏板时,制动活塞退回原位,制动力消失,其工作过程如图 8-24 所示。

卡钳把由制动主缸通过制动管道和软管传递来的液压力变换为机械作用力,推动刹车片挤压在制动盘上,使车轮产生制动。

盘式制动器卡钳有两种形式:固定钳式和浮动钳式(或滑动钳式)。

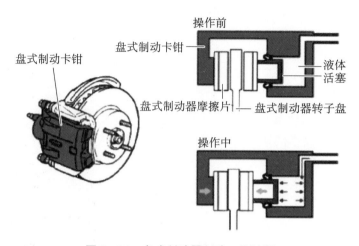

图 8 - 24　盘式制动器制动工作过程

Fig. 8 - 24　Working process of disc brake

1. 固定式卡钳

固定式卡钳是用螺栓固定在其支承件上的,当实施制动时并不移动。在钳体内制动盘内、外两侧有两组活塞,如图 8 - 25 所示。制动片(刹车片)使用定位销安装。

固定钳式制动器实施制动时,液压力使活塞向制动盘移动,使刹车片与制动盘接触,在刹车片和制动盘之间产生摩擦力使车轮停止转动。

为了使各个活塞能在相同的时刻对制动盘施加同样的作用力,卡钳必须被精确地安装在制动盘中心面的上方,保证各个活塞移动相同的距离到达制动盘。

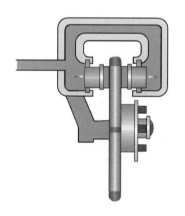

图 8 - 25　固定式卡钳

Fig. 8 - 25　Fixed caliper

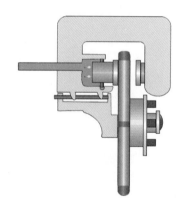

图 8 - 26　浮动式卡钳

Fig. 8 - 26　Floating caliper

2. 浮动式卡钳

浮动式卡钳和滑动式卡钳是非常相似的,它们都使用一个位于卡钳内、制动盘内侧的活塞,如图 8 - 26 所示。制动盘内侧的刹车片(制动片)是附于活塞上的,而制动盘外侧的刹车片是固定在卡钳壳体上的。

实施制动时,液压力使活塞伸出,推动制动片,制动片压向制动盘的内侧表面。制动盘反作用于活塞上的压力使卡钳沿着导轨向内侧移动。卡钳的移动对外侧的制动片施加了压力,将制动片压向制动盘外侧表面上。于是两侧的制动片都压向制动盘的表面,逐渐增大的制动摩擦力使车轮停止转动。

制动片由表面带摩擦材料的钢板制成,它位于盘式制动器的制动盘两侧,卡钳的内侧。踩下制动后,制动片被迫压紧在制动盘的表面,依靠摩擦力制动汽车。

制动片所选用的摩擦材料一般来说比较硬,这是因为制动片的接触面小,需要承受更大的压力。制动片的边缘通常是斜面结构,这是为了减小制动时的噪声。

群内回复关键词鼓式制动器的拆装
观看视频鼓式制动器的拆装

一、鼓式制动器拆卸

(1) 将车辆停放在举升机位,注意举升机使用规范及车辆防护标准操作。

(2) 手动拧松轮胎螺栓。

(3) 举升车辆至车轮刚离开地面 10 cm,注意举升到位锁止举升支臂。

(4) 释放驻车制动器,如图 8 - 27 所示。

(5) 拆卸轮胎螺栓。

(6) 取下车轮并摆放整齐。手拿套筒逆时针方向旋动拆卸全部车轮螺栓,双手抱着左右两侧取下车轮并摆放整齐。

(7) 拆下轮毂盖。左手托住专用工具支撑点,右手向下按压,拆卸轮毂盖,如图 8 - 28 所示。

图 8 - 27　释放驻车制动器
Fig. 8 - 27　Release the parking brake

图 8 - 28　拆卸轮毂盖
Fig. 8 - 28　Remove the hub cover

(8) 拧下六角螺母。用套筒扳手逆时针旋转,拆下六角螺母,如图 8 - 29 所示。

(9) 调整制动蹄片位置,用一字螺丝刀通过制动鼓螺孔向上拨动楔形块,使制动蹄片与制动鼓距离增大而放松,如图 8 - 30 所示。

图 8 - 29　拆卸内六角螺母

Fig. 8 - 29　Remove the inner hex nut

图 8 - 30　调整制动蹄片位置

Fig. 8 - 30　Adjust the brake shoe position

（10）拉出制动鼓。在制动鼓上面用记号笔做拆装记号后，边旋转边拉出制动鼓，取出外轴承，如图 8 - 31 所示。

（11）调整定位销位置。一手抵住定位销，用尖嘴钳夹住弹簧座，压缩弹簧，旋转弹簧座 90°，使定位销的扁头与弹簧座一字槽对齐，如图 8 - 32 所示。

图 8 - 31　拉出制动鼓

Fig. 8 - 31　Pull the brake drum

图 8 - 32　调整定位销位置

Fig. 8 - 32　Adjust the dowel pin position

（12）拆卸定位销。左手指抵住定位销的背部端，右手用尖嘴钳依次取下弹簧座、弹簧、定位销，如图 8 - 33 所示。

（13）拆下楔形块回位弹簧。尖嘴钳向下拉动，拆卸回位弹簧，如图 8 - 34 所示。

图 8 - 33　拆卸定位销

Fig. 8 - 33　Remove the dowel pin

图 8 - 34　拆卸回位弹簧

Fig. 8 - 34　Remove the return spring

（14）撬出制动蹄。把后轮毂轴作为支点,用一字螺丝刀将制动蹄从下支架撬出,如图8-35所示。

（15）从底板上分离制动蹄。将两个制动蹄从制动底板中拆出,如图8-36所示。

图8-35　撬出制动蹄

Fig. 8-35　Move out the brake shoe

图8-36　分离制动蹄与底板

Fig. 8-36　Separate the brake shoe and bottom plate

（16）拆卸回位弹簧及驻车拉索。用尖嘴钳拆下制动调整弹簧,取下回位弹簧;再夹住驻车拉索端处,手指推动制动蹄片卡箍直至脱落。

（17）取下制动蹄。将取下的制动蹄片总成放置在清洁的工作台上。

（18）取出楔形块。用尖嘴钳拆卸制动蹄的回位弹簧,分离出左右制动蹄块,取出楔形块,得到分解后的制动蹄片及附件。

二、鼓式制动器检查

（1）检查车轮制动轮缸。查看制动轮缸的外表面和防尘盖内是否有制动液泄漏的痕迹,并检查轮缸活塞是否能活动自如。

（2）检查制动蹄片。在检查制动蹄片时,要检查靠近铆接点处是否存在过度的或不均衡的磨损情况,如果有这些情况,可能表明车轮制动轮缸被卡住了。

检查制动蹄磨损情况,领蹄与从蹄的磨损量应该是不相同的,如图8-37所示。检查是否有受污染的情况。制动蹄表面发蓝表明制动器曾经过热了,如果出现了发蓝现象,可能调整弹簧和压紧弹簧已失去了张力,需要更换。

检查衬片的受污染情况,不要使用被制动液浸渗过的衬片。衬片的厚度小于最小规定值时,应予以更换。

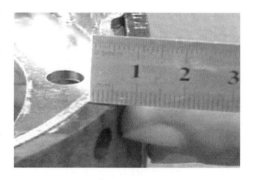

图8-37　制动蹄片检查

Fig. 8-37　Check the brake shoe

（3）检查弹簧。查看所有的弹簧是否存在过度伸展或下垂变形的簧圈,是否有受损的端面和变色。任何一种损伤现象都表明弹簧必须更换,如图8-38所示。

（4）检查制动鼓。检查制动鼓是否存在裂纹、硬点、表面擦伤或者表面发蓝。表面发蓝表明制动鼓曾经过热,这会引起制动鼓变形。

使用游标卡尺测量其内径是否在规定的尺寸范围内,超出限值应更换,如图 8-39 所示。

图 8-38　弹簧检查
Fig. 8-38　Check the spring

图 8-39　制动鼓检查
Fig. 8-39　Check the brake drum

三、鼓式制动器安装

（1）安装压力杆。

（2）安装上回位弹簧。用另一弹簧拉住上回位弹簧的弹簧钩,安装上回位弹簧,如图 8-40 所示。

（3）安装楔形块,并使凸出的一端朝向制动底板。

（4）安装制动蹄。将制动蹄放入压力杆楔形块一侧的槽内。

（5）安装定位弹簧。用下回位弹簧拉动定位弹簧的弹簧钩,安装定位弹簧,如图 8-41 所示。

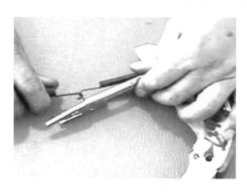

图 8-40　安装上回位弹簧
Fig. 8-40　Install the upper return spring

图 8-41　安装定位弹簧
Fig. 8-41　Install the locating spring

（6）安装楔形块回位弹簧,如图 8-42 所示。

（7）安装驻车制动拉索。用尖嘴钳夹住驻车制动拉索的回位弹簧,用鲤鱼钳拉出驻车制动拉索 1 cm 左右,将驻车制动拉索安装在驻车制动杆上。

（8）安装前后制动蹄上端。将前后制动蹄上端装于制动轮缸凹槽中。

（9）安装前制动蹄下端。将前制动蹄下端装在下支架内,如图 8-43 所示。

图 8 - 42 安装楔形块回位弹簧

Fig. 8 - 42 Install the wedge return spring

图 8 - 43 安装前制动蹄下端

Fig. 8 - 43 Install the bottom of front brake shoe

（10）安装下回位弹簧，如图 8 - 44 所示。

（11）安装后制动蹄下端。以后轮毂短轴作为支点，将后制动蹄下端撬入下支架内，如图 8 - 45 所示。

图 8 - 44 安装下回位弹簧

Fig. 8 - 44 Install the lower return spring

图 8 - 45 安装后制动蹄下端

Fig. 8 - 45 Install the bottom of rear brake shoe

（12）调整制动蹄，使其居中，如图 8 - 46 所示。

（13）安装定位销、保持弹簧和座圈。将定位销装入制动底板和制动蹄定位销孔内，一手将定位销抵在制动底板上，另一手用尖嘴钳夹住弹簧座圈和保持弹簧，压缩保持弹簧并使弹簧座旋转 90°，使定位销卡在弹簧座槽内。

（14）上调楔形块。用一字螺丝刀将楔形块上调 1 cm 左右，如图 8 - 47 所示。

图 8 - 46 调整制动蹄

Fig. 8 - 46 Adjust the brake shoe

图 8 - 47 上调楔形块

Fig. 8 - 47 raise the wedge block

（15）安装制动鼓。确认制动蹄片安装好后，按照拆卸时的记号位置安装制动鼓，如图 8-48 所示。

（16）安装并拧紧调整螺母。将调整螺母装上轮毂，用扭力扳手扭紧调整螺母到制动鼓不能转动后，再将调整螺母旋松 1/4 圈，以调整轴承间隙，如图 8-49 所示。

图 8-48　安装制动鼓
Fig. 8-48　Install the brake drum

图 8-49　拧紧调整螺母
Fig. 8-49　Tighten the adjusting nut

（17）装上轮毂盖，安装车轮。

（18）检查转动车轮，经过适当调整后的制动器只会在车轮上引起十分微弱的制动拖滞现象，如图 8-50 所示。

（19）紧固车轮螺栓。先用手依次将对角的轮胎螺栓旋紧入槽，将可调扭力扳手力矩调整到位，用调好的扭力扳手对角拧紧车轮的固定螺栓。

（20）降下车辆，整理操作现场。

四、盘式制动器拆卸

（1）举升车辆。

（2）拆卸车轮。使用辅助装配工具（装配销）

> 群内回复关键词盘式制动器的拆装
> 观看视频盘式制动器的拆装

拆卸车轮，拆卸过程中，首先拆下其余三个车轮螺栓，然后小心地拆下车轮，注意不要碰到制动盘，再拆下两个辅助装配工具（装配销），如图 8-51 所示。

图 8-50　车轮检查
Fig. 8-50　Check the wheel

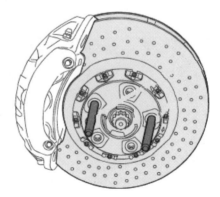

图 8-51　辅助装配工具（装配销）
Fig. 8-51　Auxiliary assembly tool

（3）拆卸制动卡钳。为方便拆卸制动卡钳，应将转向机构完全转向左侧或右侧。将制动液压管路的支架从车轮轴承壳上拆下，如图8-52所示。

将制动片磨损指示器管路拉出制动卡钳，断开速度传感器插头。用水泵钳小心地将制动片压回，为防止泄漏，必要时可采取抽吸方式从制动液储罐中排掉少量制动液。

拆下制动卡钳上的顶部紧固螺钉，然后插入制动卡钳拆装辅助工具(装配销)，如图8-53所示。

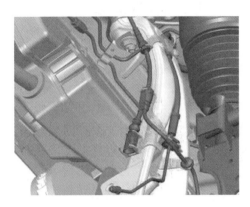

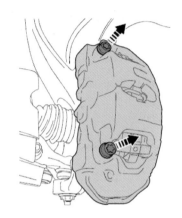

图 8-52　液压管路支座

Fig. 8-52　Hydraulic pipe support

图 8-53　拆卸制动卡钳上的紧固螺钉

Fig. 8-53　Remove fastening screws on brake calipers

根据需要，将制动卡钳尽可能拉出安装位置，直至制动卡钳卡入装配销上的切口。同时小心地引导制动管路和制动软管，如图8-54所示。

图 8-54　借助制动卡钳装配销拆卸制动卡钳

Fig. 8-54　Remove brake calipers with the help of brake caliper assembly pins

（4）使用活塞调整工具将制动活塞安装在制动卡钳上的盘式制动器制动片之间，然后均匀地压回制动片，如图8-55所示。如有必要，采取抽吸的方式从储液罐中排掉少量制动液以防止溢出。

（5）小心地将螺丝刀滑入制动片与制动卡钳之间，略微转动螺丝刀，将制动片撬出，如图8-56所示。执行此操作时，切勿损坏制动活塞上的防尘套。

图 8 - 55　压回制动片
Fig. 8 - 55　Press back the brake pad

图 8 - 56　拆卸制动片
lig. 8 - 56　Remove the brake pads

五、制动片检查

（1）清洁制动片表面，目视制动片有无不均匀磨损。

（2）左手水平托住制动片，右手用直尺垂直测量。

（3）测量其内侧厚度，根据维修手册查找磨损极限，如图 8 - 57 所示。

六、制动盘检查

（1）制动盘磨损评估。根据孔式制动盘的磨损量，当零件的状况符合下列两个标准时，需要更换零件：

① 孔式摩擦片在使用寿命晚期出现了裂纹，如图 8 - 58 所示；

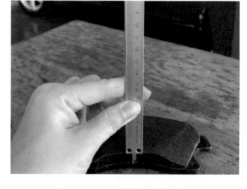

图 8 - 57　测量制动片厚度
Fig. 8 - 57　Measure the thickness of brake pad

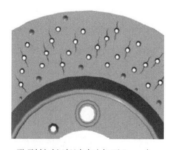

孔裂纹长度过大(大于5 mm)

孔裂纹长度小(小于5 mm)

图 8 - 58　孔式制动盘出现裂纹
Fig. 8 - 58　Cracks in hole brake discs

② 由于磨损，制动盘厚度达不到要求的最小厚度。

在实际情况中，这两种形式的制动盘都会出现腐蚀。通常，在制动盘厚度低于最小厚度时需要更换制动盘。在个别情况下（长期承受极高的负载），可能会因为出现裂纹而需要更换制动盘，不过这种情况很少发生，在一定程度内，这些裂纹可能被视为不重要。

（2）制动盘厚度测量。

平滑制动盘的最小厚度是在制动盘的中间位置测量的，与此不同的是孔式制动盘必须始终在磨损最为严重的内侧或外侧摩擦表面轨迹上测量最小厚度，如图 8－59 所示。

测量制动盘厚度 X，在外侧或内侧摩擦表面轨迹区域，至少测量 3 个不同的点 A、B 和 C，每个点偏移 120°，使用合适的螺旋千分尺或制动盘测量仪进行此操作，如图 8－60 所示。

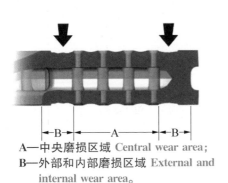

A—中央磨损区域 Central wear area；
B—外部和内部磨损区域 External and internal wear area。

图 8－59　磨损区域 A 和 B
Fig. 8－59　Wear area A and B

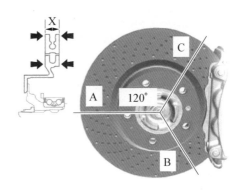

图 8－60　制动盘厚度测量点
Fig. 8－60　Brake disc thickness measuring point

（3）制动盘横向跳动测量。

将测量设备安装在车轮轴承壳体的适当位置，在带有一定预载的情况下，安装百分表并测量制动盘最大外径处的横向跳动，如图 8－61 所示。

（4）测量轮毂横向跳动。

拆下前制动盘，将测量设备安装在车轮轴承壳体的适当位置，在带有一定预载的情况下安装百分表，测量轮毂横向跳动，如图 8－62 所示。

图 8－61　制动盘上的百分表
Fig. 8－61　Dial indicator on the brake disc

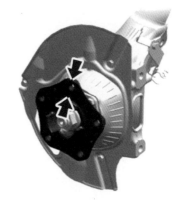

图 8－62　轮毂上的测量点
Fig. 8－62　Measuring points on wheels

七、盘式制动器安装

（1）安装新的制动片制动弹簧。

（2）将盘式制动器制动片放置在制动片制动弹簧的密封面上，如图8-63所示。

（3）略微用力，将制动片压入制动卡钳，然后将其滑到制动片固定销上。

（4）安装盘式制动器制动片，如图8-64所示。

图8-63　放置制动片

Fig. 8-63　Place the brake pads

图8-64　安装制动片

Fig. 8-64　Install the brake pads

（5）安装制动卡钳。

（6）操作制动器几次，将盘式制动器衬块定位。

（7）检查制动液液位，必要时应进行调整。

（8）安装车轮。使用辅助装配工具（装配销）安装车轮。

任务3　驻车制动系统检修

1. 能够检查与调整驻车制动手柄行程；
2. 能够调整驻车制动器；
3. 掌握驻车制动系统基本组成；
4. 培养诚信意识。

一、驻车制动系统功用和组成

驻车制动系统通常是指汽车安装的手动刹车，简称手刹，如图8-65所示。在车辆停稳后用于稳定车辆，避免车辆在斜坡路面停车时由于溜车造成事故。

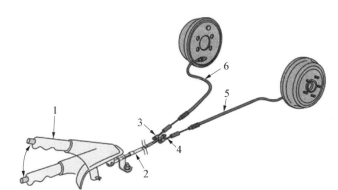

1—驻车制动杆总成 Parking brake lever assembly；

2—前拉线 Front cable；

3—平衡装置 Equalizer；

4—前拉线调整螺母 Front cable adjusting nut；

5—左后拉线 Left rear cable；

6—右后拉线 Right rear cable。

图 8－65　典型驻车制动系统

Fig. 8－65　Typical hand-operated parking brake

常见手刹一般置于驾驶员右手下垂位置,便于使用。目前,市场上的部分自动变速器车型均在驾驶员左脚外侧设计了功能与手刹相同的脚刹,个别高端车型加装了电子驻车制动系统。

驻车制动系统是独立控制的制动系统,通常采用机械力操作,主要零部件包括:驻车制动操纵杆(或驻车踏板)、驻车制动器、拉杆(索)、警告灯开关及警告灯等。

多数驻车制动器安装在变速器或分动器之后,也有少数汽车装在后驱动桥输入轴前端,还有的汽车以后轮制动器兼作驻车制动器。

二、驻车制动器类型

1.脚踩制动共用式

鼓式制动器:该类型使用的是汽车后轮制动鼓,广泛应用于后轮鼓式制动车辆,如图 8－66 所示。

盘式制动器:该类型使用在盘式制动器的制动后轮,在紧凑型轿车中使用。

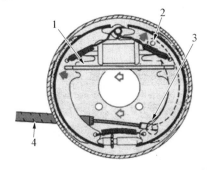

1—驻车制动支柱 Parking brake strut；

2—支点 Pivot；

3—驻车制动杆 Parking brake lever；

4—驻车制动拉索 Parking brake cable。

图 8－66　鼓式驻车制动器

Fig. 8－66　Drum parking brake

典型的鼓式驻车制动器是在驾驶人拉起操纵杆时工作的。拉索向前拉动驻车制动驱动臂,把驱动臂楔入领蹄和从蹄之间,使两个制动蹄移动顶住制动鼓。

有些盘式制动器上使用了"盘中蹄"系统,即后制动盘的中心是个制动鼓。驾驶人拉动操纵杆,拉索拉动驱动臂,使调整器推动两个制动蹄顶住了制动盘上的制动鼓。

有些盘式制动器上使用了整体式驻车制动器。在驾驶人拉起手制动操纵杆后,拉索使卡钳活塞调整器螺钉转动伸出,实施制动。

2. 专门驻车制动器

专门驻车制动器的盘式制动器中央置有驻车制动鼓,用来进行驻车制动,通常在中型以上的轿车中使用,如图 8-67 所示。

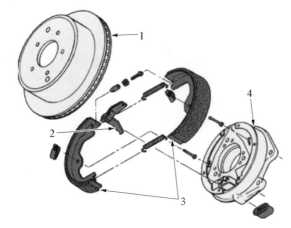

1—制动盘和制动鼓 Rotor and drum;
2—操纵杆 Actuating lever and strut;
3—驻车制动蹄 Parking brake shoes;
4—安装板 Mounting plate。

图 8-67 专门驻车制动器

Fig. 8-67 Special parking brake

3. 中央制动器

中央制动器是在变速器与传动轴之间装有鼓式或盘式驻车制动器,主要用于公共汽车和货车。

三、驻车制动器操纵机构

驻车制动器的操纵机构形式:
（1）杆式,主要在轿车和商用车辆中使用;
（2）手柄式,主要在一些商用车辆中使用;
（3）踏板式,主要在一些轿车和高档车辆中使用,用踏板操作释放。

四、驻车制动行程调节机构

驻车制动的操纵方式无论是杆式、手柄式还是踏板式,在车辆长时间使用后或维修时都需进行行程调节,因此,都设有调节机构。如图 8-68 所示,旋动调整螺母 4 可以调整驻车行程,调整完毕后通过锁紧螺母 3 进行固定。在调节驻车制动杆(或踏板)行程之前,应确定已经调整好驻车制动蹄片间隙。

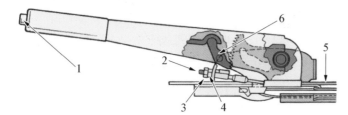

1—松手刹按钮 Release button;
2—拉索终端 Cable end;
3—锁紧螺母 Lock nut;
4—调整螺母 Adjusting nut;
5—拉索 Cable;
6—棘爪 Pawl。

图 8-68 杆式驻车制动器行程调节

Fig. 8-68 Stroke adjustment of rod type parking brake

一、检查驻车制动系统指示灯

（1）拉起驻车制动器一格，观察仪表盘指示灯是否点亮。

（2）依次拉到底观察指示灯是否保持常亮；注意拉紧手柄时切勿用力过猛，谨防损坏。

二、检查驻车制动器行程

（1）拉起驻车制动器并按下解锁钮，放下驻车制动器；

（2）一次拉起驻车制动器到底（6～9 格），如图 8－69 所示。

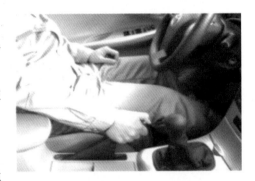

图 8－69　检查驻车制动器行程
Fig. 8－69　Check the stroke of parking brake

三、调整驻车制动器（步骤如图 8－70 至图 8－77 所示）

图 8－70　拆卸排挡盖饰条
Fig. 8－70　Remove the cover strip

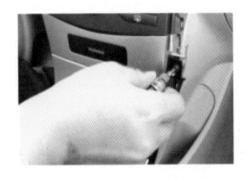

图 8－71　拆卸排挡盖固定螺钉
Fig. 8－71　Remove the retaining screw

图 8－72　拆卸排挡头
Fig. 8－72　Remove the gear head

图 8－73　拆卸排挡防尘套
Fig. 8－73　Remove the dust cover

图 8－74　拆卸排挡盖
Fig. 8－74　Remove the gear cover

图 8－75　拆卸扶手固定螺钉
Fig. 8－75　Remove the handrail set screw

图 8－76　取下扶手
Fig. 8－76　Take off the armrest

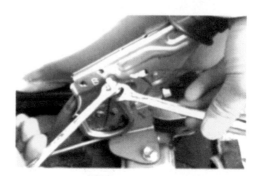

图 8－77　调节驻车拉索
Fig. 8－77　Adjust the parking cable

提示：当拉起驻车制动器手柄超过 6～9 格就需要调整。

（1）拆卸驻车制动手柄饰板，露出调节螺帽。

（2）使用一把扳手卡住调整螺母，再用另外一把扳手拧松锁紧螺母。根据需要，转动调整螺母来伸长或缩短拉索的长度。

（3）举升车辆，按照举升机操作规则举升车辆到合适高度。

（4）检查调节结果，如图 8－78 所示。转动车轮，经过适当调整后的驻车制动器只会在车轮上引起十分微弱的制动拖滞现象。

图 8－78　检查调节结果
Fig. 8－78　Check the result of adjustment

图 8－79　装回饰板
Fig. 8－79　Reinstall the trim panel

（5）降下车辆检查。按照举升机操作规则降下车辆,在空挡的情况下,检查驻车制动器是否能在30％坡度的上坡和下坡状态下使车辆保持5 min的制动。

（6）装回装饰板。紧固驻车制动调节锁紧螺母,装回饰板,如图8-79所示。注意锁紧螺母一定要锁紧。

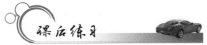 课后练习

一、选择题

1. 在汽车制动过程中,如果只是前轮制动到抱死滑移而后轮还在滚动,则汽车可能(　　　)。
   A. 失去转向性能　　B. 甩尾　　　　　C. 正常转向　　　　D. 调头

2. 汽车制动时,制动力F_B与车轮和地面之间的附着力F_A的关系为(　　　)。
   A. $F_B < F_A$　　　　B. $F_B > F_A$　　　　C. $F_B \leqslant F_A$　　　　D. $F_B \geqslant F_A$

3. 双回路液压制动系中任一回路失效时,下列哪个说法不正确?(　　　)
   A. 制动主缸仍能工作　　　　　　　B. 失去制动能力
   C. 制动距离增加　　　　　　　　　D. 制动效能下降

4. 浮钳盘式制动器一般采用(　　　)方式进行制动器间隙自动调整。
   A. 摩擦限位式　　　　　　　　　　B. 楔块式
   C. 阶跃式　　　　　　　　　　　　D. 活塞密封圈式

5. 当踩下制动踏板时感到又高又硬,踏板没有自由行程,行驶一段后制动鼓发热的原因是(　　　)。
   A. 制动间隙过大　　　　　　　　　B. 制动管道有空气
   C. 管道有滞漏裂损　　　　　　　　D. 制动主缸旁通孔或回油孔被堵塞

二、判断题

1. 制动踏板自由行程过大,会造成制动不灵。　　　　　　　　　　　　　（　　　）
2. 制动力的大小取决于制动器所能产生的摩擦力矩。　　　　　　　　　　（　　　）
3. 真空助力器安装在制动主缸与踏板之间。　　　　　　　　　　　　　　（　　　）
4. 液压制动主缸的补偿孔和通气孔堵塞,会造成制动不灵。　　　　　　　（　　　）
5. 气压制动气室膜片破裂会使制动不灵。　　　　　　　　　　　　　　　（　　　）

三、问答题

1. 何为制动踏板自由行程?其大小对制动操纵有何影响?
2. 如何分析制动跑偏故障?其原因有哪些?
3. 叙述制动器分类。简述鼓式制动器和浮钳盘式制动器的工作原理。
4. 如何检查制动块及制动盘的使用情况?
5. 分析液压制动系统突然失灵的可能原因。

附录　　资源清单目录

参考文献

[1] 王春风,李超,韩仕军.汽车底盘构造与维修一体化教材[M].上海:上海同济大学出版社,2018.

[2] 郭文艳,胡家冬,盛娇.汽车行驶转向制动系统检修[M].上海:上海同济大学出版社,2017.

[3] 赵宏.汽车底盘机械系统检修[M].北京:人民邮电出版社,2013.

[4] 张红伟.汽车底盘机械系统检修[M].北京:清华大学出版社,2010.

[5] 柏令勇,李江生.汽车底盘构造与拆装[M].第2版.北京:人民交通出版社,2013.

[6] 陈德阳,冯亚祥.汽车底盘结构图册[M].北京:人民交通出版社,2010.

[7] 朱派龙.图解汽车专业英语[M].北京:化学工业出版社,2018.

[8] James D. Halderman. Automotive Technology: Principles, Diagnosis, and Service (Fifth Edition)[M]. New Jersey: Pearson Education, Inc, 2015.

[9] 北京博格华纳技术部.四驱分动器维修手册[M].北京北京博格华纳汽车传动器有限公司,2007.

[10] 周晓飞,万建才.汽车实用维修手册系列:大众宝来维修手册[M].北京:化学工业出版社,2011.